Zinnert/Günther

VERSICHERUNGSMAKLER:

HAFTUNG, FÄLLE
LÖSUNGEN

EXPERTENWISSEN FÜR VERMITTLER

Zinnert / Günther

Versicherungsmakler:

Haftung, Fälle, Lösungen

BAND 1

VVW KARLSRUHE

Die Deutsche Bibliothek – CIP-Einheitsaufnahme

Versicherungsmakler : Haftung, Fälle, Lösungen / Zinnert/Günther. –
Karlsruhe : VVW, 1997

(Expertenwissen für Vermittler ; Bd. 1)
ISBN 3-88487-640-6

© Verlag Versicherungswirtschaft e.V.   Karlsruhe 1997
Satz   Satz-Schmiede Bachmann, Bietigheim
Druck   Konkordia Druck GmbH, Bühl

ISBN 3-88487-640-6

Alles Leben ist Problemlösen

Karl R. Popper

Zu diesem Buch

Tatort ist das Maklerbüro. Hier geschehen, wenn nicht die geschäftsnotwendige Sorgfalt angewendet wird, die Fehler – durch Handeln oder Unterlassen, seien es Versehen oder Nachlässigkeiten in der Tagesarbeit.

Der Makler – ein gehetzter Täter? Mitnichten, wenn er die Augen offenhält für derartige Mängel und sich in seinen Dienstleistungen auf das beschränkt, was er beherrscht.

Dieses Buch führt eine Reihe von Haftungsfällen (Teil 2) vor, reale Fälle für den Praktiker zur Anschauung. Eine Einführung (Teil 1) liefert den übergreifenden Begleitkommentar. Die Werkstatt (Teil 3) bietet Definitionen, gleichsam als wichtiges Besteck zum gedanklichen Sezieren der Fälle. Über allem schwebt – abstrahlend auf viele wichtige Fragen des Maklerrechts – das Sachwalterurteil des Bundesgerichtshofs (Teil 4).

Die Fallbeispiele sollen trotz ihrer zuweilen dramatischen Zuspitzung nicht verunsichern; sie sind dazu bestimmt, dem Leser den Blick zu schärfen, der sich gleichsam in einem zugegebenermaßen schwierigen Fahrwasser befindet.

Das Buch versteht sich schließlich auch als Mittel, die Maklerleistung qualitativ zu stabilisieren und dort, wo erforderlich, zu verbessern. Im Eigeninteresse des Maklers und – nicht zuletzt – im Interesse des Maklerkunden.

Dem Makler ist nicht die Leichtigkeit des Seins beschieden, eher schon die Leichtigkeit der Erkenntnis, des Wissens, von welchen Gefährdungen seine Existenz bedroht ist. Dazu soll dieses Buch, in erster Linie für den Vermittler als Praktiker bestimmt, ebenfalls beitragen.

Die Autoren

Es haben bearbeitet:

- *Dr. Mario Zinnert:* Kapitel 0 (Kompaß), Kapitel 1 (Umfeld), Kapitel 3 (Werkstatt), Kapitel 4 (Sachwalterurteil), Kapitel 6 (Literatur); Einführungstexte zu den Kapiteln 1 bis 6.

- *Hans-Georg Günther:* Kapitel 2 (Fälle) und Kapitel 5 (Vermögensschaden-Haftpflichtversicherung)

Über die Autoren

Hans-Georg Günther, Rechtsanwalt, Kelsterbach/Frankfurt/M.

Dr. Mario Zinnert, Rechtsanwalt, Hamburg, Direktor der TRANS/telcon-Versicherungen im DBV Winterthur-Unternehmensverbund

Gliederung

0	Kompaß	1
1	Umfeld	15
2	Fälle	63
3	Werkstatt	189
4	Sachwalterurteil	263
5	Vermögensschaden-Haftpflichtversicherung	283
6	Literatur	361

INHALT

0 Kompaß — 1

- *Position* — 1
- *Kurs* — 5
- *Zielgebiet* — 9

1 Umfeld — 15

1.1 Standortbestimmung — 21

1.2 Position des Maklers zwischen Kunde und Versicherer — 25

1.3 Tätigkeitskreis des Versicherungsmaklers — 29

1.4 Versicherungsmakler und Haftung — 35

1.5 Typische Haftungstatbestände — 39

1.6 Möglichkeiten der Haftungsbegrenzung — 42

1.7 Makler, Maklerhaftung und Beweislast — 48

1.8 Beweislast und Beweissicherung — 53

1.9 Makler oder Mehrfachagent? – das ist hier die Frage — 58

2 Fälle — 63

I. Der unvollendete Maklervertrag — 67

    2.1 Fehler bei der Neuordnung der Versicherungsverhältnisse — 67

    2.2 Fehler bei der Schadensregulierung — 75

II.	*Der junge Maklervertrag*	85
	2.3 Fehler bei der Übernahme vom Vor-Makler	85
	2.4 Fehler bei der Risikoprüfung	93
	2.5 Fehler bei der Umdeckung der Verträge oder: Der Makler, die alte und die neue Betriebshaftpflichtversicherung	101
III.	*Der gestandene Maklervertrag*	109
	2.6 Die Maklerin, der Arztbesuch und der Hagel	109
	2.7 Der schwerhörige Makler und die Baukräne	115
	2.8 Die ängstliche Angestellte des Maklers	121
	2.9 Der Makler, die Lebensversicherung und das Finanzamt	129
	2.10 Der hilfsbereite Makler	135
	2.11 Der Makler und der verwechselte Kunde	141
	2.12 Der Makler, der weitergebildete Sohn und die PHV	141
IV.	*Die Beendigung des Versicherungsverhältnisses durch den Makler*	153
	2.13 Der Makler, seine ordnungsliebende Angestellte und das Kündigungsschreiben	153
	2.14 Der Makler und der Gynäkologe	163
V.	*Sonderfälle*	167
	2.15 Der Makler und der Direktversicherer	167
	2.16 Der Makler und die Beweislastumkehr	173
	2.17 Der Makler und die Übertreibung der Sachwalterschaft	179

3 Werkstatt 189

Instrumentarium (Definitionen in Artikelform: von ‚Beratung' bis ‚Vertragsbeendigung') 193

4 Sachwalterurteil 263

Das Urteil des Bundesgerichtshofs vom 22. 5. 1985 mit erläuternden Anmerkungen 266

5 Vermögensschaden-Haftpflichtversicherung — 283

5.1 Vorbemerkung — 289
5.2 Versicherer — 291
5.3 Gegenstand der Versicherung/Deckungsumfang — 294
5.4 Deckungssummen — 298
5.5 Selbstbehalt — 302
5.6 Jahreshöchstleistung — 305
5.7 Verstoßprinzip und Rückwärtsversicherung — 308
5.8 Spätschadenschutz — 314
5.9 Bedingungen (AVB und BB) — 320
5.10 Prämien — 345
5.11 Regelungen und Tips, die darüber hinaus Aufmerksamkeit verdienen — 347

  a) Mitversicherte Personen (Angestellte, freie Mitarbeiter, Handelsvertreter) — 347

  b) Obliegenheiten, die besonders häufig übersehen werden — 352

    aa) Vorsätzliche Pflichtverletzung — 352

    bb) Anerkenntnis — 354

    cc) Selbstregulierungsversuche — 356

    dd) Vergleiche — 358

6 Literatur — 361

WEGWEISER

0 Kompaß

Wo ist der Standort des Versicherungsmaklers im Beziehungsgefüge zwischen Kunde und Versicherer? Die optische Positionierung des Maklers in den Interessensphären projiziert gleichzeitig seine Pflichten in die „richtige" Richtung. Vorsicht bei Grenzüberschreitungen; das Überqueren der Trennlinie zwischen den Interessenfeldern kann zu Unklarheiten, im schlechten Fall zu schweren Konflikten führen. Der „Blick auf die Karte" soll Klarheit schaffen, vor Untiefen warnen.

(S. 1 ff.)

1 Umfeld

Dieser allgemeine Teil des Buches bereitet den Boden vor für die Fall-Darstellungen. Die Abhandlung wichtiger maklerrechtlicher Themen sorgen für das nötige Grundverständnis. Aber auch der andere Weg ist möglich: Nacharbeit des Theorie-Stoffs im Anschluß an das Durcharbeiten der Fälle. Wie dem auch sei: Von der Standortbestimmung bis zur Frage „Makler oder Agent?" spannt sich der Bogen.

(S. 15 ff.)

2 Fälle

Der Jurist lernt „am Fall" und auch generell jeder, der sich einer ihm nicht so vertrauten Materie nähern will. Alle Fälle sind authentisch, „aus dem Leben gegriffen", allerdings dort, wo nötig, verfremdet, um die Vertraulichkeit zu wahren. Die Haftungsfälle sind das Kernstück dieses Buches. In deren Mittelpunkt stehen der Kunde – mit der kafka'esken Bezeichnung K – und der Makler M.

(S. 63 ff.)

3 Werkstatt

Jeder Handwerker, der fachgerechte Arbeit abliefern will, braucht das geeignete Werkzeug, jeder Chirurg für den Erfolg seiner Tätigkeit das richtige Operationsbesteck. Warum sollte das in anderen Berufen anders sein? Klarheit der Begriffe, genaue Definitionen schaffen erst das zutreffende Verständnis für die Problemstellungen. Ein Katalog, der für dieses Buch wichtigsten Begriffe, kompakt umschrieben, ist das Instrumentarium für den Leser.

(S. 189 ff.)

4 Sachwalterurteil

Gäbe es das Sachwalterurteil des Bundesgerichtshofs nicht – es müßte erfunden werden. Die Entscheidung steht wie ein Leuchtturm in der Landschaft maklerbezogener Gerichtsurteile, wirft das helle Licht der öffentlichen Aufmerksamkeit auf den Versicherungsmakler und ist zugleich „leading case" für alle nachfolgenden Richtersprüche. Es findet auch im Kontext dieses Buches seinen ihm zukommenden Platz.

(S. 263 ff.)

5 Vermögensschaden-Haftpflichtversicherung

Wer von Gefahren bedroht ist, sucht das rettende Gestade. Wer einen risikoträchtigen Beruf ausübt, will dieses Risiko tunlichst minimieren, möglichst auch abwälzen, will „den Kopf freihaben" von drohenden Haftungsgefahren. Eine praxisorientierte Darstellung beleuchtet die Möglichkeiten der VSH-Deckung, weist auch auf Besonderheiten dieses Versicherungsschutzes hin, die besondere Beachtung verdienen. Die Lektüre ist ein Obligo für jeden Versicherungsmakler.

(S. 283 ff.)

6 Literatur

Kein Thema existiert im luftleeren Raum; viele Kräfte wirken gerade auf das Maklerrecht ein. Es wird namentlich bewegt durch die fachliche Diskussion, auf diese Weise weiterentwickelt und den sich ändernden Rahmenbedingungen angepaßt. Wer auf der Höhe der Zeit bleiben will, muß auf die Stimmen hören, die sich „zur Sache" äußern, muß Tendenzen mitverfolgen, um sich auf künftige Änderungen einstellen zu können. Neben der Auflistung der Standard-Literatur enthält die – begrenzte – Auswahl auch Hinweise auf das neuere Schrifttum.

(S. 361 ff.)

Abkürzungsverzeichnis

a.a.O.	am angegebenen Ort
Abs.	Absatz
AVAD	Auskunftsstelle über Versicherungs-/Bausparkassenaußendienst und Versicherungsmakler in Deutschland e.V.
AVB	Allgemeine Versicherungsbedingungen
AVB	Allgemeine Versicherungsbedingungen zur Haftpflichtversicherung für Vermögensschäden
BGB	Bürgerliches Gesetzbuch
BGH	Bundesgerichtshof
BGHZ	Entscheidungen des Bundesgerichtshofs in Zivilsachen (Sammlung)
etc.	et cetera
EU	Europäische Union
EWR	Europäischer Wirtschaftsraum
GmbH	Gesellschaft mit beschränkter Haftung
HGB	Handelsgesetzbuch
JZ	Juristenzeitung
LM	Lindenmaier/Möhring (Entscheidungssammlung)
OLG	Oberlandesgericht
PHV	Privathaftpflichtversicherung
S.	Seite
usw.	und so weiter
VAG	Versicherungsaufsichtsgesetz
VersR	Versicherungsrecht (Zeitschrift)
VK	Versicherungskaufmann (Zeitschrift)

VN	Versicherungsnehmer
VSH	Vermögensschaden-Haftpflichtversicherung
VVG	Versicherungsvertragsgesetz
VW	Versicherungswirtschaft (Zeitschrift)
WM	Wertpapier-Mitteilungen
z. B.	zum Beispiel
ZPO	Zivilprozeßordnung
ZVersWiss	Zeitschrift für die gesamte Versicherungswissenschaft

Den Standort bestimmen, die Lage erkennen, konsequent handeln

KOMPASS 0

POSITION

Jedem Thema und den daran Beteiligten tut eine Standortbestimmung gut. Nur so kann der Kurs in die richtige Richtung abgesetzt und gehalten, können damit zusammenhängende Fragen zutreffend beantwortet werden. Das gilt für den Schiffslenker auf hoher See, aber auch für den Vermittler, dem aus verschiedenen Gründen daran gelegen sein sollte, sich in dem Koordinatensystem der verschiedenen Vermittlertypen und ihren Rechtsbeziehungen zu den Versicherern richtig einzuordnen.

Daß dies nicht allen Vermittlern immer ganz leicht fällt, belegt die Praxis. Unklarheit über den eigenen Status hat schon in etlichen Fällen zu bitteren Konsequenzen geführt. Ein ebenso plakatives wie einfaches Beispiel aus dem Fundus der Konfliktmöglichkeiten: Die im Mittelpunkt dieses Buches stehende Haftungsfrage stellt sich für den Agenten anders als für den Versicherungsmakler. Letzteren treffen bei Fehlern Haftung und Schadenersatzverpflichtung in eigener Person, ein Weiterreichen dieser Last ist nicht möglich; nur eine ausreichend dotierte Vermögensschadenhaftpflichtversicherung kann Abhilfe schaffen. Anders ergeht es dem Agenten als verlängertem Arm des Versicherers. Dieser hat für seinen Vertreter einzustehen; dessen Fehler sind gleichsam auch seine Fehler. Haftungsfreistellungen, im Markt weithin praktiziert, minimieren das Regreßrisiko für den Agenten.

Die Standortbestimmung bedeutet die Festlegung der Vermittlertypen-Zuordnung nach Interessenssphären. Zielgebiet ist der Versicherungsvertrag und sind die an diesem Rechtsverhältnis Beteiligten: Versicherer und Versicherungsnehmer mit ihren jeweiligen Interessen. Als einziger steht der Versicherungsmakler im Lager des Versicherungsnehmers, ist sein Interessenvertreter und Sachwalter in dessen Versicherungsangelegenheiten. Das ist das Ergebnis einer Sonderentwicklung im Versicherungsbereich. Denn der klassische Makler ist der unparteiische, neutrale, also zwischen den Parteien stehende Mittler, der „Mann in der Mitte", der „gute Makler".

Aus der Positionierung des Versicherungsmaklers im Interessenfeld des Kunden folgt eine ganze Reihe rechtlicher Konsequenzen nicht nur für den Haftungsbereich, primär ausgerichtet auf den Kunden, sondern auch in der Relation Versicherer – Vermittler (hier also: Versicherungsmakler). Man denke nur an den Vergütungsanspruch des Agenten (Provision) einerseits und den des Versicherungsmaklers (Courtage) andererseits, die jeweiligen Anspruchsvoraussetzungen und beispielsweise an die Pflicht des Versicherers, das Geschäft auszuführen. Auch hier kommt es entscheidend auf die Statusfrage an.

Löst man sich von der Betrachtung des Versicherungsmaklers, so lohnt ein Blick auf die Positionierung der Agenten. Sie nehmen im Schwerkraftfeld des Versicherers unterschiedliche Standorte ein: der Einfirmenvertreter befindet sich in der „Nahzone" seines Versicherers, ist sein verlängerter Arm und trägt auch die vertragliche Verpflichtung auf seinen Schultern, dessen Interessen wahrzunehmen und den Bestand zu mehren. Deutlich anders ist der Mehrfachagent zu sehen, der, obwohl ebenfalls dem Versicherer vertraglich verbunden, in relativer Unabhängigkeit agiert. Er, der mit einer Mehrzahl von Risikoträgern zusammenarbeitet, ist frei, wo er das Geschäft plaziert. Der Mehrfachagent betritt somit schon in mancher Beziehung den Grenzbereich zum Versicherungsmakler.

Ein Schiffsstandort wird auf der Karte abgesetzt. Auch die Positionierung der Vermittlertypen läßt sich optisch sichtbar machen. Die Interessen-Trennungslinie ist bei Grenzüberschreitungen wie das Große Barriere-Riff, eine Gefahrenzone, deren Durchqueren zum Untergang führen kann.

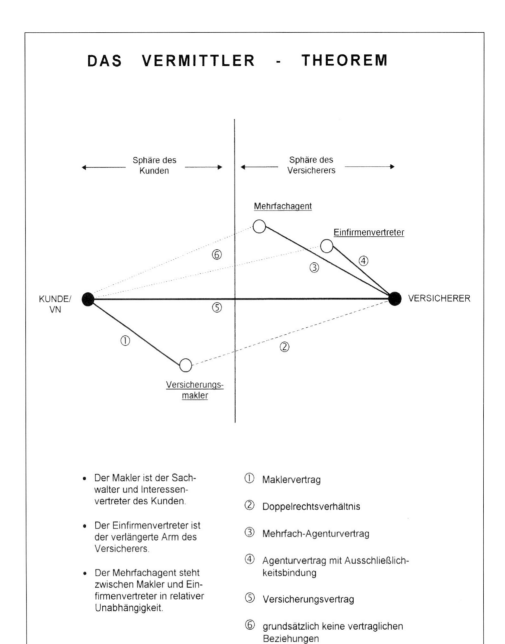

KOMPASS 0

KURS

Die strenge, zwar nicht gesetzlich geregelte, jedoch durch Rechtslehre und Rechtsprechung (Leitentscheidung: Sachwalterurteil des BGH) statuierte Haftung des Versicherungsmaklers zwingt zum Nachdenken darüber, wie das Maklerunternehmen vor den hieraus resultierenden existenzbedrohenden und -vernichtenden Gefahren geschützt werden kann. Welcher Kurs muß dazu eingehalten werden? Die Antwort auf diese Frage fällt nicht leicht. Denn alle Maßnahmen des Eigenschutzes treffen auf die Interessen des Maklerkunden, stehen diesen in den meisten Fällen diametral gegenüber. Haftungsbeschränkung des Maklers bedeutet vielfach Anspruchsverkürzung des Kunden.

Eine schwierige Gratwanderung steht also bevor zwischen der Maxime der Kundenorientierung, der Kundenbewahrung im Sinne einer langfristigen Bindung des Kunden an den Makler und seinen Betrieb auf der einen Seite und den auf Erhaltung des Maklerunter-

nehmens ausgerichteten Schutzmaßnahmen andererseits. Überzogener Eigenschutz bedeutet vielfach Kundenvertreibung.

Aber nicht nur die unmittelbare Beziehung zwischen Makler und Kunde spielt eine Rolle. Ein Blick auf das Umfeld zeigt: Die Versicherungswirtschaft, mag es sich insbesondere um die Versicherer oder um die Vermittlerschaft handeln, steht unter kritischer Beobachtung der Öffentlichkeit. Presse, Funk und Fernsehen präsentieren immer wieder versicherungsbezogene Themenstellungen, häufig nicht sachlich, sondern überzogen kritisierend, einem seit langem publikumswirksamen Trend folgend. Da wird vom „Versicherungs-Un-Wesen" gesprochen; Zeitschriftenartikel erhalten – mit Blick auf die Vermittlerschaft – die Überschrift „Guter Rat ist Mangelware", oder es wird getitelt „Bei Anruf Versicherung". Daß so mancher Kritik ein sachlicher Anlaß zugrunde liegt, ist indessen nicht von der Hand zu weisen.

Wie dem auch sei – das gesamte Thema ‚Versicherung' ist mit etlichen sensiblen Zonen ausgestattet. Diese unumstößliche Tatsache ist mit ins Kalkül zu ziehen, wenn es um die Frage geht, welcher Kurs gegenüber dem Kunden einzuschlagen ist. Das gilt für den Versicherer wie auch insbesondere den Vermittler, hier den Versicherungsmakler. Auch Schutzmaßnahmen, wie zum Beispiel Haftungsbeschränkungen, müssen dem Kunden „verkauft" werden. Der Makler darf nicht den Eindruck vermitteln, er suche mittels Klauseln und Kautelen eine Fluchtburg. Das für das Verhältnis zwischen Makler und Kunden unabdingbare Vertrauen wäre verloren.

‚Behutsamer Eigenschutz' des Maklers lautet die Maxime. Wo liegen dazu die Ansatzpunkte? An erster Stelle eines Maßnahmenkatalogs ist der Komplex der Haftung zu sehen, wie auch die hieraus abgeleiteten Ersatzansprüche des Maklerkunden. Aber auch die rechtliche Konstruktion des Maklerunternehmens ist in den Kreis denkbarer Vorsorgemaßnahmen einzubeziehen. In Betracht kommen grundsätzlich folgende Regelungskomplexe:

- *Haftungsfreizeichnung von leichter Fahrlässigkeit mit Ausnahme der Verletzung von Kardinalpflichten*

- *Summenmäßige Haftungsbeschränkung, im Regelfall zwischen 1 bis 3 Mio. DM, vorausgesetzt, es besteht in dieser Höhe für den Makler eine Vermögensschaden-Haftpflichtversicherung*

- *Anbieterbeschränkung: In die Auswahl der Risikoträger werden nur solche Versicherer einbezogen, die in der Bundesrepublik Deutschland ihren Sitz haben oder über eine Niederlassung verfügen*

- *Geschäftsfeldbegrenzung im Sinne einer Beschränkung „auf das, was man leisten kann"*

- *Verkürzen der Verjährungsfrist auf drei Jahre in Anlehnung an entsprechende Regelungen für Steuerberater und Rechtsanwälte*

- *Ausnutzen gesellschaftsrechtlicher Gestaltungsformen: Betrieb des Maklerunternehmens in der Rechtsform einer Gesellschaft mit beschränkter Haftung oder einer Aktiengesellschaft*

- *Einrichten und Unterhalten einer Berufshaftpflichtversicherung (Vermögensschaden-Haftpflichtversicherung) mit einer dem Geschäftsfeld angemessenen Deckungssumme*

Von diesen Möglichkeiten ist mit Behutsamkeit und mit Augenmaß Gebrauch zu machen. Das Interesse, existenzbedrohende Gefahren aus der Maklertätigkeit auf ein vernünftiges Maß einzudämmen, existenzvernichtende Gefahren möglichst auszuschließen, ist legitim. Ein Katalog von ausgewogenen Maßnahmen läßt sich also wie ein Schutzmantel um das Maklerunternehmen legen. Bei alledem ist aber auch zu bewahren: das schutzwürdige Interesse des Kunden im Hinblick auf die Erfüllung der Kardinalpflichten durch den Makler. Diese schutzwürdigen Belange des Kunden fordern insofern den nicht beschränkbaren Anspruch auf Ersatz von Schäden, die er infolge Versehens und Versäumnissen im Kernbereich der Maklertätigkeit erleidet.

KOMPASS 0

ZIELGEBIET

Zielgebiet ist ein dem Militärischen entlehnter Begriff, ebenso wie Markteroberung, Strategie und eine Reihe von Wortschöpfungen mehr, die Eingang in die Sprache des Marketing und des Vertriebs gefunden haben. Auch der private Unternehmer muß sein Handeln strategisch ausrichten, nachdem er zuvor sein Zielgebiet definiert hat. Er wird sich – erfolgsorientierte Handlungsmaximen vorausgesetzt – darauf ausrichten, Teilmärkte, in denen er mit seinem Unternehmen Stärken besitzt, für sich zu erobern.

Der Erfolg unternehmerischen Handelns verlangt mehr als den Betrieb des Tagesgeschäfts, fortgeschrieben in die Zukunft, also ohne verbindliche und exakt festgelegte Zieldefinition. Schon seit etlichen Jahren hat man in Deutschland die Hinwendung zum Kunden als strategischen Ansatz entdeckt, zuerst im produzierenden Gewerbe, dann unter anderem auch im Dienstleistungsbereich ‚Versicherung'. Gleichwohl – mit der Verwirklichung liegt es im argen. „Servicewüste Deutschland" – die Negation der Kundenorientierung – ist zum geflügelten Wort geworden. Nabelschau der Unternehmen und ihrer Mitarbeiter, beamtenhaftes Auftreten und das Ignorieren der Tatsache, daß der Gewinn des Unternehmens und das Gehalt der Mitarbeiter vom Kunden bezahlt werden, sind noch weithin verbreitet.

Was ist also zu tun? Wenn man als Ziel jeglichen unternehmerischen Handelns die Kundenzufriedenheit festlegt, erhebt sich die Frage nach dem Weg in dieses Zielgebiet. Welche Schritte sind mit anderen Worten zurückzulegen? Im Groben wird man sich auf das folgende Modell verständigen können:

- *Kundenorientierung*

    (als Denkhaltung: Der Unternehmer muß all sein Handeln an den Kundeninteressen ausrichten, die Wünsche und Vorstellungen des Kunden in sein Kalkül ziehen.)

- *Kundennutzen*

    (Das, was der Unternehmer produziert – mag es ein gegenständliches Produkt oder eine Dienstleistung sein –, muß sich am Kundennutzen ausrichten. Also exaktes Eruieren der Kundenbedürfnisse anstelle von Mutmaßungen des Unternehmers darüber, was der Kunde wohl braucht. Versicherungsbereich: Zuschnitt des Versicherungsschutzes gemäß – und das strikt – dem Bedarf des Kunden.)

- *Kundenzufriedenheit*

    (Der bestmöglich verwirklichte Kundennutzen schafft Kundenzufriedenheit. Kundenzufriedenheit schafft dauerhafte Bindung. Dauerhafte Bindung schafft stabile Geschäftsbeziehungen und sichert die Existenz des Unternehmens in der Zukunft.)

In dieser Reihenfolge muß der unabhängige Vermittler seine unternehmerischen Aktivitäten anlegen. Entwicklung und dauerhaftes Vorhalten von Fachkompetenz, effiziente Administration, generell am Kundennutzen, an den Kundenbedürfnissen ausgerichtetes Handeln sind die Leitlinien.

Nicht nur die unternehmerische Komponente ist von Belang. Der unabhängige Vermittler, namentlich der Versicherungsmakler, ist Angehöriger eines Expertenberufs. Er steht in einer Reihe mit Anwälten, Steuerberatern, Wirtschaftsprüfern, Ärzten. Dem mit diesen Berufen verbundenen Expertentum entspricht auf der anderen Seite, der Kundenseite, ein hohes Maß an Abhängigkeit und Vertrauen in die Kompetenz, die Zuverlässigkeit und Seriosität eines anderen. Auch unter diesem Blickwinkel ist die konsequente Kundenorientierung das beherrschende Gebot.

Diese besondere Bindung und Verantwortung führt sogar zu einer Verlagerung der eigenen unternehmerischen Interessen in die zweite Ebene. So hat bei der Ausführung von Kundenaufträgen der Versicherungsmakler sein Interesse an höchstmöglicher Courtage zurücktreten zu lassen gegenüber der Eindeckung des Risikos bei einem Versicherer, der dem Kunden bestmöglichen Versicherungsschutz zu bestmöglichen Konditionen bietet, während die Courtage möglicherweise geringer ausfällt, als dies marktüblich sein mag. Können bestimmte Maklerleistungen im Betrieb nicht generiert werden, so sind sie hinzuzukaufen – von Makler-Informations- bzw. -Verbundsystemen. Kosten dürfen dabei keine Rolle spielen.

Das Kundeninteresse und letztlich auch die Kundenzufriedenheit können dazu zwingen, das Thema ‚Versicherung' erst in der zweiten Stufe zu behandeln. Der Versicherungsmakler, der für den Kunden generell ganzheitlich tätig wird, seine Versicherungsangelegenheiten „insgesamt" besorgt, ist auch zu einer Beratung im Sinne des Risk Management aufgerufen. Das kann im Einzelfall bedeuten, daß Risiko-Ausschnitte unversichert bleiben, eine Risikoüberwälzung nicht erfolgt, sondern andere Absicherungs-Konstruktionen gefunden werden. So kann der Makler beispielsweise dazu verpflichtet sein, dem Kunden eine Rücklagenbildung zu empfehlen, insofern also von ‚Versicherung' abzusehen.

Im Zielgebiet des Versicherungsmaklers sind somit verschiedene Orientierungspunkte auszumachen. Sie alle werden dort dominiert von dem letztendlichen Ziel der Kundenzufriedenheit. Sie ist nicht nur Maxime für das Maklerunternehmen als im Markt operierende Betriebseinheit, sondern Handlungsgebot für jeden Mitarbeiter in diesem Unternehmen, der sein Handeln zu verantworten hat gegenüber dem Kunden und gegenüber „seinem" Unternehmen.

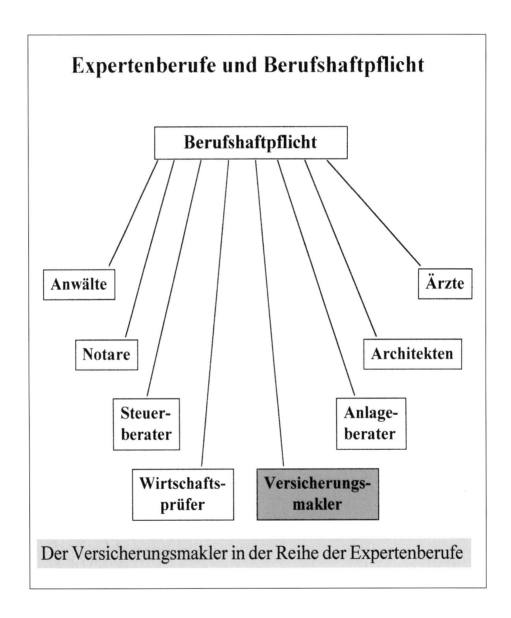

Der Versicherungsmakler in der Reihe der Expertenberufe

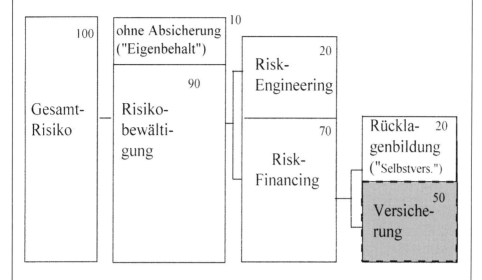

Grunddaten, Orientierungspunkte, Thesen – Etappen auf dem Weg zur Lösung

UMFELD 1

Einführung

Mehr als in so manchem anderen Bereich unserer Rechtsordnung herrschen Bewegung und Veränderung auf dem Gebiet des Versicherungsmaklerrechts. Es wurzelt zwar im allgemeinen Handelsmaklerrecht der §§ 93 ff. HGB, hat sich jedoch in mehrfacher Hinsicht von seinen historischen Wurzeln entfernt. Am deutlichsten tritt diese Entwicklung in der Positionierung des Versicherungsmaklers zutage. Er ist nicht mehr der neutrale, über den Parteien schwebende Dritte, sondern steht eindeutig im Lager des Versicherungsnehmers, seines Kunden, mit dem er vertraglich verbunden ist.

Diese vom klassischen Maklerbild abweichende Besonderheit hat weitreichende Konsequenzen. Am augenfälligsten schlägt sich dieser Entwicklungsprozeß in dem Pflichtenkatalog des Versicherungsmaklers nieder sowie – hiermit eng verknüpft – in den Haftungstatbeständen. Die hier geltenden strengen Anforderungen gehen nicht allein auf die spezifische Positionierung des Maklers im Interessenfeld des Kunden zurück; sie sind vielmehr ebenso nachhaltig beeinflußt durch die besondere Situation zwischen Makler und Kunde. Der Makler ist Angehöriger eines Expertenberufs, ein Schlagwort, das das erhebliche Gefälle an Wissen und technischem Knowhow zwischen den Partnern des Maklervertrages versinnbildlicht. Diese Überlegenheit schafft eine besondere Verantwortlichkeit gegenüber dem Kunden.

Lange Zeit hat der Versicherungsmakler in einer Oase der Ruhe agiert. Von der breiteren Öffentlichkeit weitgehend unbeachtet, war sein Geschäftsfeld die gehobene Region der Industrie, des Handels und des Dienstleistungsgewerbes. Seit einiger Zeit dringt der Makler jedoch in neue Marktsegmente vor. So faßt er zunehmend die Geschäftsfelder ‚freie Berufe', ‚kleines und mittleres Gewerbe' und ‚Privatkunden' als seine Klientel ins Auge. Einhergehend mit der Entdeckung neuer Geschäftsfelder trat der Versicherungsmakler zunehmend in das Licht einer breiteren Öffentlichkeit. Auch die Schattenseiten der Maklertätigkeit – Fehler, Versehen und hieraus für den Kunden resultierende wirtschaftliche Nachteile – wurden stärker ausgeleuchtet und häufiger Gegenstand von gerichtlich ausgetragenen Streitigkeiten. Wo früher das Arrangement mit dem Kunden für die Fehlerbewältigung sorgte, wird heute vor dem Hintergrund eines gesteigerten Anspruchsdenkens der Richter bemüht. In Fachblättern veröffentlichte Gerichtsurteile schaffen zunehmende Maklerpublizität. Der Prototyp ist das berühmte Sachwalterurteil des Bundesgerichtshofs – im Positiven wie im Negativen.

Der Umfeld-Abschnitt dieses Buches soll die Positionierung des Maklers beleuchten, typische Tätigkeiten im Sinne von Maklerpflichten und die hiermit verbundene Haftung darstellen, aber auch aufzeigen, welche Möglichkeiten bestehen, um für den Makler das Berufsrisiko tragbar zu machen. Hierher gehören Themen wie Beweislast und Beweissicherung, Möglichkeiten der Haftungsbegrenzung und – nicht zuletzt – die für den Vermittler jeden Typs existenzwichtige Frage, sich über seinen Status klarzuwerden, damit nicht ein Richter ihm diese Aufgabe abnehmen muß.

Dies alles dient als Unterbau für die Fälle (Abschnitt 2) – als Einführung in die wichtigsten, sich in den Fällen wiederspiegelnden Themen. Ebenso eignen sich aber die neun Artikel als eine Art Nachbereitung, dem Fall-Studium folgend. Der Leser mag über die Frage des Vorher oder Nachher entscheiden.

ÜBERSICHT

1 UMFELD

1.1 Standortbestimmung

1.2 Position des Maklers zwischen Kunde und Versicherer

1.3 Tätigkeitskreis des Versicherungsmaklers

1.4 Versicherungsmakler und Haftung

1.5 Typische Haftungstatbestände

1.6 Möglichkeiten der Haftungsbegrenzung

1.7 Makler, Maklerhaftung und Beweislast

1.8 Beweislast und Beweissicherung

1.9 Makler oder Mehrfachagent? – das ist hier die Frage

1.1 Standortbestimmung

Ein Schwelbrand beschädigte die Markisenanlage des Hans Mustermann schwer; der Schaden betrug 10 000,- DM. Sein Versicherer lehnte, da die Außenanlage nicht mitversichert sei, jegliche Ersatzleistung hierfür ab. Mustermann verklagte voller Entschlossenheit und Zuversicht die Gesellschaft mit der Begründung, der Vermittler sei über alles unterrichtet gewesen; er hätte für den Einschluß der Markisenanlage in den Versicherungsschutz sorgen müssen. Das Versicherungsunternehmen habe für „seinen Vertreter" einzustehen. Die Überraschung: Das Gericht wies seine Klage gegen den Versicherer ab. Der Kern der Begründung lautete, daß der in diesem Fall tätig gewordene Vermittler V e r s i c h e r u n g s m a k l e r sei. . . .

Ein für den Normalbürger unverständliches Ergebnis. Nicht nur für Hans Mustermann, für nahezu jeden Verbraucher bilden Vermittler – ob Vertreter, Makler oder angestellter Außendienstmitarbeiter – und Versicherer eine Phalanx, die ihm gegenübersteht. Eine „geschlossene Gesellschaft", in allen ihren Aktivitäten und ihrem Trachten darauf ausgerichtet, ihr Produkt, den Versicherungsschutz, an den Mann zu bringen.

Warum also gilt Besonderes für den Versicherungsmakler? In der Tat gibt es für die verschiedenen Vermittlertypen wesentliche Gemeinsamkeiten: Der Ausschließlichkeitsvertreter vermittelt, der Mehrfachagent vermittelt, der Versicherungsmakler vermittelt und auch der angestellte Außendienstmitarbeiter des Versicherers vermittelt. Jeder von ihnen ist Bindeglied zwischen Versicherer und Versicherungskunde, erbringt also hinsichtlich des Produktes ‚Versicherungsschutz' eine Transferleistung. Ebenso berät jeder von ihnen den Kunden. Hier allerdings lichtet sich der Grauschleier. Die Beratung des Ausschließlichkeitsvertreters und des Mehrfachagenten findet vor dem Hintergrund ihrer vertraglichen Bindungen an bestimmte Versicherer statt. Nur deren Produkte sind Gegenstand der Beratung. Auch ist das Verkaufsinteresse dieser Vermittlertypen unübersehbar. Der Versicherungsmakler hat hingegen die Pflicht, in seine Beratung die gesamten Produktangebote des Marktes einzubeziehen. Mit den Versicherern verbindet ihn lediglich eine Courtageabsprache; vertragliche Bindungen mit der konkreten Verpflichtung zur Vermittlung von Versicherungen sind ihm gleichsam verboten. So läßt sich also beim Leistungsbaustein ‚Beraten' ein erster Unterschied zwischen Agenten und Versicherungsmaklern erkennen. Ein derartiger Unterschied gilt auch für den nachgeschalteten Prozeß des Vermittelns. Hier kann plakativ der Versicherungsmakler als Einkäufer von Versicherungsschutz – für seinen Kunden – bezeichnet werden; die Agenten werden hingegen als Verkäufer von Versicherungsschutz – für „ihre" Versicherer – tätig.

In Deutschland dies als allgemein bekannt vorauszusetzen, wäre ein Irrtum. Dem Versicherungskunden, dem privaten Nachfrager zumal, ist der Unterschied zwischen einem Versicherungsmakler und einem Agenten nicht geläufig. Dieser Befund ist auch deswegen nicht ungewöhnlich, weil die Klientel des Versicherungsmaklers zumindest in der Vergangenheit nahezu ausschließlich im Bereich von Gewerbe und Industrie zu suchen war. Der Makler kümmerte sich nicht um den Privatkunden – der Privatkunde wiederum kannte nur den Agenten als den verlängerten Arm des Versicherers.

Aufklärungsbedarf besteht indessen nicht nur für den Jedermann; auch vielen Vermittlern sind die Unterschiede nicht geläufig, und zuweilen unterläuft auch einem Richter in diesem Themenfeld ein Fehlgriff.

Die Geschichte des Hans Mustermann ist noch nicht zu Ende. Darüber aufgeklärt, daß dem ihm vertraglich verbundenen Makler hinsichtlich der Mitversicherung der Markisenanlage möglicherweise ein Beratungsfehler unterlaufen ist, kommt insofern ein Regreßanspruch gegen ihn in Frage. Und wie verhält es sich mit den nutzlos aufgewendeten Prozeßkosten, die er voll zu tragen hat und die sich zwischen 4 000,- DM und 5 000,- DM bewegen? Hier rückt der Herrn Mustermann vertretende Anwalt in das Blickfeld. Hat ein Beratungsfehler zu dem Prozeß gegen das Versicherungsunternehmen geführt, wobei der Anwalt wichtige Punkte im Sachverhalt übersehen oder dem Mandanten Mustermann nicht die richtigen Fragen gestellt hat?

Die Frage, ob sich Hans Mustermann schadlos halten kann, betrifft also zwei Innenverhältnisse: den Maklervertrag zum Versicherungsmakler und das Mandatsverhältnis zum Anwalt. Liegen in dieser zweifachen Hinsicht nachweisbare Beratungsfehler vor, so kann sich Hans Mustermann in vollem Umfang schadlos halten. Er erhält Schadenersatz für die beschädigte Markisenanlage, und ihm werden auch die Prozeßkosten erstattet. Sowohl für den Makler als auch für den Anwalt werden – jeweils ein intaktes Versicherungsverhältnis vorausgesetzt – Vermögensschadenhaftpflichtversicherer auf den Plan treten, die erhobenen Ansprüche prüfen und ggf. Leistungen erbringen.

So zeigt dieses Beispiel: Der Status des Vermittlers und die hieraus abzuleitenden rechtlichen Konsequenzen können im Streitfall ein fundamental anderes Ergebnis für den beratenen Kunden zur Folge haben. Makler oder Agent? – Das ist hier die Frage. In einer Zeit, in der die Versicherungsmakler ihr Betätigungsfeld verstärkt auch im Privatkundenbereich sehen, wird die Klärung der Statusfrage zunehmend wichtig – für alle Beteiligten.

Denn auch in der Vermittlerschaft selbst ist diese Klarheit der eigenen Zuordnung – Agent oder Makler? – zuweilen nicht vorhanden. So wird die Frage nach dem Status mitunter mit einem „sowohl als auch" beantwortet, in so manchem Fall auch mit einem schlichten Fragezeichen.

Derartige Erscheinungen kommen nicht von ungefähr. Ein in weiten Teilen ungeregeltes Vermittlerwesen hat diesem Zustand Vorschub geleistet: Unklarheit über den Status bei denen, die Beratungs- und Vermittlungsleistungen in Anspruch nehmen, Unklarheit aber oft auch bei denjenigen, die diesen Beruf ausüben. Bei allem Respekt vor der freien Entfaltung der Berufstätigkeit – eine Registrierungspflicht für Vermittler, verbunden mit der Verpflichtung zur klaren Statusbezeichnung gegenüber dem interessierten Versicherungspublikum, würde den weithin vorhandenen Nebelschleier wegnehmen und im Interesse sowohl der Versicherungsinteressenten als auch der Vermittlerschaft wirken.

Resümee:

- Das Vermitteln von Versicherungen ist eine Aufgabenstellung, die Versicherungsvertretern wie Versicherungsmaklern als eine Hauptverpflichtung wesenseigen ist,

- aber: Der Versicherungsmakler ist der Versicherungsanwalt des Kunden,

- der Standort des Versicherungsmaklers hat den mit dem Kunden geschlossenen Maklervertrag als Grundlage,

- für Fehler hat der Makler, nicht der Versicherer, gegenüber dem Kunden einzustehen.

1.2 Position des Maklers zwischen Kunde und Versicherer

Sichern durch Versichern verlangt vom Verbraucher, der seine Existenz, seine Wirtschaftsgüter sichern soll, einiges Abstraktionsvermögen. Es ist zugleich eine Handlungsalternative unter den verschiedenen Möglichkeiten, Leben, Gesundheit und Wirtschaftsgüter zu schützen. Der Fachmann spricht von Risikoüberwälzung auf den Versicherer, mag es sich um den Privatmann, den Freiberufler oder den Unternehmer handeln, der gegen Entgelt die Gefahr des Schadeneintritts einschließlich der damit verbundenen nachteiligen wirtschaftlichen Folgen von einem Versicherer tragen läßt.

Die Maßnahme der Risikoüberwälzung ist vollzogen mit dem Abschluß des Versicherungsvertrages zwischen Versicherungskunde und Versicherer sowie dem Wirksamwerden des Versicherungsschutzes. Im Vorfeld gibt es allerdings eine Reihe von Fragen und Aufgaben, die zu erledigen sind und die die Grundbedingungen für den nachfolgenden Vertragsabschluß bilden. Hier treten die Vermittler auf den Plan, die – gleichgültig, ob Einfirmenvertreter, Mehrfachagent oder Versicherungsmakler – eine vielgestaltige Aufgabenstellung zu bewältigen haben, die sich jedoch in ihrem Kern auf drei wesentliche Punkte zurückführen lassen:

- Bedarfsweckung: Aufklären des Kunden über seine Risikosituation / Aufzeigen der Notwendigkeit von Versicherung / dadurch: Aktivieren des Sicherheitsdenkens auf Kundenseite / Überführen des Sicherheitsbewußtseins in die Bereitschaft zum Versicherungsabschluß

- Bedarfsdeckung: Abgleich von Absicherungsbedarf auf Kundenseite mit dem Produktangebot des Versicherers / adäquate Produktauswahl, ggf. unter Änderungen / Zusammenführen von Versicherungsnachfrage und Versicherungsangebot: Vertragsabschluß zwischen Kunde und Versicherer

- Betreuung: permanente Begleitung des Kunden in allen seinen Versicherungsangelegenheiten / turnusgerechte Prüfung der Angemessenheit des Versicherungsschutzes / Vorschläge zur Anpassung der Deckungen an veränderte Umstände / Umdeckung von Verträgen, wenn und sobald Versicherungsschutz für den Kunden günstiger beschafft werden kann.

Diese grundsätzlichen Aufgabenstellungen gelten im wesentlichen für den Vermittler jeden Typs; in ihrem allgemeinen Ansatz gelten sie also für den Einfirmenvertreter und den Mehrfachagenten ebenso wie für den Versicherungsmakler. Aufgaben können indessen in der einen oder anderen Art und von sehr unterschiedlichen Positionen aus erledigt werden. Auch die Intensität der Wahrnehmung dieser Aufgaben ist davon abhängig, welcher Vermittlertypus im Einzelfall tätig wird. Hier kommen die Interessen der Marktbeteiligten ins Spiel und die Handlungsmuster derjenigen, die für sie tätig werden. Der Versicherer will seine Produkte absetzen, an ausgewählte Zielgruppen mit profitablem Ergebnis. Der Kunde sucht maßgerechten Versicherungsschutz zum günstigen Preis mit bestmöglichen Konditionen.

In wesentlichen Teilaspekten unterschiedliche Zielsetzungen, resultierend aus unterschiedlichen Interessenlagen, finden auch in dem Prozeß des Vermittelns von Versicherungen ihren Niederschlag. Die Akteure – angestellte Außendienstmitarbeiter, Einfirmenvertreter, Mehrfachagenten und Versicherungsmakler – haben unterschiedliche Positionierungen im Kraftfeld der Beteiligten: die Angestellten und Agenten des Versicherers auf der einen Seite, während auf der anderen Seite der Versicherungsmakler in der Sphäre des Versicherungskunden tätig wird.

Auf Versichererseite steht der angestellte Außendienstmitarbeiter im engstmöglichen Verhältnis zum Versicherer; er ist kraft Arbeitsvertrags den Weisungen seines Arbeitgebers im Hinblick auf die Ausübung seiner Vermittlertätigkeit unterworfen. Der Einfirmenvertreter ist zwar selbständiger Unternehmer, kann seine Tätigkeit frei gestalten, ist aber durch den Agenturvertrag mit Ausschließlichkeitsbindung zur Tätigkeit nur für „seinen" Versicherer verpflichtet. Relativ frei, in Richtung Unabhängigkeit tendierend, ist der Mehrfachagent. Es bestehen hier zwar agenturvertragliche Bindungen zu mehreren Versicherern; die Geschäftszuführung ist jedoch grundsätzlich seiner Entscheidung überlassen.

Im Lager des Versicherungskunden steht dagegen der Versicherungsmakler. Vertragliche Bindungen bestehen nicht zum Versicherer, sondern allein zum Kunden, dem gegenüber ihn eine ganze Reihe von Verpflichtungen trifft. So ist der Makler Sachwalter und Interessenvertreter des Kunden, verhandelt in seinem Auftrag mit den Versicherern und hat die Aufgabe, dessen Versicherungsangelegenheiten bestmöglich zu besorgen. Nur ausnahmsweise und nur aufgrund ausdrücklicher Vereinbarung wird der Makler in wenigen Einzelbereichen (z. B. Policierung, Prämieninkasso, Schadenregulierung) für den Versicherer tätig.

Unübersehbar ist, daß gerade dort, wo Aufklärungsbedarf und Unterstützungs-Notwendigkeit am größten sind, der Versicherungsmakler zahlenmäßig am schwächsten vertreten ist: in dem großen Bereich des Privatmanns als Nachfrager von Versicherungsschutz. Hier beginnt der Makler erst Fuß zu fassen, wobei allerdings Kostengesichtspunkte einer zügigen Entwicklung in Richtung verstärkter Präsenz in diesem Kundensegment hinderlich im Wege stehen.

Eine solche verstärkte Präsenz der Maklerschaft im Privatkundenbereich wird erst dann zu verwirklichen sein, wenn ökonomische Verfahrensweisen in den vielfältigen Aufgabenstellungen des Maklers in der Lage sind, dessen Wirtschaftlichkeitsüberlegungen zufriedenzustellen. So ist das Privatkundensegment auch heute noch Entwicklungsgebiet, und es steht zu hoffen, daß der Versicherungsmakler als der Anwalt des Kunden, des Verbrauchers, seine Position auch in diesem Bereich zügig ausbaut.

Und noch eines ist für das Bild des Versicherungsmaklers von Bedeutung: Er ist zwar einzuordnen unter dem Oberbegriff der Versicherungsvermittler. Es wäre aber falsch, in seiner Funktion das Vermitteln von Versicherungen als eine conditio sine qua non anzusehen. Mit anderen Worten: Der Makler kann sogar vom Abschluß einer Versicherung im Einzelfall abraten, muß dies sogar tun, wenn andere Lösungen im wohlverstandenen Interesse des Kunden liegen. Damit ist das Gebiet des Risk Management angesprochen, das einmündet in das Aufgabenfeld der Unternehmensberatung. Hier sind beispielsweise Selbstbehalt im Sinne eines Absehens von Versicherung und Rücklagenbildung denkbare Instrumente für die Konstruktion eines individuellen Sicherheitsgebäudes.

Somit hebt sich auch in dieser Hinsicht der Versicherungsmakler von den anderen Vermittlertypen ab. Nur er unterliegt einer spezifischen Verpflichtung auf das Kundeninteresse, abzuleiten aus dem zugrundeliegenden Maklervertrag bzw. -auftrag. Auch wirkt sich hier seine Sachwalter-Stellung aus, um diesen vom Bundesgerichtshof populär gemachten Begriff zu benutzen, die eine umfassende Rolle des Maklers gegenüber seinen Kunden indiziert.

Resümee:

- Der Versicherungsmakler, positioniert zwischen VN und Versicherer, erbringt für den Versicherungsnachfrager eine wichtige Dienstleistung,

- er steht – als einziger unter den verschiedenen Vermittlertypen – im Lager des Versicherungskunden,

- auf der Grundlage eines Maklervertrages oder -auftrags hat er eine umfassende Beratungs- und Betreuungsaufgabe,

- im Privatkundensegment ist der Makler, im wesentlichen historisch bedingt, relativ schwach vertreten; auch spielen hier Betriebskosten-Gründe eine Rolle.

1.3 Tätigkeitskreis des Versicherungsmaklers

Betrachtet man die Funktion des Versicherungsmaklers als Bindeglied zwischen Versicherer und Versicherungskunde, so drängt es sich auf, das Thema, das sich mit den typischen Tätigkeiten eines Maklers beschäftigt, mit der Frage anzugehen: Was, welche Leistungen, kann der Kunde von einem Versicherungsmakler erwarten? Welche Leistungen erbringt der Versicherungsmakler gegenüber dem Versicherer?

Der Katalog, der zur Auswahl steht, ist reichhaltig. Er erstreckt sich – was das Kundenmandat angeht – von der Beratung, dem Versicherungsabschluß über die laufende Betreuung bis hin zur Abwicklung und ggf. Umdeckung eines Vertrages; ebenso kann beispielsweise die Bearbeitung von Schäden für den Kunden eingeschlossen sein. Der Versicherungsmakler ist, wie schon dieser erste Blick auf seine Aktivitäten erkennen läßt, der Interessenvertreter und Sachwalter des Versicherungskunden, mit dem ihn ein Vertrag verbindet (Maklerauftrag, -vertrag). Daneben kann er, und zwar aufgrund von Einzelabsprachen mit einem Versicherer, auch für diesen tätig werden, jedoch nur in einem sehr eingeschränkten Umfang.

a) Kundenmandat

Im Grundsatz ist der Tätigkeitskreis des Versicherungsmaklers allumfassend, ausgehend von dem ganzheitlichen Ansatz, nach dem der Makler den Kunden „in allen seinen Versicherungsangelegenheiten rundum" betreut. Das ist die Grundregel. Was aber gilt im Einzelfall? Eine Frage, die häufig zu Streitigkeiten führt – bis hin zu dem nicht einvernehmlich zu regelnden Konflikt, wenn nämlich sich die Parteien – Kunde und Makler – vor dem Richter treffen und die Entscheidung über den Pflichtenumfang seinem Ratschluß anvertraut ist.

Vorangestellt sei daher ein Überblick über die vielfältigen Tätigkeiten des Maklers, um die Sinne zu schärfen und eindeutige Festlegungen zu Beginn des Maklermandats zu fördern. Denn Prophylaxe zu Beginn des Maklermandats ist besser als der spätere Reparaturversuch über Vertragsauslegung und ähnliche Hilfskonstruktionen.

Leistungen des Versicherungsmaklers

- Analyse des zu versichernden Risikos
- Entwicklung eines Deckungskonzeptes
- Marktuntersuchung / Welche Risikoträger kommen generell in Betracht?
- Einholung von Angeboten bei den Versicherern / Prüfung dieser Angebote
- Produktauswahl / Auswahl des Risikoträgers
- Prüfung der Dokumentierung
- Laufende Beratung und Betreuung des Kunden während der Laufzeit des Vertrages
- Unterstützung des Kunden im Schadenfall bzw. Leistungsfall

Nimmt man die bereits gestellte Frage wieder auf, in welchem Umfang der Makler im Einzelfall für seinen Kunden tätig wird, welche Dienstleistungen also aus diesem Katalog zu erbringen sind, ist von dem Satz auszugehen:

Es gilt das, was zwischen Makler und Maklerkunde vereinbart worden ist.

Mit dieser Aussage ist indessen nur ein Teilziel erreicht. Denn für die Praxis gibt es weder einen Standard-Maklervertrag mit allgemeiner Marktgeltung, noch existiert eine gesetzliche Regelung des Versicherungsmaklervertrages mit der Fixierung von Rechten und Pflichten, etwa ähnlich dem im Bürgerlichen Gesetzbuch geregelten Kaufvertrag. So gibt es eine Mehrzahl inhaltlich unterschiedlicher Maklerverträge, die in dem, was sie an Rechten und Pflichten, die zwischen den Parteien gelten sollen, festlegen, zumeist stark voneinander abweichen. Zur Strukturierung und auch Lösung von Fragen dieser variierenden Vertragsinhalte mag folgende Einteilung dienen:

(1) Der ausführliche Maklervertrag

Er bildet den Idealfall, indem er alle relevanten Punkte regelt und keine Fragen offenläßt. Über Art und Umfang der vom Makler geschuldeten Tätigkeiten gibt es keinen vernünftigen Zweifel.

(2) Der Maklervertrag mit Ausschnitts-Tätigkeiten

Der Maklervertrag mit bewußt festgelegten Ausschnitts-Tätigkeiten bereitet ebenfalls keine Probleme. Nach dem Willen der Vertragsparteien wird der Makler nur eingeschränkt tätig. So kann beispielsweise der gesamte Komplex der Unterstützung im Schaden- oder Leistungsfall ausgespart sein. Im Vertragswortlaut sollte allerdings zum Ausdruck kommen, daß eine gezielte Einschränkung des Tätigkeitskreises gewollt ist („Negativ-Attest"). Anmerkung: Diese Vertrags-Variante entspricht nicht dem Idealtypus eines Maklervertrags, dem eine ganzheitliche Philosophie mit einem entsprechend umfassenden Katalog von Maklertätigkeiten zugrunde liegt.

(3) Der Maklervertrag mit Lücken

Schwierigkeiten bereitet der Maklervertrag, der bestimmte Tätigkeitskomplexe nicht regelt und gleichzeitig auch nicht erkennen läßt, ob es sich um eine bewußte Restriktion handelt oder um eine – von den Parteien nicht bedachte – Regelungslücke. Nur im letzteren Fall ist es zulässig, derartige Lücken mit einem Standardinhalt auszufüllen, das heißt maklertypische Tätigkeiten als vom Makler geschuldet zu ergänzen.

Dies würde geschehen vor dem Hintergrund eines Maklerbildes, der generell auf einen Standard-Katalog von Tätigkeiten, sozusagen einer Art Grundausstattung, verpflichtet ist.

In diesem Zusammenhang gewinnen zwei Gesichtspunkte Gewicht:

– Im Vergleich zum Kunden ist der Versicherungsmakler der an Wissen und Know-how überlegene Teil, der Experte. Der Kunde vertraut sich ihm an, schenkt ihm mit anderen Worten sein Vertrauen im Hinblick auf seine Versicherungsangelegenheiten. Der Makler formuliert auch den Wortlaut des Vertrages, ist somit für den Inhalt in erster Linie verantwortlich, ebenso für Regelungslücken, die dem Kunden möglicherweise nicht bewußt werden.

Das ist die Grundlage für eine kundenfreundliche Auslegung des Maklervertrags und darüber hinaus Basis für eine verbraucherorientierte Lückenausfüllung.

Eine Differenzierung ist allerdings auf Kundenseite notwendig. So wird ein Industrieunternehmen mit Fach- und Sachverstand auch in Versicherungsangelegenheiten anders zu behandeln sein als der Privatkunde, dem das Thema ‚Versicherungen' fernliegt.

– Interpretationshilfe leistet auch das berühmte Sachwalterurteil des Bundesgerichtshofs (= VersR 85, 930 ff.). Diese in mehrfacher Hinsicht bedeutsame Entscheidung enthält unter anderem den Programmsatz:

„Die Pflichten des Versicherungsmaklers gehen weit."

Dieser Satz kann mithin zur Lückenausfüllung und Interpretation ebenfalls herangezogen werden.

b) Versicherermandat

In bestimmten Fällen übt der Versicherungsmakler Tätigkeiten auch für den Versicherer aus, und zwar aufgrund von Einzelabsprachen. Beispiele für derartige Tätigkeiten sind:

- Inkassotätigkeit
- Ausfertigung von Dokumenten
- Schadenregulierung (für den Versicherer)
- Entgegennahme von Deklarationen (bei der laufenden Versicherung)

Diese Funktion und Tätigkeit, die aus der Sicht der Rechtsbeziehungen zwischen Kunde und Makler fremdbestimmt ist, läßt sich als historisches Relikt erklären, aus einer Zeit stammend, als der Versicherungsmakler deutlich mehr als heute die Position eines „Mannes in der Mitte" innehatte.

Fazit: Zur Aufgabenstellung des Versicherungsmaklers gehört ein breit gefächerter Katalog von Tätigkeiten. Soweit er Aktivitäten für den Versicherer entfaltet, geschieht dies ausnahmsweise. Sie stören im Grunde genommen das Bild des Versicherungsmaklers als des Interessenvertreters und Sachwalters für den Versicherungskunden. Soll dieser ihm sein uneingeschränktes Vertrauen schenken, stehen derartige Aktivitäten diesem Ziel hinderlich im Weg.

Konsequenz: Der Vielgestaltigkeit der Maklertätigkeiten entspricht ein Bündel von Haftungsgefahren. Ein Fehler in der Beratung, unsachgemäße Produktauswahl, ein unvollständiges Deckungskonzept, mangelnde Versicherer-Bonität, ein Übersehen von Ersatzpositionen bei der Bearbeitung von Schäden für den Kunden – nur einige Beispiele aus der Fülle von Möglichkeiten – können die Haftung des Maklers, seine Ersatzpflicht begründen.

Resümee:

- Der prinzipiell ganzheitliche Handlungsgrundsatz des Versicherungsmaklers weist ihm eine Fülle von Aufgaben und Verpflichtungen zu,

- sie reichen von der Beratung über den Abschluß bis hin zur Schadenbearbeitung für den Kunden einschließlich der Abwicklung des Versicherungsverhältnisses,

- der Makler ist Interessenvertreter des Kunden, kann aber ausnahmsweise einzelne Aufgaben auch für den Versicherer übernehmen,

- der breit gefächerte Tätigkeitskatalog des Maklers ist zugleich die Quelle latenter Haftungsgefahren.

1.4 Versicherungsmakler und Haftung

Die Fülle wie auch die Qualität der Aufgaben, die ein Versicherungsmakler gegenüber seinem Kunden zu erfüllen hat, ist zugleich potentielle Fehlerquelle. Die Wahl des falschen Produkts, die versäumte Kündigungsfrist, das Unterlassen, dem Kunden rechtzeitig eine vorläufige Deckung zu verschaffen, begründen grundsätzlich die Verantwortlichkeit des Maklers. Wirtschaftlich betrachtet, bedeutet es das Vertretenmüssen der hieraus für den anderen Teil (Kunde) resultierenden wirtschaftlichen Nachteile. In einer allgemeinen Form läßt sich die Haftung des Versicherungsmaklers umschreiben als das Einstehenmüssen für vorangegangenes Tun oder Unterlassen im Rahmen der Ausübung seiner Berufstätigkeit.

Dieses Einstehenmüssen für vorangegangenes Tun oder Unterlassen, die Haftung des einzelnen, der am Geschäfts- und Rechtsverkehr teilnimmt, ist eines der klassischen Rechtsinstitute im Zivilrecht. Der Umgang mit derartigen Rechtsinstituten war in der Vergangenheit weitgehend den Juristen in Praxis und Wissenschaft vorbehalten. Dem breiteren Publikum, dem Jedermann, war diese rechtliche Begriffskategorie eher fremd. Neuere Entwicklungen haben allerdings den Haftungsaspekt verstärkt in das Bewußtsein auch der breiteren Öffentlichkeit hineingetragen. Man denke an die Produkthaftung und an die Arzthaftung mit einer nahezu unüberschaubaren Vielzahl von Fällen, die zumeist auch die Gerichte beschäftigt haben. Presse, Funk und Fernsehen haben sich dieser Themen, zumal in spektakulären Fällen, verstärkt angenommen und allmählich das Interesse in immer breiteren Kreisen geweckt. Aufsehenerregende Urteile in den USA, aber auch Haftungsprozesse im deutschen Rechtskreis haben diese Entwicklung kräftig gestützt. Hierbei geht die Tendenz der Rechtsprechung eindeutig in Richtung einer konsequenten Haftungsverschärfung.

Hintergrund dieser auch heute noch nicht abgeschlossenen Entwicklung ist die Überlegenheit des Produzenten, des Arztes und – hier – des Versicherungsmaklers hinsichtlich Wissen, Knowhow, Produktkenntnis und Information. Der Kunde steht am Ende des Gefälles mit entsprechenden Defiziten. Einblicke in die Produktionsabläufe, in die Details eines technischen Produkts sind ihm verwehrt; Arzt und Makler sind ihm aufgrund ihrer Ausbildung und der angesammelten Erfahrungen weit überlegen. Die Gebiete der Medizin und der Versicherungswirtschaft und -technik sind dem Patienten bzw. Kunden fremd, Felder, die durch Intransparenz gekennzeichnet sind.

Alles dies gilt für die hier genannten Berufe eines Arztes und eines Versicherungsmaklers, ist aber ebenso zu übertragen auf Expertenberufe wie Rechtsanwälte, Notare, Steuerberater, Wirtschaftsprüfer usw. Gerichtliche Entscheidungen, die zu den Pflichtenstellungen und hieraus resultierenden Haftungsfragen von Angehörigen dieser Berufe ergehen, sind – jedenfalls im Grundsatz – wechselweise anwendbar. Die durch die Rechtsprechung etablierte strenge Haftung von Angehörigen der sogenannten Expertenberufe ist ein Kompensationsversuch zugunsten des unterlegenen, des schwächeren Teils, nämlich des Kunden.

Stellt man den Versicherungsmakler in die Reihe der anderen Vermittlertypen – also den angestellten Außendienstmitarbeiter, den Einfirmenvertreter und den Mehrfachagenten, um die wichtigsten zu nennen –, so ist die soeben beschriebene Verantwortlichkeit des Versicherungsmaklers, sein persönliches Einstehenmüssen für Fehler gegenüber dem Kunden ein Spezifikum dieses Vermittlertypus'.

Diese Besonderheit erklärt sich aus der Positionierung von Versicherungsmakler einerseits und angestellten Außendienstmitarbeitern sowie Agenten andererseits. Letztere gehören der Sphäre des Versicherers an, vertreten in erster Linie dessen Interessen und werden als Verkäufer von Versicherungsschutz tätig. Der Versicherungsmakler ist dagegen der Interessenvertreter und Sachwalter des Versicherungskunden und betätigt sich als Einkäufer von Versicherungsschutz, den er bedarfs- und maßgerecht zu gestalten hat. Der Makler ist mit dem Kunden vertraglich verbunden (Maklervertrag), während die Agenten zwar ebenfalls selbständige Unternehmer nach Handelsrecht sind, ihre vertraglichen Bindungen (Agenturverträge) jedoch zum Versicherer führen. Aus dieser Gestaltung der Geschäftsbeziehung resultiert die Einordnung des Agenten – gleichgültig, ob Einfirmenvertreter oder Mehrfachagent – als „verlängerter Arm" des hinter ihm stehenden Versicherers.

Sind also angestellte Außendienstmitarbeiter und auch die Agenten der verlängerte Arm der hinter ihnen stehenden Versicherer, leitet sich hieraus die Haftungszuordnung ab. Kommt es bei diesen sich als Vermittler betätigenden Personen zu Fehlern und Versäumnissen, trifft die Verantwortlichkeit den dahinterstehenden Versicherer. Diese Konsequenz entspricht auch dem allgemeinen Verständnis in Verbraucherkreisen. Diese sehen noch weitergehend gemeinhin in einer nicht differenzierenden Betrachtungsweise den Vermittler jeden Typus' als den „Vertreter der Versicherungsgesellschaft" an. Bei dieser Zuordnung wird daher häufig der Versicherungsmakler mit erfaßt, so daß es diesbezüglicher Korrekturen bedarf. Denn der Makler wird ausschließlich für den Kunden tätig und tritt g e g e n ü b e r dem Versicherer auf, ist also nicht dessen Lager zuzurechnen.

Die Haftungssituation des Versicherungsmaklers ist zusätzlich durch eine Verschärfung dahin gekennzeichnet, daß seine Beratungs- und Betreuungspflichten in die Nähe der Best Advice-Maxime gerückt sind. Diese Anforderung leitet sich aus dem berühmten Sachwalterurteil des Bundesgerichtshofs (= VersR 85, 930 ff.) ab. Ein Kernsatz dieser Entscheidung lautet: „Die Pflichten des Versicherungsmaklers gehen weit." Dementsprechend vergrößert sich das Haftungsvolumen des Versicherungsmaklers, eine Tatsache, die im Interesse der Haftungsvermeidung sowohl zu gesteigerter Sorgfaltsanspannung aufruft, als auch zu entsprechenden, vom Makler zu initiierenden Sicherungsmaßnahmen.

Daneben wird dem hohen Haftungsgrad ein entsprechend hochwertiges Leistungserstellungs-System des Maklers entsprechen müssen. Der ihn belastende Haftungsdruck erzeugt massiven Handlungsbedarf. Das bedeutet Nutzung aller technologischen Möglichkeiten wie auch Einbindung in Informations- und umfassende Unterstützungssysteme, die gefährliche Lücken ausfüllen, mit anderen Worten dem Makler solche Leistungsbausteine zur Verfügung stellen, die er in seinem Betrieb unter vertretbarem Kostenaufwand nicht selbst erzeugen kann. Von derartigen Möglichkeiten wird gerade der kleinere und mittlere Maklerbetrieb Gebrauch machen müssen, will der Makler als Unternehmer nicht ein haftungsmäßiges Vabanquespiel eingehen.

Denn eines ist sicher: Der Verbraucher wird zunehmend aufgeklärter. Er ist heute mehr denn je geneigt und in der Lage, Leistungen kritisch abzuprüfen und Fehlleistungen zu erkennen. Vor dem Hintergrund eines gesteigerten Anspruchsdenkens ist er mehr denn je entschlossen, Haftungstatbestände zu nutzen und Ersatzleistungen einzufordern. Unterstützt wird er hierbei von spezialisierten Fachanwälten, die zwar heute erst in geringer Zahl anzutreffen sind. Es ist jedoch damit zu rechnen, daß das „Anwalts-Marketing" – geschickt umgesetzt – sich auch dieses Betätigungsfeld alsbald erschließen wird.

Resümee:

- Von den verschiedenen Vermittlertypen ist allein der Versicherungsmakler dem Kunden vertraglich verbunden,

- allein der Makler haftet dem Kunden im Rahmen des Maklerauftrags bzw. -vertrags,

- entsprechend seinen umfassenden Verpflichtungen gegenüber dem Kunden ist die Haftung des Versicherungsmaklers strikt und weitgehend,

- die Rechtsprechung ist der Motor dieser Entwicklung,

- die Haftung des Versicherungsmaklers ist einzuordnen in die Haftung der Angehörigen der sogenannten Expertenberufe (z. B. Anwälte, Steuerberater, Wirtschaftsprüfer).

1.5 Typische Haftungstatbestände

In einer stark vereinfachenden, generalisierenden, aber im Grundsatz dennoch richtigen Aussage läßt sich feststellen: Wer viele – qualitativ hochwertige – Aufgaben zu erfüllen hat, steht in einer erhöhten Gefahr, Fehler zu machen. Wer Dienstleistungen für andere erbringt – ob als Anwalt, Steuerberater oder Makler –, hat ein Mandat übernommen, das sich über einen mehr oder weniger lang bemessenen Zeitraum erstreckt. In diesem durch die Eckpunkte ‚Mandatsbeginn' und ‚Mandatsende' markierten Zeitraum sind die Aufgaben des Dienstleisters und zugleich die latenten Haftungstatbestände plaziert. Die Wahrscheinlichkeit der Verwirklichung von Haftungstatbeständen wächst proportional mit Anzahl und Umfang von Aufgaben und Verpflichtungen wie auch mit der Ausdehnung der zeitlichen Dimension.

Der Versicherungsmakler bildet in diesem Tätigkeits- und Risikofeld keine Ausnahme, im Gegenteil. Seine hohen Anforderungen unterliegende Berufstätigkeit ist geradezu typischerweise risiko- und haftungsgeneigt. Trotz aller Sorgfaltsanspannung und bestem Bemühen, Fehler in der Form von Handeln und/oder Unterlassen zu vermeiden, kommt es dennoch immer wieder zu Fehlleistungen. Übergroßer Zeit- und Arbeitsdruck, eine kleine Nachlässigkeit hier und dort, nicht notierte Absprachen zwischen Makler und Kunde und vieles andere mehr bilden das auslösende Moment für schädigende Auswirkungen auf den Kunden. Mitunter massive wirtschaftliche Nachteile sind die Konsequenz. Der Makler haftet in diesen Fällen wegen Verletzung des mit dem Kunden bestehenden Maklervertrages. Oder anders ausgedrückt: Die vertraglich geschuldete einwandfreie Dienstleistung wird – schuldhaft – nicht erbracht. Maßstab für die Haftung ist mithin das zwischen den Parteien Vereinbarte, wobei hinsichtlich der Sorgfaltsanforderungen auf die gegebene oder nicht vorhandene Geschäftserfahrung des Vertragspartners, also des Maklerkunden, abzustellen ist.

Die Gefahrenstellen im Leistungskatalog zu erkennen, verbunden mit adäquaten Abhilfe- und Sicherungsmaßnahmen, bedeutet schon einen wesentlichen Schritt in Richtung Haftungsvermeidung. Einige typische Fallkonstellationen seien hier genannt:

- fehlerhafte Risikoanalyse, Übersehen wichtiger Risikoumstände
- Falschberatung aufgrund fehlerhafter Risikoanalyse
- verspätete oder nicht erfolgte Weitergabe von Versicherungsanträgen
- bei Prämienzahlung für den Kunden: fehlende oder verspätete Weiterleitung der Prämiengelder an den Versicherer mit der Folge der Leistungsfreiheit
- Versäumen der Anschlußdeckung nach Vertragskündigung
- Versäumen von Fristen und Terminen
- Versäumnis, neu hinzugetretene Risiken in die Deckung einzuschließen
- Entstehen von Unterversicherung
- bei Schadenbearbeitung für den Kunden: Nicht-Geltendmachen von Ersatzpositionen

Man wird gewiß darüber nachdenken können, die Striktheit dieser dem Makler obliegenden Verpflichtungen etwas aufzulösen, indem der Kunde in gewissem Umfang zur Mitwirkung verpflichtet wird. Das bedeutet konkret, daß er beispielsweise Veränderungen bezüglich des versicherten Risikos von sich aus, das heißt nicht erst aufgrund Maklernachfrage, mitzuteilen hat, damit – über den Makler – ein diesbezüglicher Einschluß in den Vertrag erfolgen kann. In dieses Themenfeld gehören auch die Anzeigepflichten des Versicherungsnehmers, die der Makler nur bei intakter Kommunikation mit dem Kunden für ihn erfüllen kann. Eine derartige Mitwirkung wäre im Maklervertrag bzw. -auftrag festzuschreiben.

Bei einer solchen Mitwirkung des Maklerkunden kraft Verpflichtung wird man allerdings den Komplex ausgrenzen müssen, der die vom Kunden/VN spontan zu erfüllenden Mitteilungs- und Informationspflichten betrifft. Hier ist mit anderen Worten eine Überwälzung mittels Vereinbarung gegenstandslos. Daß diese Abgrenzung in so manchem Fall streitig sein wird, ist gewiß. Für Klarheit muß dann also der Richter letztendlich sorgen, der zu entscheiden hat, ob es sich im konkreten Fall um eine vom Kunden spontan zu erfüllende Informationspflicht handelt oder es dazu einer Vereinbarung bedurft hätte, mit anderen Worten der Makler gehalten gewesen wäre, die Überwälzung dieser Pflicht mit dem Kunden vertraglich zu vereinbaren.

Es kommt also stets auf die Umstände des Einzelfalles an, ob der Makler die auf ihm lastende Bürde in dieser Weise etwas abmildern kann. Denn zweifellos setzt der Kunde, der sich der Dienste eines Versicherungsmaklers versichert hat, großes Vertrauen in dessen Kompetenz in jeder Hinsicht, namentlich in die umfassende Beratung und Betreuung. Besonders, soweit der Makler im Privatkundenbereich tätig wird, wird ein derartiges Überwälzen von Teilverantwortlichkeit auf den Kunden kritisch gesehen werden müssen. Der Richter wird im Zweifel das Vertrauen in den Versicherungsmakler als den Experten höher gewichten als derartige vertragliche Abreden, die damit beispielsweise an den Normen des AGB-Gesetzes scheitern können.

Resümee:

- Der Fülle der Aufgaben des Versicherungsmaklers entspricht – als Gegenstück – eine analoge Vielzahl von Haftungstatbeständen,

- eine intensive Kommunikation zwischen Makler und Maklerkunde trägt zur Vermeidung von Haftungstatbeständen bei,

- im Bereich von Anzeige- und Mitteilungspflichten ist eine Einbeziehung des Maklerkunden in die Verantwortlichkeit möglich.

1.6 Möglichkeiten der Haftungsbegrenzung

Wer sich in einer besonderen Gefahrenlage befindet, strebt nach Sicherung. Der Beruf eines Versicherungsmaklers mit seinen besonderen Haftungsgefahren löst diesen Wunsch einigermaßen zwangsläufig aus. Ein Fehler in der Beratung, das Versäumen einer Frist, die für den Kunden nicht beschaffte vorläufige Deckung oder Mängel bei der Schadenbearbeitung für den Kunden – alle diese Fehlhandlungen sollen in ihren letztendlichen wirtschaftlichen Auswirkungen für den Makler nicht zur Existenzbedrohung oder gar -vernichtung werden.

Diesem Sicherheitsstreben des Versicherungsmaklers stehen die Interessen des Maklerkunden gegenüber. Eine Haftungsbegrenzung auf Maklerseite bedeutet häufig eine Beeinträchtigung der schutzwürdigen Interessen des Kunden. In welchem Maße der Versicherungsmakler zulässigerweise seine Haftung begrenzen kann, wird in diesem Konfliktfeld zu lösen sein, und zwar in der Weise, daß die Wirksamkeit einer solchen Haftungsbegrenzung an den schutzwürdigen Belangen des Maklerkunden zu messen und eine Art „goldener Mittelweg" zu finden ist.

Zunächst sei ein Blick geworfen auf die Möglichkeiten, die für eine Begrenzung der Haftung des Versicherungsmaklers in Betracht kommen. Es ist dies ein ganzer Katalog von Instrumenten, denen ein mitunter höchst unterschiedlicher Ansatz zugrunde liegt:

a) **Geschäftsfeldbegrenzung**

Das Motto lautet: Sich auf das beschränken, was man leisten kann. Die in Maklerverträgen häufig zu findende Beschreibung: „Beratung und Betreuung in allen Versicherungsangelegenheiten" ist weitreichend und anspruchsvoll. Nur größere und große Maklerbetriebe vermögen Derartiges – über eine differenzierte und spezialisierte Organisation – zu leisten. Einschränkungen, die mit dem von dem ganzheitlichen Ansatz ausgehenden Maklerbild verträglich sind, sind zulässig. Auch an eine regionale/geografische Beschränkung im Hinblick auf die Belegenheit von Risiken ist zu denken, also beispielsweise Beschränkung auf das Gebiet der Bundesrepublik Deutschland.

b) Anbieterbeschränkung

Mit der Schaffung des europäischen Versicherungsbinnenmarktes ist für den Versicherungsmakler grundsätzlich die Verpflichtung erwachsen, bei der Auswahl von Produkten und Risikoträgern Anbieter aus dem EU-/EWR-Bereich zu berücksichtigen, das heißt in den Produkt- und Leistungsvergleich einzubeziehen. Hier sind viele Makler überfordert. Es erscheint – zumindest gegenwärtig – zulässig, wenn im Einzelfall der Versicherungsmakler in dem mit dem Kunden abzuschließenden Vertrag eine Beschränkung der Produkt- und Anbieterauswahl auf in Deutschland ansässige Risikoträger vereinbart.

c) Rechtsform

Der Versicherungsmakler als Unternehmer kann seine Haftung im weiteren Sinn dadurch beschränken, daß er seine Geschäfte über eine juristische Person betreibt. Er kann eine Aktiengesellschaft oder eine Gesellschaft mit beschränkter Haftung zu diesem Zwecke gründen. Es haftet in diesem Fall die Aktiengesellschaft oder die GmbH mit ihrem Vermögen, nicht jedoch der oder die Anteilseigner der juristischen Person.

Eine Beschränkung der Haftung durch Wahl einer bestimmten Rechtsform ist auch in Großbritannien zu beobachten. Im Lloyd's Versicherungsmarkt haften die sogenannten Names klassischer Prägung „bis zum letzten Hemdenknopf". Nunmehr sind seit einiger Zeit auch Unternehmen zugelassen, die gleichfalls nur mit ihrem Vermögen haften.

d) Haftungseinschränkung bei der Verschuldensform

Die allgemeine zivilrechtliche Haftung kennt nach § 276 Abs. 1 BGB die Haftung für einfache Fahrlässigkeit, grobe Fahrlässigkeit und Vorsatz. Diese allgemeine zivilrechtliche Grundregel gilt auch für die Handlungs- und Verfahrensweisen des Versicherungsmaklers.

Grundsätzlich zulässig ist die Freizeichnung von leichter Fahrlässigkeit, sofern nicht folgende Tatbestände vorliegen:

- Es handelt sich um Kardinalpflichten, das heißt um wesentliche Grundverpflichtungen des Versicherungsmaklers (Hauptleistungspflichten), die den Kerngehalt der Rechtsbeziehungen zwischen Makler und Kunde ausmachen;

- Es handelt sich um maklervertragliche Verpflichtungen, die zwar nicht zu den Kardinalpflichten gehören, aber sonstige Verpflichtungen, auch Nebenpflichten, darstellen, bei denen aber der Kunde in einem besonderen Maße auf das Fach- und Expertenwissen des Maklers vertraut.

Eine entsprechende Einschränkung muß ausdrücklich im Maklervertrag bzw. -auftrag festgelegt werden.

Zur Klarstellung: Eine Haftungsbegrenzung für vorsätzliche Pflichtverletzungen ist nicht möglich, auch nicht der Höhe nach.

e) **Summenmäßige Haftungsbegrenzung**

Die Begrenzung der Versicherungsmaklerhaftung, die sich an der Höhe der möglichen Ersatzleistung orientiert, ist grundsätzlich möglich. So ist daran zu denken, die Haftungsbegrenzungssumme beispielsweise mit 1 Mio. DM, 2 Mio. DM oder 3 Mio. DM zu bemessen. Die denkbare Haftungsbegrenzungssumme von 3 Mio. DM entspricht zugleich der von seiten des BDVM für seine Mitglieder vorgeschriebenen Deckungssumme im Rahmen der Vermögensschaden-Haftpflichtversicherung.

Soweit der Versicherungsmakler im Privatkundengeschäft tätig ist, erscheint die Haftungsbegrenzungssumme von 3 Mio. DM angemessen und ausreichend, wenngleich die Gerichte hier unterschiedlich urteilen mögen. Im gewerblichen und industriellen Geschäft stellt sich die Situation anders dar. Hier ist es aber

Sache zweier Kontrahenten, die gleichermaßen geschäftserfahren sind, eine angemessene Haftungsbegrenzungssumme im Maklervertrag festzulegen.

Bei allem Respekt vor dem legitimen Interesse an einem – wirtschaftlichen – Eigenschutz muß sich der Versicherungsmakler darüber im klaren sein, daß er vom Kunden als der Experte, der Fachmann in Versicherungsfragen, in Anspruch genommen wird. Der Maklerkunde schenkt ihm sein besonderes Vertrauen, verläßt sich auf seinen Rat und macht diesen wie auch die daraus folgenden Handlungen zur Grundlage seiner eigenen, oft sehr weitreichenden wirtschaftlichen Dispositionen. Rigorose Haftungsbeschränkungen vertragen sich hiermit nicht. Bei einer Einzelfallbetrachtung sind sie vom generellen Ansatz her dort um so weniger möglich, je geringer Fachwissen und Überblick in Versicherungsangelegenheiten auf Kundenseite vertreten sind. Andererseits ist es eine Frage freien Aushandelns zweier Geschäftspartner, wenn sich der Makler im Bereich des gewerblichen und industriellen Geschäfts bewegt, der Schutzbedarf auf Kundenseite entsprechend niedrig anzusetzen ist.

Für einen Versicherungsmakler, der seine beruflichen Aktivitäten im Bereich des kleineren und mittleren Gewerbes, der freien Berufe sowie der Privatkundschaft entfaltet, könnte die Architektur eines solchen Sicherheitssystems folgendes Aussehen haben:

– *Geschäftsfeld:* Vermittlung der betrieblichen und privaten Versicherungen mit Ausnahme der gesetzlichen Renten- und Krankenversicherungen

– *Rechtsform:* Gesellschaft mit beschränkter Haftung

– *Anbieter:* Risikoträger mit Sitz in der Bundesrepublik Deutschland und ausländische Versicherer, die ihr Geschäft in der Bundesrepublik Deutschland über Niederlassungen betreiben

– *Haftung:* Ausschluß der Haftung für leichte Fahrlässigkeit, es sei denn, es handelt sich um Kardinalpflichten oder um Punkte, in denen der Kunde dem Makler besonderes Vertrauen entgegenbringt

– *Haftungslimit:* summenmäßige Beschränkung der Haftung auf 3 Mio. DM (Voraussetzung: die Haftungsbeschränkung ist überhaupt zulässig – das ist beispielsweise bei Vorsatz nicht der Fall –!)

Sinnvoll und zweckmäßig ist es, wenn der Versicherungsmakler im Rahmen seiner summenmäßigen Haftungsbeschränkung eine Vermögensschaden-Haftpflichtversicherung mit einer Deckungssumme in derselben Höhe abschließt.

Eine Koppelung von Haftungsbegrenzung und Vermögensschaden-Haftpflichtversicherung in summenmäßiger Hinsicht sollte nicht erfolgen, das heißt keine Beschränkung der Vermögensschaden-Haftpflichtversicherung auf den Betrag der Haftungsbegrenzung. Die Deckungssumme sollte also höher gewählt werden, orientiert am Wert der Risiken, mit denen der Makler im Einzelfall umgeht. Grund: Bei grob fahrlässiger Pflichtverletzung greift die Haftungsbegrenzung nicht oder – weiteres Beispiel – im Falle eines Rechtsstreits hält der Richter die vertraglich vereinbarte Haftungsbegrenzung für unwirksam. In diesen und ähnlichen Fällen steht dann die Vermögensschaden-Haftpflichtversicherung als Auffangnetz zur Verfügung.

> *Hinweis:* Haftungsbegrenzungsklauseln sollten nicht ohne fachjuristischen Beistand formuliert und in den Maklervertrag aufgenommen werden. Fehler im Wortlaut derartiger Bestimmungen können zur Unwirksamkeit der ganzen Klausel führen. Die sogenannte geltungerhaltende Reduktion – die Wirksamkeit der Klausel mit ihrem zulässigen Inhalt – ist keine verläßliche Stütze.

Resümee:

- Der Handlungsauftrag des Versicherungsmaklers ist prinzipiell ganzheitlich und umfassend,

- dennoch ist eine Haftungsbegrenzung angezeigt und zulässig,

- der Makler hat über mehrere Haftungsbegrenzungs-Alternativen zu entscheiden – Leitmotiv: Beschränkung auf das, was man leisten kann, ohne allerdings hierbei die begründeten Erwartungen des Maklerkunden zu unterlaufen,

- Haftungsbegrenzung – im zulässigen Rahmen – ist ein Akt legitimer Existenzsicherung.

1.7 Makler, Maklerhaftung und Beweislast

Scheinbar fundierte Rechtspositionen brechen häufig wie Kartenhäuser zusammen, wenn es darum geht, die zur Begründung notwendigen Tatsachen im Streitfall vor Gericht nicht nur vorzutragen, sondern auch zu beweisen. So sind manche Träume von Anspruchstellern bitter zu Ende gegangen, sind Welten zusammengebrochen, gepaart mit Unverständnis auf seiten des Rechtssuchenden. Dieser kann sich mit der Rechtsordnung nicht mehr identifizieren, ebensowenig mit dem Richterspruch und den Gerichten.

Das System und die Gesetzmäßigkeiten der sogenannten Beweislastverteilung stoßen, wie die Reaktionen der Betroffenen und der interessierten Öffentlichkeit zeigen, häufig auf mangelndes Verständnis, obwohl die Prinzipien dieser Beweislastverteilung gerade der bestmöglichen Rechtsfindung dienen sollen. Welches sind also in diesem Gebiet die hauptsächlichen Überlegungen, die das mit diesem System verbundene Anliegen transparent und möglichst auch verständlich machen können? Die zweite, hieran anschließende Frage lautet: Wie wirken sich diese Prinzipien im Bereich der Versicherungsmaklerhaftung aus?

a) Die Beweislast ist die Aufgabe einer Partei, die ihren Vortrag begründenden Tatsachen nicht nur darzulegen, sondern notfalls auch zu beweisen. Was heißt das? Der Käufer der wertvollen Ming-Vase, der vergeblich die Lieferung erwartet und beim Veräußerer angemahnt hatte, muß im Streitfall vor Gericht notfalls den – rechtswirksam abgeschlossenen – Kaufvertrag vorlegen. Der Arbeitgeber, der den Arbeitnehmer X entlassen hat, muß im Falle des Bestreitens die Gründe, die zur Kündigung geführt haben, durch entsprechende Beweismittel belegen.

In beiden Fällen handelt es sich um anspruchsbegründende Positionen. In dem hier angenommenen Streitfall muß der Käufer der Ming-Vase den mit dem Verkäufer abgeschlossenen Kaufvertrag als Beweismittel vorlegen; der kündigende Arbeitgeber muß die Gründe, die zur Kündigung geführt haben, beweisen, will er nicht schon an dieser Stelle vor dem Arbeitsgericht scheitern.

Diese Regeln, die insgesamt ein komplexes, detailliertes System bilden, stehen vor dem Hintergrund, daß – verkürzt ausgedrückt – der Richter nicht von Amts wegen ermittelt, um zwischen den Parteien des Zivilprozesses das richtige und gerechte Ergebnis zu finden. Der Richter schafft kein objektives Recht in bezug auf ein streitiges Rechtsverhältnis. Er urteilt vielmehr auf der Grundlage dessen, was beide Parteien vorgetragen, bewiesen oder nicht bewiesen haben.

b) Aus der Fülle der Gerichtsentscheidungen sollen einige Beispiele belegen, vor welchen Beweissituationen Angehörige der sogenannten Expertenberufe stehen, wie zum Beispiel Ärzte, Architekten, Steuerberater, Rechtsanwälte etc.:

- Der Arzt muß beweisen, daß er *vor* dem operativen Eingriff die erforderliche Einwilligung des Patienten eingeholt und auch die hierzu bestehende Verpflichtung zur sogenannten Selbstbestimmungsaufklärung erfüllt hat.

- Der Architekt muß beweisen, daß er vom Bauherrn einen umfassenden, und nicht lediglich eingeschränkten Auftrag erhalten hat.

- Hat der Geschädigte zuvor bewiesen, daß das von ihm erworbene Produkt fehlerhaft war und hierdurch ein Schaden entstanden ist, ist der Hersteller dieses Produktes beweispflichtig dafür, daß dieses Produkt seinen Betrieb fehlerfrei verlassen hat oder daß der Fehler erst danach entstanden ist.

- Der Steuerberater muß beweisen, daß er von seinem Mandanten die für seine Tätigkeit benötigten Unterlagen erst erhalten hat, *nachdem* diesem der – ungünstige – Bescheid des Finanzamtes zugegangen ist.

Alle diese Beweislast-Sätze sind auch von der Überlegung bestimmt, besonderen Umständen auf seiten der Beteiligten bei der Beweislastverteilung Rechnung zu tragen. Hier greifen Beweiserleichterungen ein, wie sie beispielsweise durch den Anscheinsbeweis möglich sind. Dahinter steht die Überlegung, daß zum Beispiel der Abnehmer eines Industrieproduktes keinerlei Einblick in Produktionsweisen und Verfahrensabläufe des Herstellerbetriebes hat. Wie könnte also der Käufer eines solchen Industrieproduktes beweisen, daß es bereits beim Verlassen der Fabrik fehlerhaft war?! In Fällen dieser und ähnlicher Art hat die Rechtsprechung helfend eingegriffen und zugunsten des schwächeren Teils Beweiserleichterungen geschaffen.

c) Was gilt nun für den Versicherungsmakler?

Der Versicherungsmakler gehört gleichfalls zu den Expertenberufen. In der prinzipiell schwierigen, weitestgehend abstrakten Materie ‚Versicherung' ist er der Fachmann, der Experte, der – im Vergleich zum Versicherungsinteressenten/-kunden – über das überlegene Wissen und Know-how verfügt. Dieses oft starke Gefälle zieht zunächst Konsequenzen in zweifacher Hinsicht nach sich:

● umfangreicher Pflichtenkatalog des Maklers gegenüber seinem Kunden,

● strenge Haftung des Maklers gegenüber seinem Kunden.

Diese beiden Wirkungen begünstigen also den Kunden des Versicherungsmaklers. Umfangreiche Pflichten und eine hiermit verbundene strenge Haftung begründen für ihn, den Kunden, im Krisenfall eine beachtliche Rechtsposition. Dies alles führt jedoch im Falle einer Auseinandersetzung – der Makler hat seine Pflichten nur unvollkommen oder gar nicht erfüllt – nicht geradezu zwangsläufig zum Erfolg. Die Klage des geschädigten Kunden könnte oft schon daran scheitern, daß er die Pflichtverletzung nicht beweisen kann.

Auch dieser Konstellation hat sich der Bundesgerichtshof in seinem richtungweisenden Urteil vom 22. 5. 1985 (= VersR 85, 930 ff.) angenommen. Die Entscheidung hat dem Versicherungsmakler nicht nur umfangreiche Pflichten auferlegt, sondern darüber hinaus dem Maklerkunden Beweiserleichterungen eingeräumt. Unter Bezugnahme auf die grundsätzliche Regelung der Beweislast, die dem Anspruchsteller, hier: dem geschädigten

Maklerkunden, diese oft drückende Bürde auferlegt, heißt es in dem Urteil wörtlich:

> „Bei der Verletzung einer vertraglichen Aufklärungs- und Beratungspflicht trifft aber abweichend von diesem Grundsatz die Beweislast den für die vertragsgerechte Erfüllung verantwortlichen Berater und damit den Schädiger."

Damit ist der Makler angesprochen. Nach dem dieser Entscheidung zugrundeliegenden Sachverhalt hatte der dort tätig gewordene Makler bestimmte Unterlassungen bei der Beratungstätigkeit begangen und bestimmte Hinweise nicht gegeben. Auch hatte er nicht den Versuch unternommen, den Kunden von der Notwendigkeit bestimmter Sicherheitseinrichtungen zu überzeugen. Vor diesem Hintergrund sieht es der BGH als notwendig an, daß der Makler insbesondere ggf. beweist, wonach der Schaden auch bei gehöriger Erfüllung seiner Verpflichtungen eingetreten wäre, weil nämlich der Geschädigte „sich über die aus der Aufklärung und Beratung folgenden Bedenken hinweggesetzt haben würde" (BGH, a.a.O.).

Derartige Standards hinsichtlich Pflichten, Sorgfalt, Haftung und Beweislast gelten, wie gezeigt, nicht nur für den Versicherungsmakler, sondern generell auch für die Angehörigen anderer Expertenberufe. So werden beispielsweise auch Rechtsanwälte entsprechend in die Pflicht genommen. Wenn ein Anwalt nach außen erkennbar als Spezialist für bestimmte Rechtsgebiete auftritt, so gelten für ihn besondere, das heißt gesteigerte Sorgfaltsanforderungen. Im Streitfall wird auch er beweisen müssen, daß er diesen Anforderungen genügt hat. Nach der Rechtsprechung des Bundesgerichtshofs leitet sich die auf den Schultern des Experten ruhende Beweislast aus seiner besonderen Pflichtenstellung her.

Diese Erkenntnisse sind nur ein erster Schritt. Die nächste Überlegung muß sich daher dem Thema der Prophylaxe zuwenden. Damit ist nicht das Null-Fehler-Prinzip angesprochen, also die auf strikte Fehlervermeidung angelegte Tagesarbeit – so wünschenswert diese, für sich betrachtet, auch ist. Gemeint ist vielmehr die Situation, daß zwischen Kunde und Makler streitig geworden ist, ob letzterer seine Pflichten aus dem (Makler-)Vertrag vereinbarungsgemäß erfüllt hat. Das ist das im nächsten Kapitel abzuhandelnde Thema der Beweissicherung im weiteren Sinn. Was muß der Makler also tun, um der ihm auferlegten Beweislast zu genügen?

Resümee:

● Das „bessere" Recht nützt wenig, wenn man es nicht beweisen kann,

● die Beweislastverteilung ist von prozeßentscheidender Bedeutung,

● der Versicherungsmakler unterliegt nicht nur einer strengen Haftung, er muß auch seine Pflichtenerfüllung beweisen,

● in seiner Tagesarbeit muß der Makler auch den Beweisaspekt bedenken.

1.8 Beweislast und Beweissicherung

Wer unter hohem Haftungsdruck steht, arbeitet mit erhöhter Aufmerksamkeit und Sorgfaltsanspannung. Ist das Ergebnis eine in jeder Hinsicht ohne Fehl und Tadel erbrachte Dienstleistung, kann der Kunde zufrieden sein und auch der ihn beratende und betreuende Versicherungsmakler. Der von Berufs wegen kritische Jurist, der immer den schlechtesten Fall bedenken muß, teilt diese Zufriedenheit nicht. Warum?

Der kritische Fall ist die Auseinandersetzung zwischen Kunde und Makler. So wird häufig genug streitig, ob der Makler seine Verpflichtungen gegenüber dem Kunden tatsächlich erfüllt hat. Der Kunde, der beispielsweise infolge Unterversicherung vom Versicherer nur einen Teil seines Schadens ersetzt bekommen hat, beruft sich darauf, daß der Makler ihn schlecht oder unvollständig beraten habe. Macht der Kunde jetzt einen Ersatzanspruch gegen den Versicherungsmakler geltend, so müßte er nach den allgemeinen Regeln, als derjenige, der den Anspruch vor Gericht geltend macht, das Vorliegen aller Anspruchsvoraussetzungen nicht nur vortragen, sondern auch beweisen. Dazu gehört im Grundsatz auch die behauptete Pflichtverletzung auf seiten des Maklers.

Makler und Maklerkunde haben jedoch inzwischen – auch wenn dieses Wissen noch nicht weit verbreitet ist – gelernt, daß zugunsten des letzteren eine Beweiserleichterung gilt. Danach trifft den Versicherungsmakler die Beweislast dafür, daß er seine Pflichten ordnungsgemäß erfüllt hat. Im Beispielsfall hätte somit der Makler, will er sich erfolgreich gegen den erhobenen Anspruch verteidigen, zu beweisen, daß der Kunde trotz mehrmaliger Nachfrage keine Angaben über zwischenzeitliche Risikoveränderungen (Neuanschaffungen etc.) gemacht hat.

Auf diese Situation muß sich jeder Makler einstellen. Im eigenen Interesse muß er dafür sorgen, daß alle für die Erstellung der

Dienstleistung erheblichen Aktivitäten dokumentarisch festgehalten werden – vom ersten Informations- und Beratungsgespräch bis hin zur Abwicklung des Versicherungsverhältnisses. Wie hat das zu geschehen?

Die Antwort kann nicht ohne einen Blick in das Zivilprozeßrecht, genauer: in die Zivilprozeßordnung, gegeben werden. Denn die strittige Auseinandersetzung wird vor dem ordentlichen Gericht ausgetragen, und es gelten dessen Spielregeln: die ZPO. Hier interessiert der Katalog der zulässigen Beweismittel. Möglich sind:

- Beweis durch Augenschein
- Zeugenbeweis
- Beweis durch Sachverständige
- Beweis durch Urkunden
- Beweis durch Parteivernehmung

Auch dem Makler, der von seinem Kunden verklagt wird, steht dieses Instrumentarium grundsätzlich zur Verfügung. Die Art seiner Tätigkeit läßt allerdings bestimmte Beweismittel in den Vordergrund treten, so namentlich den Beweis durch Urkunden, aber auch kann in einer Reihe von Fällen der Zeugenbeweis eine wichtige Rolle spielen.

● **Beweis durch Zeugen**

Der Makler wird in der weit überwiegenden Zahl der Fälle seine Geschäfte nicht als Einzelperson betreiben. Sein Maklerbetrieb verfügt über Personal, seien es Spartenspezialisten, Fachberater oder auch in der Administration tätige Mitarbeiter. Diese sind sämtlich, je nach Art der von ihnen ausgeübten Tätigkeit in unterschiedlicher Weise, in die Kommunikation nach außen eingebunden, verfügen insbesondere auch über Kundenkontakte. Gesprächsinhalte, mag es sich um Äußerungen des Maklerkunden handeln oder um an diesen gerichtete Hinweise und Informationen, auch an den Kunden gestellte Anforderungen, sind Gegenstand des Zeugenbeweises. Die Mitarbeiter des Betriebsinhabers sind nicht etwa vom Zeugenbeweis ausgeschlossen. Ihre Zuordnung zum Maklerbetrieb, ihre Zugehörigkeit zur Sphäre des Maklers und ihre damit verbundene Interessenausrichtung, sind allein Sache der Beweiswürdigung. Der Richter wird mit anderen Worten ihre Bekundungen vor diesem Hintergrund kritisch prüfen, bevor er sie mit zur Grundlage seiner Entscheidung macht.

Hinter den Zeugenbeweis, das heißt seine Brauchbarkeit für die Rechtsverteidigung des Versicherungsmaklers, muß also durchaus ein Fragezeichen gesetzt werden. Dies nicht nur mit Blick auf die – freie – Beweiswürdigung des Richters und die damit verbundenen Unwägbarkeiten. Auch die Verläßlichkeit des Gedächtnisses dieser Zeugen ist nur bedingt ein standfestes Fundament für die Rechtsposition des Maklers. So ist aus diesen Gründen Umschau zu halten nach besser geeigneten Beweismitteln.

● **Beweis durch Urkunden**

Schriftliche Aufzeichnungen, im unmittelbaren Zusammenhang mit dem Beratungsgespräch oder der mündlich erteilten Information erstellt, nehmen – verglichen beispielsweise mit dem Zeugenbeweis – ein höheres Maß an Objektivität für sich in Anspruch. In der Tätigkeit des Versicherungsmaklers spielen folgende Möglichkeiten der Schriftform eine Rolle:

– Gesprächsprotokoll

  Der Makler zeichnet alle wichtigen Stationen des Beratungsgesprächs mit dem Kunden auf. Dazu gehören in erster Linie die rein tatsächlichen Informationen von Kundenseite und die vom Makler gegebenen Deckungsempfehlungen. Lehnt der Kunde bestimmte Ratschläge zur Ausgestaltung des Versicherungsschutzes ab, ist auch dieses – sorgfältig – zu vermerken, einschließlich der Bemühungen des Maklers, den Kunden von der Notwendigkeit der Deckung zu überzeugen (Sachwalterurteil des BGH: Es ist echte Überzeugungsarbeit zu leisten.).

  Denn nur dann ist der Versicherungsmakler auf der sicheren Seite, wenn er intensive Bemühungen nachweisen/beweisen kann, den Kunden zu einer bestimmten, sachgerechten Form des Versicherungsschutzes zu bewegen, dieser sich dem Rat jedoch beharrlich verschlossen, vielmehr auf seinem – objektiv unrichtigen – Standpunkt beharrt hat.

Der Makler sollte, wenn irgend möglich, dafür sorgen, daß der Kunde das Gesprächsprotokoll abzeichnet. Computergespeicherte Aufzeichnungen sind auszudrucken; der Ausdruck ist vom Kunden zu unterzeichnen. Die Unterschriftsleistung sollte unmittelbar im Anschluß an das Beratungsgespräch stattfinden. Denn die Erfahrung lehrt, daß die Abwicklung per Post oft vergebliche Mühe darstellt, die Aufzeichnung lediglich einseitig bleibt und für den Makler ein erhebliches Beweisrisiko bestehen bleibt.

– Bestätigungsbrief

Inhaltlich muß der Bestätigungsbrief – verglichen mit dem Gesprächsprotokoll – denselben Anforderungen genügen. Bei dieser Form der schriftlichen Dokumentation ist allerdings zu bedenken, daß die praktische Durchführung zuweilen auf Schwierigkeiten stoßen wird. Der Kunde, um Gegenzeichnung und Rücksendung des Briefes gebeten, hüllt sich in Schweigen. Erinnerungen bleiben ohne Erfolg. Die Komplettierung der Dokumentation gerät in Vergessenheit.

Für den Makler bedeutet das eine erhebliche Lücke und Gefahr in seinem Bemühen, eine effiziente, im Krisenfall wirksame Beweissicherung zu betreiben.

Die Schwierigkeiten bei der Beweissicherung sind unübersehbar. Die Praxis fügt sich häufig nicht in das Muster des rechtlich Notwendigen. So sind auch andere Formen der Dokumentation in Betracht zu ziehen, etwa Tonbandaufzeichnungen, die dem Kunden vorgespielt werden, wobei dieser – ebenfalls mündlich – die Richtigkeit dieser Aufzeichnung bestätigt.

Fazit: Der Makler muß nicht nur eine fehlerfreie Leistung erbringen, er muß sie auch beweisen können. Es wäre falsch, diese dem Makler auferlegte Beweislastbürde als unbillig zu bezeichnen. Auch in dieser Hinsicht wirkt sich seine wissensmäßige, administrativ-technische Überlegenheit gegenüber dem Maklerkunden aus. Das ist bereits abgehandelt worden. Die logische Fortsetzung dessen, die Beweissicherung, ist eine Form des Eigenschutzes. Im Zuge einer Entwicklung, in der Prozesse zwischen Makler und Maklerkunde auch anzahlmäßig immer realer werden, wird die Dokumentation immer wichtiger. Die Vernachlässigung dieses Gebiets muß der Vergangenheit angehören. Akkurate, beweiskräftige Aufzeichnungen dessen, was im Rechts- und Geschäftsverhältnis zwischen Versicherungsmakler und Kunde passiert, darf nicht länger als eine lästige Schreibübung, muß vielmehr letztendlich als ein Sicherheitsbaustein für die Existenz des Maklerbetriebes angesehen werden.

Resümee:

- Nicht nur die Pflichten des Versicherungsmaklers gehen weit, auch die Beweislast für die Pflichterfüllung ist eine Bürde, die ihn trifft,

- Beweissicherungsmaßnahmen unter Berücksichtigung der typischen Gegebenheiten im Maklerbetrieb sind geboten,

- ideale Mittel der Beweissicherung sind: der unterschriebene Bestätigungsbrief und das unterschriebene Gesprächsprotokoll,

- Beweissicherung dient letztendlich der Sicherung des Maklerbetriebs.

1.9 Makler oder Mehrfachagent? – das ist hier die Frage

Daß zwischen einzelnen Vermittlertypen, namentlich zwischen Agenten und Maklern, rechtlich zu unterscheiden ist, ist eine Notwendigkeit, deren Kenntnis im allgemeinen beim versicherungssuchenden Publikum nicht vorausgesetzt werden kann. Schon in der Vermittlerschaft selbst ist diese Kenntnis mitunter nicht vorhanden. Ein Vermittler bezeichnet sich als Makler, unterhält jedoch Agenturverträge mit Versicherern und tritt auch als Agent auf. Dieses unklare Bild führt immer wieder zu rechtlichen Konflikten, und es ist kaum zu erwarten, daß diese intransparente und änderungsbedürftige Situation alsbald durch eine klare und für jedermann durchschaubare Lage ersetzt wird. Nur schwer wird sich in der Öffentlichkeit, in Kreisen des Jedermann, das Wissen verbreiten, daß der Versicherungsmakler der Sachwalter und Interessenvertreter des Kunden ist.

Dieser aus heutiger Sicht unbefriedigende Tatbestand findet seine historische Erklärung. In der Vergangenheit beschränkte sich das Geschäftsfeld des Versicherungsmaklers weitgehend auf Industrie, Handel und Dienstleistungsgewerbe. Hier waren gleichsam Profis unter sich; über die Positionierung des Maklers gab es keinen Zweifel. Erst in neuerer Zeit, mit dem Vordringen des Maklers auch in den mittelständischen und den Privatkunden-Bereich, änderte sich die Situation. Es ist in ersten Ansätzen ein Nachfrager-Bereich erschlossen worden, der nur den Versicherungsvertreter kennt. Für den Privatkunden ist jeder Vermittler schlicht ein Verkäufer von Versicherungen. Die besondere Rolle des Maklers wird nicht gesehen. Hier bedarf es noch breit angelegter Aufklärungsarbeit und auch eines gehörigen Maßes an Geduld, bevor eine solche Kenntnis allgemein vorausgesetzt werden kann.

Der Stoff, aus dem die Konflikte sind, ist bekannt:

– Der Versicherungsmakler ist der Interessenvertreter, Sachwalter und Bundesgenosse des VN/Kunden. Beide verbindet das rechtliche Band des Maklervertrags bzw. Maklerauftrags. Wirtschaftlich fungiert der Makler als der Einkäufer von Versicherungsschutz.

Als Vertreter des Kunden steht der Makler dem Versicherer gegenüber. Er handelt auf der Grundlage der von ihm erteilten Vollmacht, gibt Erklärungen für den Kunden ab und nimmt in dessen Auftrag Rechtshandlungen vor. Die mit dem Handeln des Maklers verbundenen Rechtswirkungen treffen grundsätzlich den Kunden (siehe aber → Doppelrechtsverhältnis).

– Den Agenten – Mehrfachagent oder Einfirmenvertreter – verbindet der Agenturvertrag mit dem Versicherer. Er ist dessen verlängerter Arm bzw. Auge und Ohr des Versicherers („Was dem Agenten gesagt ist, ist dem Versicherer gesagt"). Wenn nicht besondere Umstände vorliegen, wird das Handeln des Agenten dem Versicherer zugerechnet. Das gilt insbesondere auch für Fehler und Versehen, die ein Agent verursacht; für die Folgen hat – nach außen – der Versicherer einzustehen, hat jedoch im Innenverhältnis die Möglichkeit, den Agenten im Regreßwege in Anspruch zu nehmen.

„Sein oder Nichtsein" – dieser Ausruf Hamlets ist dem Makler in den Mund zu legen. In der verkürzten und auch vereinfachten Form des Shakespeare-Zitats stellt sich für den Vermittler die grundsätzliche Frage, ob er die Last des Maklerberufs auf sich nehmen soll. Denn er haftet für Fehler und Versehen in eigener Person (→ Haftung). Ein Millionenschaden, für den er die Verantwortung zu übernehmen hat, kann im Einzelfall die Existenzfrage aufwerfen, auf einer darunter angesiedelten Ebene die Frage nach Möglichkeiten der Haftungsbeschränkung (→ Haftungsbeschränkung) wie auch nach sonstigen Schutz gewährenden Alternativen (→ Abschnitt ‚Vermögensschaden-Haftpflichtversicherung').

Die häufig entstehenden Konflikte lassen sich an folgenden Bezugspunkten festmachen:

● **Status des Vermittlers**

Hier herrscht zuweilen beim Vermittler selbst Unklarheit. Anzutreffen sind auch Vermittler-Tätigkeiten im Sinne eines „sowohl – als auch" (gleichzeitig ausgeübte Agenten- und Maklertätigkeit). Indizien müssen häufig ausgewertet werden, um entscheiden zu können, welchem Typus (Makler oder Agent?) der Vermittler im Einzelfall zuzuordnen ist.

- **Auftreten des Vermittlers nach außen**

Auch hier tritt häufig ein janusköpfiges Erscheinungsbild zutage. Unklarheit auf Nachfragerseite kann auch durch nicht präzisierte Geschäftsbezeichnungen erzeugt werden (Beispiel: Assekuranzbüro Frage: Makler oder Agent?). Auch kann ein Mehrfachagent, dessen diesbezüglicher Status eindeutig ist, sich in der Kundenberatung wie ein Makler gerieren, indem er wie ein unabhängiger Vermittler auftritt und das besondere Vertrauen des Kunden, das über das sogenannte normale Verhandlungsvertrauen hinausgeht, in Anspruch nimmt.

In diesem Konfliktfeld ist eine Fülle von Fallkonstellationen denkbar; die Praxis belegt dies eindrucksvoll. Die Rechtsprechung, die sich mit derartigen Streitfällen zu befassen hat, stellt zu Recht darauf ab, wie der Vermittler aufgetreten ist und wie dies von seiten des Versicherungsinteressenten aufgefaßt werden mußte (sogenannter Empfängerhorizont).

Allerdings gibt es auf diesem Gebiet Gerichtsentscheidungen, denen man die Gefolgschaft versagen muß. So hat beispielsweise das OLG Nürnberg in einem Urteil (VersR 95, 94) bei der Statusermittlung wesentlich auf die Einbindung des Vermittlers in den AVAD-Auskunftsverkehr wie auch auf die Tatsache abgestellt, daß dieser Vermittler Antragsformulare von Versicherern vorhielt. Eine solche Argumentation ist nicht stichhaltig. Zum einen ist auch der Versicherungsmakler in den AVAD-Auskunftsverkehr einbezogen, zum anderen ist das Vorhalten von Formularen der Versicherer für einen Makler nicht ungewöhnlich. Wenn es um Antragstellungen geht, ist zwar für den Makler die Verwendung von Deckungsaufgaben typisch, andererseits spricht aber auch die Verwendung von Versicherer-Formularen nicht gegen die Maklereigenschaft. Hat im Einzelfall der Makler einen Versicherer als günstigen Anbieter ausgewählt, und führt er diesem Versicherer in größerer Zahl und zumindest auf mittlere Sicht zahlreiche Geschäfte zu, so ist die Verwendung derartiger Formulare kein statusbeeinflussendes Moment. Eine Bindung an den Versicherer wird nicht erzeugt; ein Wechsel des Risikoträgers ist jederzeit möglich und somit wird die Unabhängigkeit des Maklers nicht in Frage gestellt.

Die Frage „Makler oder Agent?" hat also ein nicht zu unterschätzendes Gewicht, wobei die Haftung und die hiermit verbundenen Konsequenzen im Vordergrund stehen. Auch in andere Bereiche hinein wirkt sich diese Unterscheidung aus. Das gilt beispielsweise für den Gerichtsstand. So sieht das Versicherungsvertragsgesetz in § 48 VVG den besonderen Gerichtsstand der Agentur vor; der Versicherer kann an dem Ort verklagt werden, wo der Agent zum Zeitpunkt des Abschlusses seinen Wohnsitz hatte.

Die existentiell und damit überragend wichtige Frage im Rahmen der Status-Problematik konzentriert sich allerdings auf das Gebiet der Haftung. Haftung des Maklers, Inanspruchnahme des Maklers, Zahlungsfähigkeit des Maklers als Schuldner bei Inanspruchnahme aufgrund von Fehlern und sonstigen Versäumnissen bei der Beratung und Betreuung? Oder ist der Vermittler im Einzelfall als Agent anzusehen mit der Folge des Einstehenmüssens des Versicherers, für den der Vermittler gehandelt hat? Dazu hat es bereits viele Streitfälle gegeben; es wird sie auch in der Zukunft geben und die Juristen beschäftigen.

Resümee:

- Vielfach herrscht Unklarheit über den Vermittler-Status: Makler oder Mehrfachagent? – in der Öffentlichkeit, oft auch beim Vermittler selbst.

- Das Gebot lautet daher: Der Vermittler muß für Klarheit sorgen, im Kunden- wie im Eigeninteresse.

- Entscheidet das Gericht bei unklarem Vermittler-Status, so zieht es aus dem Auftreten alle Umstände zur Auslegung und Bestimmung des Status heran. Überraschende Ergebnisse sind nicht ausgeschlossen.

- Die Status-Frage entscheidet die Haftungs-Frage: Eigenhaftung des Maklers oder „Fremdhaftung" (des Versicherers) für den Agenten!

Fälle aus der Praxis als Lehrstücke für die Praxis

FÄLLE 2

Einführung

Was ‚Recht' ist, läßt sich unterschiedlich erlernen. Die didaktisch anspruchsvolle Methode setzt auf – zumeist – voluminöse Lehrbücher mit einem fein ziselierten wissenschaftlichen Apparat – bis hin zum dreifach gestrichenen Gamma – und oft mit dem Anspruch des Autors dieses Werkes, vorhandenen drei oder vier Meinungen eine fünfte, den Verfasser profilierende Ansicht hinzuzufügen. Selbst der lernbereite Jurastudent wird hiervon häufig überflutet – und überfordert. Vieles an Thesen und Theorien ist überdies mit einem Fragezeichen zu versehen, da vielfach höchst unklar ist, ob die Meinung des Autors bei den Gerichten Beifall findet oder etwa als realitätsfern in die Schublade mit der Aufschrift „exotisch und unpraktikabel" abzulegen ist. Um wieviel mehr gilt ein solches Testurteil für den wißbegierigen Nichtjuristen, wie zum Beispiel den Vermittler, der sich über haftungsrechtliche Fragen unterrichten und erfahren will, was in der Praxis de facto gilt.

Fälle aus dem täglichen Leben haben den Vorzug, Problemstellungen signifikant und verständlich vor Augen zu führen. Der Wiedererkennungswert beim Leser ist hoch; dieses oder ähnliches ist ihm selbst schon widerfahren. Man hat darüber diskutiert, unterschiedliche Meinungen ausgetauscht und ist vielleicht ohne zufriedenstellendes Ergebnis auseinandergegangen. Die hier vorgestellten „Fälle mit Lösungen" setzen auf den stärkeren Nutzeffekt dieser Methode, die auch von den meisten Juristen in der Ausbildung vorgezogen wird. Dem lernbegierigen Vermittler, der sich erlaubterweise bei seiner beruflichen Tätigkeit auch auf dem Feld der Rechtsberatung bewegt, wird es nicht anders ergehen.

Das Fall-Studium ist nicht nur eine didaktische Methode. Es kann das Prinzip sein, nach dem sich eine ganze Rechtsordnung aufbaut. So ist im anglo-amerikanischen Rechtskreis das Fall-Recht – case law – die tragende Säule der Rechtsordnung. Sie stellt sich dar als das Ergebnis eines vorsichtigen Voranschreitens der Richtersprüche von Fall zu Fall, vergleichbar der Analogiebildung im kontinentaleuropäischen Rechtskreis. Das von der Legislative geschaffene Recht – statute law – ist eine Rechtsquelle zweiten Ranges. Es ergänzt das case law und erfüllt auch die Funktion, den Richter in seiner rechtsschöpferischen Tätigkeit zu begrenzen.

Die nachfolgenden Fälle, die sich tatsächlich so ereignet haben, stellen – nach der Schilderung des Sachverhalts – die Frage: Wie ist die Rechtslage?, eine Standardfrage aus dem Alltag des Jurastudenten. Sie wird bewußt auch hier gestellt als Vorhut für Lösungsalternativen, die im einzelnen zu prüfen sind und die mit dazu beitragen sollen, ein rechtliches Problemfeld hinreichend auszuleuchten. Es kann nicht ausbleiben, daß die eine oder andere in dieser Fallsammlung enthaltene Lösung kontrovers diskutiert werden kann. Welcher Jurist kann sich schon die Fähigkeit anmaßen, einen Richterspruch, auf den es letztlich ankommt, mit einiger Gewißheit vorhersagen zu können! Und es bleibt zu beachten: Auch die Gerichte haben, zieht man regionale Vergleiche, keine einheitliche Spruchpraxis. Die Richter in München können dieselbe Rechtsfrage ganz anders entscheiden als die Richter in Hamm oder Hamburg – oder gar in Karlsruhe!

ÜBERSICHT

2 FÄLLE

I. Der unvollendete Maklervertrag

2.1 Fehler bei der Neuordnung der Versicherungsverhältnisse
2.2 Fehler bei der Schadensregulierung

II. Der junge Maklervertrag

2.3 Fehler bei der Übernahme vom Vor-Makler
2.4 Fehler bei der Risikoprüfung
2.5 Fehler bei der Umdeckung der Verträge

III. Der gestandene Maklervertrag

2.6 Die Maklerin, der Arztbesuch und der Hagel
2.7 Der schwerhörige Makler und die Baukräne
2.8 Die ängstliche Angestellte des Maklers
2.9 Der Makler, die Lebensversicherung und das Finanzamt
2.10 Der hilfsbereite Makler
2.11 Der Makler und der verwechselte Kunde
2.12 Der Makler, der weitergebildete Sohn und die PHV

IV. Die Beendigung des Versicherungsverhältnisses durch den Makler

2.13 Der Makler, seine ordnungsliebende Angestellte und das Kündigungsschreiben
2.14 Der Makler und der Gynäkologe

V. Sonderfälle

2.15 Der Makler und der Direktversicherer
2.16 Der Makler und die Beweislastumkehr
2.17 Der Makler und die Übertreibung der Sachwalterschaft

I. Der unvollendete Maklervertrag

2.1 Fehler bei der Neuordnung der Versicherungsverhältnisse

Der Fall:

Der Makler M besucht den Neukunden K. Rechtsbeziehungen bestehen zwischen den beiden zu diesem Zeitpunkt noch nicht. Der Besuch des Maklers M beruht auf einer Empfehlung eines anderen Maklerkunden. In dem Gespräch stellt M seine Leistungsfähigkeit und seine Kompetenz vor. K ist kritisch, möchte Leistungsbeweise des Maklers sehen und will zunächst einmal seine schon bestehenden Policen durch ihn überprüfen lassen. Er händigt ihm die entsprechenden Unterlagen aus.

Makler M geht schulmäßig vor und prüft hierbei auch das betriebliche und private Risikoumfeld des Kunden K. Er hat vor – wie es sachlich/fachlich auch richtig ist –, sich zunächst diesen Überblick zu verschaffen, um alsdann Empfehlungen zu einer eventuellen Neuordnung des Versicherungsschutzes zu geben.

Im zweiten Zusammentreffen trägt Makler M dem K das Ergebnis seiner Überprüfungen und seiner Überlegungen vor und gibt ihm Empfehlungen zur Neuordnung der Versicherungsverhältnisse. Unter anderem schlägt er vor, wegen einer von ihm festgestellten Doppelversicherung die X-Police bei der X-Versicherung zu kündigen. Denn dasselbe Risiko sei bei der preiswerteren Y-Versicherung im Rahmen jener Police mitversichert.

Der Kunde K, auf Einsparungen sehr erpicht, ist erfreut und folgt sogleich dem Rat des Maklers M. Er kündigt die Police bei der X-Versicherung.

Der Kunde K hat einen sehr positiven Eindruck von dem Makler M gewonnen und ist zum Abschluß eines Maklervertrages bereit. Er weist M jedoch darauf hin, daß er dazu noch die Zustimmung seines Mitgesellschafters benötige, mit dem er noch reden müsse. Man geht also ohne Abschluß eines Maklervertrages auseinander.

Noch bevor es zum Abschluß eines Maklervertrages kommt, tritt ein Schaden in dem Bereich ein, in dem man schon den ersten Schritt zur Neuordnung der Versicherungsverhältnisse getan hatte (Kündigung der Doppelversicherung). Der Kunde K, der die Dinge noch in Eigenregie handhabt, meldet diesen Schaden zu dem bei der Y-Versicherung bestehenden Versicherungsvertrag. Die Y-Versicherung teilt mit, daß Deckung hierfür nicht bestehe. Dazu hätte ein besonderer Einschluß vereinbart werden müssen. K muß dies schließlich einsehen und prüft daraufhin, ob Deckung unter der X-Police besteht, also unter dem Vertrag, den er auf Rat des Maklers gekündigt hatte. Er hofft auf eine Art Nachhaftung oder auch Kulanz, zumal der Vertrag bei der X-Versicherung lange Jahre schadenfrei bestanden hat.

Seine Anfrage beantwortet die X-Versicherung kühl mit dem Hinweis, daß Deckung gegeben wäre, wenn der Vertrag noch bestünde. Infolge der Kündigung sei indessen der Versicherungsschutz vor dem Schadeneintritt weggefallen.

Die objektive Prüfung der Sach- und Rechtslage ergibt: Der Makler M hatte sich bei seiner Empfehlung geirrt. Es lag zwar im Vergleich der X-Police mit der Y-Police eine Doppelversicherung vor, diese jedoch nur in einem – wesentlichen – Teilbereich. Makler M hatte nicht darauf geachtet, daß die Deckung bei der X-Versicherung in einigen Punkten weiterging, und zwar gerade in dem den vorliegenden Schadenfall betreffenden Bereich.

Der Makler M hatte sich also geirrt und einen falschen Rat erteilt.

Kunde K ist erbost und kündigt dem Makler M Konsequenzen an. Der Abschluß eines Maklervertrages komme nicht in Betracht. Wegen der falschen Raterteilung und des für ihn hiermit verbundenen wirtschaftlichen Schadens werde er ihn in Regreß nehmen. Seinen Schaden beziffert K mit 45 000 DM. Diesen Betrag hätte er von der X-Versicherung erhalten, wenn er die dort bestehende Versicherung nicht gekündigt hätte.

Makler M verweist darauf, daß ein Maklervertrag zwischen ihm und K nicht zustande gekommen sei. Demzufolge bestünden auch keine Verpflichtungen gegenüber K, die er, M, hätte verletzen können. Für die für M bisher geleistete Tätigkeit hätte er keinen Pfennig gesehen.

Er hätte nur Aufwendungen gehabt; ihm seien keinerlei Kosten erstattet worden, geschweige denn hätte er für seine Beratung eine Vergütung erhalten. Auch aus diesem Grunde gingen eventuelle Ansprüche des K fehl.

Die Lösung:

1. Wie ist die Rechtslage?

Wenn man einen Juristen mit einem Fall beschäftigt, lautet die berühmte und weit ausholende Frage: Wie ist die Rechtslage? Konkret hat sich hier der Jurist mit der Frage zu beschäftigen, ob dem Makler M Recht zu geben ist, wenn er behauptet, ohne Maklervertrag und ohne jegliche Vergütung hafte er nicht und sei deswegen auch nicht zum Schadenersatz verpflichtet.

2. Mögliche Anspruchsgrundlagen

Erhebt jemand einen Anspruch, stellt sich automatisch die Frage nach der Anspruchsgrundlage. Worauf, auf welche rechtliche Grundlage kann mit anderen Worten der Anspruchsteller sein Begehren stützen? Hier ist eine erste wichtige Erkenntnis gebührend hervorzuheben:

Ansprüche können sich ergeben aus

- Vertrag
- Gesetz
- von der Rechtsprechung und Rechtslehre entwickelten juristischen Konstruktionen.

Schon dieser erste Überblick zeigt: Die Reaktion des Maklers M auf den angekündigten Regreß war somit möglicherweise nicht richtig. Mit anderen Worten kann sich unter Umständen der Kunde K Hoffnung machen, seinen Schaden doch ersetzt zu bekommen.

3. Anspruch aus Vertrag?

Hat der Makler M aufgrund der Falschberatung möglicherweise eine Verpflichtung aus dem Maklervertrag verletzt? Nach dem zugrundeliegenden Sachverhalt war es wegen der noch einzuholenden Zustimmung des Mitgesellschafters noch nicht zum förmlichen Abschluß eines Maklervertrages gekommen. Das Unternehmen der beiden Gesellschafter ist somit nicht verpflichtet worden; ein Maklervertrag ist also insofern nicht anzunehmen.

Die Phantasie der Juristen ist häufig sehr kreativ. So könnte man überlegen, ob nicht zwischen dem Makler M und dem Kunden K – und nur mit ihm – ein Maklervertrag zustande gekommen sei. Das wäre indessen ein sehr gekünsteltes Ergebnis. Mit Blick auf die Einholung der Zustimmung des Mitgesellschafters war somit klar, daß ein solcher Vertrag mit dem Unternehmen abgeschlossen werden sollte. Darauf hatte K ausdrücklich verwiesen. Es ist somit davon auszugehen, daß der Kunde K im Hinblick auf eine Selbstverpflichtung zu einem Maklervertrag nicht den erforderlichen Rechtsbindungswillen hatte. Eine vertragliche Anspruchsgrundlage entfällt somit auch in dieser Hinsicht.

Das ist für K sehr schade. Denn unter dem Gesichtspunkt der positiven Vertragsverletzung (Verletzung des Maklervertrages) wäre ein solcher Anspruch grundsätzlich gegeben. K muß also nach anderen rechtlichen Möglichkeiten Ausschau halten.

4. Anspruch aus Gesetz?

Wer den Begriff ‚Schadenersatz' hört, denkt zunächst an den Bereich der Unerlaubten Handlungen i. S. der §§ 823 ff. BGB. Es stellt sich also die Frage, ob dieser Normenkreis dem Kunden K etwas Erfreuliches zu bieten hat.

In Betracht kommt § 823 Abs. 1 BGB, der einen Katalog absolut geschützter Rechtsgüter enthält.

> *§ 823 BGB. [Schadensersatzpflicht] (1) Wer vorsätzlich oder fahrlässig das Leben, den Körper, die Gesundheit, die Freiheit, das Eigentum oder ein sonstiges Recht eines anderen widerrechtlich verletzt, ist dem anderen zum Ersatze des daraus entstehenden Schadens verpflichtet.*

Der Beginn der Prüfung verläuft durchaus günstig und für den K ermutigend. „Wer vorsätzlich oder fahrlässig... verletzt, ist dem anderen zum Ersatze des daraus entstehenden Schadens verpflichtet." Makler M hat in unserem Fall sicherlich fahrlässig gehandelt, als er die Policen der X-Versicherung und der Y-Versicherung überprüfte. Denn hätte er sorgfältig die Bedingungen gelesen, wie es seiner Aufgabe als Makler entspricht, wäre ihm aufgefallen, daß der Versicherungsschutz nicht deckungsgleich war. Bei dieser Prüfung hat er fahrlässig – ob grob fahrlässig oder leicht fahrlässig, sei hier dahingestellt – gehandelt.

§ 823 Abs. 1 BGB setzt die Verletzung bestimmter Rechtsgüter voraus: Geschützt sind der Körper, die Gesundheit, die Freiheit, das Eigentum und sonstige *absolute* Rechte. Durch die Rechtsprechung ist seit langem klargestellt, daß das *Vermögen* nicht zu diesen Rechtsgütern gehört. Aber gerade hier, im Bereich des Vermögens, hat K den wirtschaftlichen Schaden erlitten.

Kunde K muß auch dieses, für ihn enttäuschende Ergebnis hinnehmen. Muß K jetzt jegliche Hoffnung aufgeben? Das allgemeine Rechtsempfinden wehrt sich gegen ein solches Ergebnis. Auch die Richter haben Fallsituationen, die dem Problem des Kunden K entsprechen, nicht ruhenlassen.

5. Anspruch aus Verschulden beim Vertragsabschluß/culpa in contrahendo?

Ein Anspruch aus Vertrag, ein Anspruch aus Gesetz – beide Prüfungen verliefen negativ. Der vertragliche Bereich als Basis eines Anspruches ist möglicherweise vorschnell verlassen worden.

Wird das Vorfeld eines Vertragsabschlusses betrachtet, so entdeckt man Möglichkeiten, die dem Kunden K unter Umständen hilfreich sein können.

Als Makler M und Kunde K miteinander ins Gespräch kamen und M seine Leistungsfähigkeit als Makler herausstellte, ging man schon im Vorfeld eines möglicherweise später abzuschließenden Maklervertrages in konkrete Ausführungshandlungen über. Die Policen der X-Versicherung und der Y-Versicherung wurden abgeglichen. Der Kunde K vertraute den Aussagen des Maklers. Und genau dieses Vertrauensverhältnis, das im ersten Kontakt zwischen K und M entstanden ist, bildet die Grundlage für einen möglichen Anspruch. Denn schon die Aufnahme von Vertragsverhandlungen oder ein gleichwertig anzusehender geschäftlicher Kontakt läßt ein vertragsähnliches Vertrauensverhältnis entstehen. Es handelt sich hierbei um ein gesetzliches Schuldverhältnis, das heute gewohnheitsrechtlich anerkannt ist.

Mit Blick auf einen möglicherweise später abzuschließenden Maklervertrag hat Makler M eine Vorleistung erbracht, nämlich indem er K einen Ratschlag zur Doppelversicherung erteilt.

Er mußte hierbei vorgehen wie bei einem bestehenden, voll gültigen Vertragsverhältnis (Maklervertrag). An der nötigen Sorgfalt bei dem Policenabgleich hat er es indessen fehlen lassen. Den Deckungsumfang beider Versicherungen hat er fahrlässig falsch eingeschätzt. Er hat die einem Makler gebotene Sorgfalt außer acht gelassen. Irrelevant ist der Umstand, daß der Makler M eine Vergütung nicht erhalten hatte.

Kunde K vertraute dem Rat des M. Alle weiteren Maßnahmen und Schritte führten dann letztendlich zu dem Schaden von

45 000 DM. Hätte der Makler den fehlsamen Rat nicht erteilt, hätte die X-Versicherung den Schaden – denn der Vertrag hätte fortbestanden – reguliert.

ERGEBNIS: Der Ersatzanspruch des K ist unter dem Gesichtspunkt der culpa in contrahendo/Verschulden bei Vertragsabschluß begründet.

Resümee:

– Schon der erste Kontakt des Maklers mit seinem Kunden verlangt vom Makler volle Aufmerksamkeit.

– Auch Fehler im Anbahnungsverhältnis eines Maklervertrages werden bestraft.

– Der Makler haftet selbst dann, wenn er keine Courtage erzielt.

I. Der unvollendete Maklervertrag

2.2 Fehler bei der Schadensregulierung

Der Fall:

Wie im Fall 1. hat der Makler M den Neukunden K besucht. Rechtsbeziehungen bestanden zwischen den beiden zu diesem Zeitpunkt nicht. Bei seinem ersten Besuch stellt M seine Leistungsfähigkeit und seine Kompetenz vor. K ist besonders kritisch. Er weist M darauf hin, daß Versicherungen „jeder verkaufen könne". Der Fachmann zeige sich indessen erst dann, wenn ein Schaden eingetreten sei. Der gute Versicherungsvermittler koste kein Geld, er bringe Geld.

Er, K, streite sich mit seiner Vollkaskoversicherung. Er habe sein Kraftfahrzeug im Werte von DM 40 000 zu Schrott gefahren. Nun wolle die Vollkaskoversicherung nicht zahlen. Ein entsprechendes Schreiben der Versicherung legt K dem M vor.

In diesem Schreiben heißt es, daß die Versicherung sich auf Obliegenheitsverletzung beruft, weil das Profil der Reifen zum Unfallzeitpunkt zu niedrig gewesen sei. Auf Seite zwei dieses Schreibens befindet sich nur ein Absatz, nämlich der Hinweis auf die Klagefrist nach § 12 Abs. 3 VVG. Diese Seite zwei nimmt M – abgelenkt durch die lautstarken Unmutsäußerungen des K in Bezug auf die Versicherung – versehentlich nicht zur Kenntnis.

Um seine fachliche Kompetenz dem K zu beweisen, verspricht M, sich der Regulierung des Falles anzunehmen. Zufällig kenne er den zuständigen Schadensprokuristen der Versicherung. Gleich nächste Woche wolle er mit diesem reden und zumindest eine Teilzahlung zu Gunsten des K erwirken. K erklärt daraufhin, daß er mit M einen Maklervertrag abschließen werde, wenn dieser in dem Schadensfall Erfolg habe.

In der Sache wendet sich M dann zusagegemäß auch an den Schadensprokuristen. Der weist ihn zunächst darauf hin, daß die Sechsmonatsfrist des § 12 VVG gerade gestern abgelaufen sei. Bereits aus diesem Grunde werde die Versicherung sich mit dem Schadensfall nicht mehr befassen. M müsse indessen nicht erschrecken. Zwar sei diese Sechsmonatsfrist noch nicht abgelaufen gewesen, als M den Fall von K übertragen bekam. Materiell hätte die Angelegenheit jedoch wegen der offensichtlichen Obliegenheitsverletzung ohnehin keinerlei Aussicht auf Erfolg gehabt.

M besucht K zum zweiten Male. Er teilt ihm mit, daß er ihm in dem Schadensfall leider nicht behilflich sein könne. Die Versicherung sei auch ihm gegenüber bei ihrer Weigerung geblieben. K entgegnet dem M, dann könne ein Maklervertrag eben nicht zustandekommen. Er wolle die Regulierung jetzt wieder selbst in die Hände nehmen. Sodann begibt er sich, hartnäckig wie er ist, zum Rechtsanwalt.

Der Rechtsanwalt stellt K einige gezielte Fragen. Unter anderem fragt er ihn nach den Witterungsverhältnissen zum Unfallzeitpunkt. K antwortet wahrheitsgemäß, daß schönes Wetter vorgeherrscht hätte und die Fahrbahn staubtrocken gewesen sei. Der Rechtsanwalt liest daraufhin noch einmal genau das Ablehnungsschreiben der Versicherung, das auch M in den Händen gehalten hatte.

Der Rechtsanwalt teilt K mit, er habe ihm eine gute und zwei schlechte Nachrichten zu verkünden. Die gute Nachricht bestehe darin, daß zu einer Obliegenheitsverletzung, die zweifellos darin besteht, daß jemand mit abgefahrenen Reifen fährt, auch die Kausalität treten müsse. Die abgefahrenen Reifen müßten ursächlich für den Unfall gewesen sein, um die Deckungsablehnung der Versicherung zu rechtfertigen. Da aber die Straße trocken war, abgefahrene Reifen im Gegenteil die Haftung gegenüber profilierten Reifen auf der Straße erhöht hätten, habe die Versicherung zu Unrecht die Leistung verweigert.

Die erste schlechte Nachricht bestünde allerdings darin, daß wegen Fristablaufs die Versicherung nicht mehr mit Erfolg zur Zahlung gezwungen werden könne. K müsse daher die Ablehnung hinnehmen.

Die zweite schlechte Nachricht bestünde darin, daß K die Rechnung für die vorgenannte Auskunft gemäß § 20 BRAGO in Höhe einer 5/10 Gebühr zuzüglich Mehrwertsteuer in Höhe von insgesamt DM 800,17 zu übernehmen habe.

Zu guter Letzt macht der Rechtsanwalt noch darauf aufmerksam, daß die Frist noch nicht abgelaufen war, als K den M konsultiert hatte. Der Versicherungsmakler M hätte den bevorstehenden Fristablauf erkennen können und müssen. M hätte K sofort, am besten noch am gleichen Tage, zum Rechtsanwalt schicken müssen, um eine Fristunterbrechung zum Beispiel durch die Klage erwirken zu können. K fragt daraufhin den Rechtsanwalt, ob man dann nicht M für den Schaden in Höhe von DM 40 000,00 haftbar machen könne.

Der Rechtsanwalt bejaht dies und schreibt im Auftrag des K den M an. Er fordert ihn zur Zahlung von DM 40 000 nebst Kosten und Zinsen auf. M antwortet, daß er keineswegs einsehe, in Anspruch genommen zu werden. Ein Maklervertrag sei mit K nicht zustande gekommen. Er habe an der Sache auch nichts verdient, „außer Spesen sei nichts gewesen".

Die Lösung:

1. Wie ist die Rechtslage?

Da M nicht freiwillig zahlt, bleibt nur der Weg der Klageerhebung. Dies will gut überlegt sein. Denn die Partei, die den Prozeß verliert, hat auch die Kosten des Rechtsstreites, also neben den Gerichtskosten auch die der Rechtsanwälte der Parteien zu tragen.

Die Frage nach der Rechtslage ist die Frage nach den möglichen Anspruchsgrundlagen.

2. Mögliche Anspruchsgrundlagen

Der Rechtsanwalt wird also nach rechtlichen Grundlagen Ausschau halten, auf die er den Anspruch des K stützen kann.

Die Ansprüche können sich ergeben aus:

– Vertrag

– Gesetz

– von der Rechtsprechung und Rechtslehre entwickelten Konstruktionen.

3. Anspruch aus Vertrag?

Hat M eine Verpflichtung aus einem Maklervertrag verletzt?

Aus dem vorliegenden Sachverhalt wissen wir, daß K einen Maklervertrag mit M lediglich in Aussicht gestellt hatte. Er hatte den Abschluß eines Maklervertrages davon abhängig gemacht, daß M den Vollkaskoschaden zu seiner Zufriedenheit reguliere. Das ist gerade nicht geschehen. K hat kein Geld von der Versicherung erhalten. Das heißt, die Bedingung für das Zustandekommen eines Maklervertrages ist nicht eingetreten. Ein Maklervertrag wurde auch sonst nicht – etwa durch schlüssiges Verhalten der Parteien – abgeschlossen. Die positive Vertragsverletzung setzt aber gerade einen Vertrag voraus, den man verletzen kann. Mangels Maklervertrages entfällt daher die Anspruchsgrundlage der positiven Vertragsverletzung.

4. Anspruch aus Gesetz?

Beim Begriff des Schadensersatzes denkt man zunächst an den Bereich der Unerlaubten Handlungen im Sinne der §§ 823 ff. BGB. Der Rechtsanwalt stellt sich die Frage, ob er mit Hilfe dieser Vorschriften auf Kosten des M dem K zu den geforderten DM 40 000 verhelfen kann.

Der Rechtsanwalt weiß indessen, daß § 823 Abs. 1 BGB nur den Körper, die Gesundheit, die Freiheit, das Eigentum und sonstige absolute Rechte schützt. Das allgemeine Vermögen gehört nicht zu diesen geschützten Rechtsgütern. Da der Verlust der DM 40 000 durch die Fristversäumnis des M jedoch „nur" das Vermögen und nicht etwa absolute Rechte des K betrifft – denn hier geht es lediglich um einen wirtschaftlichen Schaden – ist § 823 Abs. 1 BGB nicht einschlägig.

Der Rechtsanwalt wird indessen an dieser Stelle noch nicht aufgeben, sondern weiter nachdenken.

5. Anspruch aus Verschulden beim Vertragsabschluß / culpa in contrahendo?

Wie aus dem Sachverhalt bekannt ist, verlangt K von M im Vorfeld eines möglicherweise später abzuschließenden Maklervertrages konkrete Handlungen, um seine Kompetenz zu beweisen. Er, M, solle einen Schaden für K abwickeln, mit dessen Regulierung er, K, bisher nicht weitergekommen sei. Für den Fall der erfolgreichen Schadensabwicklung wolle man dann einem Maklervertrag nähertreten. Die Rechtsprechung hat mit dem Institut der culpa in contrahendo eine Sanktion dafür geschaffen, daß im Vorfeld eines Vertrages, also in einem geschaffenen vertragsähnlichen Vertrauensverhältnis, bereits Leistungen zur Verfügung gestellt werden.

Eine solche Vorleistung hatte M dadurch erbracht, daß er seinen Rat bei der Regulierung des Schadens zur Verfügung gestellt hatte und sich bereit erklärte, sich mit der Regulierung des Schadens zu befassen. Bei diesem Regulierungsversuch ist ihm leider der verhängnisvolle Fehler unterlaufen, die Seite zwei des Ablehnungsschreibens des Versicherers zu übersehen. Auf dieser Seite hatte bekanntlich der Versicherer unter Hinweis auf § 12 Abs. 3 VVG die Leistung endgültig verweigert. Anderenfalls hätte M den K auf den drohenden Verlust seines Anspruches hingewiesen, der dann eintritt, wenn nicht rechtzeitig Klage erhoben wird.

> **§ 12 VVG [Verjährung; Klagefrist]** *(1) ¹Die Ansprüche aus dem Versicherungsvertrag verjähren in zwei Jahren, bei der Lebensversicherung in fünf Jahren. ²Die Verjährung beginnt mit dem Schluß des Jahres, in welchem die Leistung verlangt werden kann.*
>
> *(2) Ist ein Anspruch des Versicherungsnehmers bei dem Versicherer angemeldet worden, so ist die Verjährung bis zum Eingang der schriftlichen Entscheidung des Versicherers gehemmt.*
>
> *(3) ¹Der Versicherer ist von der Verpflichtung zur Leistung frei, wenn der Anspruch auf die Leistung nicht innerhalb von sechs Monaten gerichtlich geltend gemacht wird. ²Die Frist beginnt erst, nachdem der Versicherer dem Versicherungsnehmer gegenüber den erhobenen Anspruch unter Angabe der mit dem Ablauf der Frist verbundenen Rechtsfolge schriftlich abgelehnt hat.*

In Form der culpa in contrahendo verfügt M jetzt zwar über eine Anspruchsgrundlage. Damit ist aber noch keineswegs gesichert, daß K seinen vollen Schaden von M ersetzt bekommt. Denn M wird ein mögliches Mitverschulden des K entgegenhalten.

6. Einwendung des Mitverschuldens?

M wird K gegenüber einwenden, daß dieser ja lange vor ihm, M, den Brief in den Händen hatte. Da er des Lesens mächtig sei, hätte er wissen können und müssen, daß der Anspruch in sechs Monaten nach Zugang des Ablehnungsschreibens verjährt, wenn er nicht, wie es in dem Hinweis des Versicherungsschreibens richtig heißt, Klage erhebe. K sei also gar nicht auf den Hinweis von M angewiesen gewesen. Er habe vielmehr selbst gewußt, daß er im eigenen Interesse hätte handeln müssen.

K wird indessen sich nicht mit dieser Argumentation abwimmeln lassen. Immerhin habe sich M als kompetenter Versicherungsfachmann erboten, ihn, den K, bei der Regulierung zu unterstützen. Wie M das in die Tat umsetze, könne K nicht wissen. Er habe dabei ganz auf M vertraut. Er sei davon ausgegangen, daß dieser dank der von ihm geschilderten Beziehungen zum Schadensprokuristen des Versicherers durchaus in der Lage sei, eine Fristverlängerung herbeizuführen oder sonst eine Lösung zu finden.

Diese Argumentation hat sicherlich etwas für sich. Zu beachten und von Bedeutung ist aber, wenn K noch einwendet, daß es an M gelegen hätte, ihn, K, auf die Erfolgsaussichten einer solchen Klage aufmerksam zu machen. Er, K, könne als Nicht-Versicherungsfachmann mit dem Begriff Obliegenheit und Kausalität einer Obliegenheitsverletzung nichts anfangen. Vielmehr hätte M als mit der Schadensbearbeitung beauftragter Versicherungsmakler bei einer vom Versicherer hierbei behaupteten Obliegenheitsverletzung auf die Idee kommen müssen, die Kausalität zu überprüfen. Es sei seine Beratungspflicht gewesen, die er unstreitig nicht wahrgenommen habe, den K – so wie es der Rechtsanwalt dann später getan hat – nach den Straßenverhältnissen zu fragen. Wenn dieser ihm dann wahrheitsgemäß geantwortet hätte, daß die Straße staubtrocken gewesen sei, hätte er, wie der Rechtsanwalt, darauf kommen müssen, daß es an der Kausalität einer möglichen Obliegenheitsverletzung fehle (Die Obliegenheitsverletzung wirkt sich bekanntlich erst bei feuchter und nasser Straße aus, dann, wenn ein profilloser oder profilarmer Reifen nicht mehr greift).

M wird es auch nicht helfen, wenn er einwendet, daß eine derartige Überprüfung der Erfolgsaussichten der Rechtsfrage ihm als Makler, der den Vertrag nicht vermittelt habe, nicht zustehe. Es kann dahingestellt bleiben, ob es eine Maklerpflicht ist, soweit in die Rechtsproblematik vorzudringen, zumal dann, wenn der Vertrag nicht vom Makler vermittelt worden war. Entscheidend ist, daß M sich (aus Akquisitionsgründen) zu dieser umfassenden Tätigkeit bei der Schadensabwicklung dem K gegenüber ausdrücklich bereiterklärt hatte. (Merke: Wer Verpflichtungen eingeht, muß dafür einstehen, auch wenn er damit über seine gesetzlichen Pflichten und Möglichkeiten hinaus Zusagen gemacht hat.)

Wenn ein Mitverschulden des K nicht greift, wird das Gericht M zur Zahlung von DM 40 000 nebst Kosten und Zinsen, also in vollem Umfang, verurteilen.

7. Die Vermögensschaden-Haftpflichtversicherung des M

Nachdem sich M vom ersten Schrecken beim Eingang des Anwaltsschreibens erholt hatte, fällt ihm seine Vermögensschaden-Haftpflichtversicherung ein. Diese ist bekanntlich für Maklerfehler und die daraus resultierenden Folgen einschlägig. Es ist ihre Aufgabe, unberechtigte Ansprüche vom Makler abzuwehren und berechtigte Ansprüche zu befriedigen.

Die Deckung gilt selbstverständlich im Rahmen der Bedingungen. Das sind neben Allgemeinen Versicherungsbedingungen zur Haftpflichtversicherung für Vermögensschäden (AVB) die Besonderen Versicherungsbedingungen für Versicherungsmakler. Die AVB sind bei allen Versicherern gleich. Die Besonderen Bedingungen weichen selten und dann auch nur geringfügig voneinander ab. Auch gibt es bekanntlich nur wenige Vermögensschaden-Haftpflichtversicherer.

Alle Versicherer bieten den Maklern Versicherungsschutz nur im Rahmen der Ausübung der Tätigkeit als Versicherungsmakler im handelsüblichen Rahmen. Zu dieser Tätigkeit als Versicherungsmakler gehört die Pflicht der Hilfestellung bei der Regulierung von Schäden, aber nur, soweit die Versicherungsverträge vom Versicherungsmakler verwaltet werden. Es ist bekanntlich nicht gestattet, Regulierungen außerhalb der verwalteten Verträge vorzunehmen.

In dem diesem Fall zu Grunde liegenden Sachverhalt hatte der Makler jedoch die Verwaltung der Vollkaskoversicherung des K noch nicht übernommen. Ein Maklervertrag, der Voraussetzung für die Übertragung der Verwaltung geworden wäre, ist ja bekanntlich nicht zustandegekommen.

Bedauerlicherweise muß M bescheinigt werden, daß er sich über die Grenzen des dem Makler Erlaubten hinweggesetzt hat und damit sogar in Konflikt mit dem Rechtsberatungsgesetz geraten ist.

M erhält demzufolge auch die klassische Antwort seines Vermögensschaden-Haftpflichtversicherers. „Wir können Ihnen in dieser Angelegenheit leider nicht behilflich sein. Sie haben die zulässigen Grenzen der Tätigkeit eines Versicherungsmaklers nicht eingehalten. Der Regulierungsversuch stellt sich als unerlaubte Besorgung von Rechtsangelegenheiten im Sinne des Rechtsberatungsgesetzes dar. Es ist uns als Versicherer nicht gestattet, für unerlaubte Tätigkeiten Deckung zu gewähren. Wir bitten um Ihr Verständnis".

Das bedeutet also, daß M mit dem gegen ihn gerichteten Schadensersatzanspruch des K allein gelassen ist. Es wird M nicht trösten, daß viele Makler ähnlich handeln und gar glauben, in ihrem Akquisitionsinteresse so handeln zu müssen. (Merke: Das Recht wird nicht dadurch außer Kraft gesetzt, daß es viele verletzen.)

Abschließend sei darauf hingewiesen, daß M sogar noch mit einem zweiten Unglück überzogen werden könnte. Der Rechtsanwalt könnte ihn nämlich wegen der Verletzung des Rechtsberatungsgesetzes abmahnen und eine Erklärung von ihm verlangen (sogenannte strafbewehrte Unterlassungserklärung), worin M sich für jeden Fall der Zuwiderhandlung verpflichtet, eine Vertragsstrafe von DM 50 000,00 zu zahlen.

Resümee:

– Zu den Pflichten des Maklers gehört auch die Hilfestellung bei der Schadensabwicklung soweit es um Versicherungsverträge geht, die der Makler in seiner Verwaltung hat.

– Eine Regulierungshilfe des Maklers außerhalb des vorgenannten Rahmens ist unzulässig (Rechtsberatungsgesetz!).

– Fehler, die bei einer unzulässigen Tätigkeit begangen werden, treffen den Makler außerhalb seines Versicherungsschutzes, den er im Rahmen seiner Vermögensschaden-Haftpflichtversicherung genießt.

II. Der junge Maklervertrag

2.3 Fehler bei der Übernahme vom Vor-Makler

Der Fall:

Der Makler M1 versichert den Großbauern K „rundum". Dazu gehört auch der Abschluß einer Feuerversicherung für die landwirtschaftlichen Gebäude. In der Anlage zum Feuerversicherungs-Antrag unterläuft M1 ein Fehler. Ein eigenständiges Gebäude wird von ihm fälschlich als Anbau deklariert. Zunächst bemerkt niemand den Fehler.

Später tritt ein Maklerwechsel ein. K schließt mit dem Makler M2 mit Beginn zum 15. 2. 1995 einen neuen Maklervertrag ab, nachdem er mit Wirkung zum gleichen Tage das Maklerverhältnis zu M1 aufgekündigt hatte.

Am 20. 2. 1995 fährt M2 zu K und holt dessen Versicherungsunterlagen zur Überprüfung ab. Dabei stellt M2 zu seinem Bedauern fest, daß den Versicherungsunterlagen zufolge M1 keine Deckungslücke offen gelassen hat, Raum für Neuabschlüsse also derzeit nicht zu bestehen scheint. Lediglich die Umdeckung des einen oder anderen Vertrages zu einem preiswerteren Versicherer kommt derzeit in Betracht. Die Feuerversicherung war bisher bei einer öffentlichen Brandkasse. Die Umdeckung zu einem günstigeren Privatversicherer verspricht kurzfristigen Erfolg für K und wäre auch dem Courtageinteresse des M2 dienlich.

Mit Wirkung zum 1. 7. 1995 erfolgt die Umdeckung, wobei M2 sich an die Anträge und die Police hält, die bei der Brandversicherung eine Rolle gespielt haben. Eine Besichtigung der Gebäude nimmt er dabei nicht noch einmal vor. Er vertraut völlig der seinerzeitigen Risikoaufnahme durch M1.

Ein Sommergewitter am 30.8.1995 führt einen Brandschaden an den Gebäuden des K herbei, der mit ca. DM 150 000 beziffert wurde. Pflichtgemäß hilft M2 dem K bei der Anmeldung des Schadens und hofft mit diesem auf alsbaldige Regulierung.

Die Hoffnung trügt indessen. Der Versicherer stellt die Falschdeklarierung fest und lehnt jegliche Zahlung ab.

K setzt sich auf seinen größten Traktor und fährt vor dem Büro des M2 vor. M2 beteuert seine Unschuld. Nicht er habe die Feuerversicherungsverträge aufgenommen, sondern M1. K wendet seinen Traktor und fährt zu M1, um dort auf den Tisch zu schlagen. M1 bleibt indessen ganz ungerührt und verweist den nun sprachlosen K wieder zurück an M2. Die Verträge seien nicht mehr bei der Brandkasse, bei der er, M1, sie eingedeckt habe (und die selbstverständlich viel großzügiger reguliert hätte!). M2 habe es (was er, M1, nie getan hätte) für richtig gehalten, den Vertrag bei einem „gewinnorientierten" Privatversicherer einzudecken, der selbstverständlich jede Möglichkeit nutze, um sich der Zahlung zu entziehen. K habe sein Vertrauen M2 geschenkt. Er solle sich demzufolge auch an M2 halten.

K besteigt ratlos seinen Traktor. Sobald er sich wieder gefaßt hat, steuert er die Kreisstadt an, um dort einen Rechtsanwalt aufzusuchen.

Die Lösung:

1. Wie ist die Rechtslage?

Der Rechtsanwalt freut sich über den hohen Gegenstandswert, nach dem sich bekanntlich seine Gebühren richten, und denkt nach.

Zuerst prüft er, ob der Versicherer zu Recht die Zahlung verweigert hat. Da hier das Maklerrecht im Vordergrund steht, soll auf die Prüfung dieser Fragen verzichtet werden. Es soll daher von folgendem Ergebnis ausgegangen werden: Der Versicherer hat zu Recht die Zahlung abgelehnt. Ein Deckungsprozeß bietet keine Aussicht auf Erfolg.

Der Rechtsanwalt untersucht jetzt, ob er im Wege des Schadensersatzanspruchs gegen M1 oder M2 dem K zu seinem Recht verhelfen kann.

2. Mögliche Anspruchsgrundlagen gegenüber M1

Der Rechtsanwalt wird schulmäßig die rechtlichen Grundlagen untersuchen, auf die er den Anspruch des K stützen kann.

Die Ansprüche können sich ergeben aus:

– Vertrag

– Gesetz

– von der Rechtsprechung und Rechtslehre entwickelten juristischen Konstruktionen

3. Anspruch aus Vertrag?

Hat M1 eine Verpflichtung aus dem Maklervertrag verletzt?

Zu den Maklerpflichten gehört es, den Antrag nicht nur sklavisch nach den Angaben des Kunden aufzunehmen, sondern ihm auch – insbesondere bei komplizierter Risikoprüfung – behilflich zu sein. Notfalls muß der Makler seinerseits Hilfe hinzuziehen, z. B. durch Einbindung der Experten des Versicherers. Im vorliegenden Fall hatte M1 auf seinen eigenen Sachverstand vertraut und den Antrag bezüglich der Feuerversicherung falsch ausgefüllt, als er ein freistehendes Gebäude als Anbau deklarierte.

Bei Verletzung von vertraglichen Pflichten, die zu Folgeschäden führen, erfolgt regelmäßig ein Rückgriff auf das Institut der positiven Vertragsverletzung (hier des Maklervertrages). Daß M1 den Maklervertrag durch die fehlerhafte Eindeckung des Risikos verletzt hat, dürfte außer Zweifel stehen. Er hält jedoch nicht zu Unrecht dem Anspruchsteller K entgegen, daß das Maklerverhältnis mit ihm bereits beendet war, als der Feuerschaden eintrat.

Sicher gibt es auch eine Nachwirkung des Maklervertrages, die hier eine Rolle spielen könnte. Das heißt, je dichter der Schaden zeitlich an der Beendigung des Maklerverhältnisses liegt, um so eher kommt eine Haftung des M1 noch in Betracht. Dies wird man insbesondere dann so betrachten müssen, wenn der Maklervertrag sein Ende gefunden hätte, ohne daß eine neue fachkundige Beratung, also durch einen Makler, an dessen Stelle getreten wäre.

Ausschlaggebend dürfte indessen sein, daß zusätzlich noch ein Versichererwechsel stattgefunden hat. Der (fehlerhafte) Antrag war nicht mehr unmittelbar kausal für die Falschdeklarierung des Risikos.

Der Rechtsanwalt wird daher den Gedanken, M1 aus der positiven Vertragsverletzung in Anspruch nehmen zu können, nicht weiterverfolgen.

4. Anspruch aus Gesetz?

Bevor man – mit Blick auf die Verfahrensweise des M1 – den Bereich der §§ 823 ff. BGB näher betrachtet, kann diese Prüfung auch schon wieder beendet werden. Denn die Frage nach der Kausalität zwischen Ursache (Falschdeklarierung) und Wirkung (Deckungsablehnung) stellt sich auch hier.

Unter Ziff. 3 war zur möglichen vertraglichen Anspruchsgrundlage bereits die Kausalität geprüft worden. Zwar wäre es zu der Wirkung (Deckungsablehnung) des Privatversicherers nicht gekommen, wenn M2 nicht die dafür maßgebliche Ursache (Falschdeklarierung) ungeprüft übernommen hätte. Durch das Dazwischentreten des M2, insbesondere durch die Umdeckung des Versicherungsvertrages auf einen anderen Versicherer, hat jedoch eine Unterbrechung der Kausalität stattgefunden.

Mangels Kausalität braucht der Gedanke also nicht weiter verfolgt werden.

Ganz abgesehen davon, handelt es sich bei dem Schaden um einen solchen, der nicht von der Anspruchslage des § 823 BGB erfaßt wird, da er einen reinen Vermögensschaden betrifft. § 823 Abs. 1 BGB schützt nur absolute Rechte wie zum Beispiel das Eigentum.

> *§ 823 BGB. [Schadensersatzpflicht]* (1) Wer vorsätzlich oder fahrlässig das Leben, den Körper, die Gesundheit, die Freiheit, das Eigentum oder ein sonstiges Recht eines anderen widerrechtlich verletzt, ist dem anderen zum Ersatze des daraus entstehenden Schadens verpflichtet.

5. Mögliche Anspruchsgrundlagen gegen M2

Auch hier prüft der Rechtsanwalt, ob sich Ansprüche ergeben aus:

– Vertrag

– Gesetz

– von der Rechtsprechung und Rechtslehre entwickelten juristischen Konstruktionen

6. Anspruch aus Vertrag?

Hat M2 eine Verpflichtung aus einem Maklervertrag verletzt?

Bekanntlich hat M2 den Feuerversicherungsvertrag von der öffentlich-rechtlichen Brandkasse auf den Privatversicherer umgedeckt. Dabei hat er sich voll auf die Feststellung des Risikos durch M1 verlassen, ohne dessen „Werk" noch einmal einer Prüfung zu unterziehen. Er hat damit nicht nur den allgemeinen Erfahrungsgrundsatz: „Vertrauen ist gut, Kontrolle ist besser" verletzt, sondern auch seine Pflicht als sorgfältiger Makler.

Man hätte sicherlich zumindest über ein Mitverschulden und damit über eine Quotelung des Schadens dann reden können, wenn es beim Maklerwechsel lediglich bei der Aufrechterhaltung des Versicherungsverhältnisses geblieben wäre. Aber selbst in diesem Falle hätte nach einiger Zeit M2 das Werk seines Vorgängers einmal prüfen müssen. Wann dies zeitlich nach Übernahme des Bestandes zu erfolgen hatte, ist Tatfrage und kommt auf die Umstände des Einzelfalles an.

Im vorliegenden Fall ging es aber nun gerade nicht um einen kontinuierlichen, ohne Änderungen erfolgenden Übergang der Verwaltung eines bestehenden Versicherungsverhältnisses. M2 hatte den Vertrag auf einen anderen Versicherer umgedeckt. Bei dieser Umdeckung hat ein Makler besonders genau hinzuschauen. Der Makler hat dabei nicht nur auf die Prämie, sondern besonders auch auf die Versicherungsbedingungen zu achten. Bei der Gelegenheit hat er zu überprüfen, ob das Risiko „noch stimmt". Ist zum Beispiel ein teilweiser Risikowegfall eingetreten? Sind neue Risiken hinzugekommen?

Wenn M2 diese Verpflichtungen beachtet hätte, wäre ihm aufgefallen, daß es von Anfang an eine Falschdeklarierung gegeben hat. Es ist die Aufgabe eines Maklers, Verträge nicht ungeprüft vom Vor-Makler zu übernehmen, sondern Fehler gegebenenfalls zu berichtigen. Wenn M2 als Makler die Betreuung des Kunden K übernimmt, trifft ihn die volle Verantwortlichkeit für dessen Versicherungsangelegenheiten, jedenfalls, soweit der Maklervertrag reicht. Der „Alt-Makler" ist insoweit „aus dem Risiko".

Der Rechtsanwalt wird M2 also die Verletzung seiner Maklerpflicht vorhalten. Die Verletzung der Maklerpflicht bedeutet eine Verletzung des Maklervertrages, die in Anlehnung an § 242 BGB von der Rechtsprechung als positive Vertragsverletzung anerkannt ist und zur Schadensersatzpflicht führt.

Hätte M2 richtig gehandelt, hätte der Versicherer den Brandschaden zur Zufriedenheit des K reguliert. Die Pflichtverletzung erfolgte auch schuldhaft, nämlich fahrlässig. M2 hat die erforderliche Sorgfalt bei der Erfüllung seiner Maklerpflichten außer Acht gelassen.

> *§ 242 BGB. [Leistung nach Treu und Glauben]* Der Schuldner ist verpflichtet, die Leistung so zu bewirken, wie Treu und Glauben mit Rücksicht auf die Verkehrssitte es erfordern.

Der Rechtsanwalt wird unter Fristsetzung M2 zur Zahlung von DM 150 000 zuzüglich der durch seine Einschaltung entstandenen Kosten auffordern. Spätestens jetzt sollte der Makler auf schnellstem Wege seine Vermögensschaden-Haftpflichtversicherung einschalten.

Für den Fall, daß M2 es auf einen Rechtsstreit ankommen läßt, beträgt sein Prozeßkostenrisiko in der I. Instanz DM 21 027,50, wenn es auf eine Beweisaufnahme ankommt. Dieses Risiko erhöht sich für den Fall einer II. Instanz um weitere DM 18 778,10 dann, wenn die II. Instanz ohne Beweisaufnahme auskommt.

7. Die Vermögensschaden-Haftpflichtversicherung des M2

Der Vermögensschaden-Haftpflichtversicherer wird eine genaue Prüfung der Sach- und Rechtslage vornehmen. Es sei unterstellt, daß er zum gleichen Ergebnis wie der Rechtsanwalt gelangt.

In dem Fall wird der Versicherungssachbearbeiter M2 fragen, aus welchem Grunde es zu der Fehleinschätzung der Deklaration des Risikos und damit zur Auslösung des Schadens kommen konnte. Bei der Beantwortung der Frage sollte M2 nicht nur bei der Wahrheit bleiben, sondern auch seine Worte recht sorgfältig wählen.

Nehmen wir an, M2 schreibt seinem Vermögensschaden-Haftpflichtversicherer: „Ich bin ein vielbeschäftigter Makler. Mein Arbeitstag beträgt 12 Stunden. Wenn ich jedes Risiko, das ein Vor-Makler bereits geprüft hat, noch einmal untersuchen wollte, müßte mein Arbeitstag 24 Stunden betragen. Ich bin daher gezwungen, den Feststellungen meines Kollegen zu vertrauen. Dies mache ich immer so."

Der Vermögensschaden-Haftpflichtversicherer von M2 würde ihm dann höflich aber bestimmt antworten, daß bei vorsätzlicher Verletzung von Maklerpflichten leider Versicherungsschutz nicht gewährt werden könne. Denn M2 habe ja selbst zugegeben, daß er von der erforderlichen Prüfung des Risikos vor dessen Eindeckung Abstand genommen habe. Der Makler müsse seinen Schaden daher selbst tragen.

Aber auch, wenn M2 seinem Vermögensschaden-Haftpflichtversicherer gegenüber einräumt, fahrlässig gehandelt zu haben, indem er die Feststellung des Vor-Maklers für plausibel gehalten und sich deshalb die Fehleinschätzung gutzuschreiben habe, trifft ihn im Falle einer Zahlung seines Versicherers der Selbstbehalt hart. Wenn nämlich dem Vermögensschaden-Haftpflichtversicherungsvertrag des Maklers M2 die üblichen Besonderen Versicherungsbedingungen zugrunde liegen, zahlt der Versicherer von den ersten DM 10 000 des Schadens 80 % (mit DM 2 000 ist M2 also selbst beteiligt) und vom überschießenden Betrag, also von DM 140 000, 90 % (was also zu einer weiteren vertragsmäßigen Selbstbeteiligung von DM 14 000 führt). Die Selbstbeteiligung von M2 beträgt in dem Fall also DM 16 000, wobei der Gebührenselbstbehalt (also die vereinnahmte Courtage) zusätzlich noch eine Rolle spielt, also in den Schaden eingebracht werden muß.

Resümee

– Der Grundsatz „Vertrauen ist gut, Kontrolle ist besser" gilt auch für den Makler, wenn er Risikoprüfungen seines Vorgängers übernimmt.

– Der Makler, der ungeprüft vom Vor-Makler Risikofeststellungen übernimmt, hat für etwaige darin versteckte Fehler selbst einzustehen.

– Der Makler, der das Risiko fehlerhafter Risikofeststellungen in Kauf nimmt, kann wegen wissentlicher Pflichtverletzung seinen Schutz aus der Vermögensschaden-Haftpflichtversicherung aufs Spiel setzen.

II. Der junge Maklervertrag

2.4 Fehler bei der Risikoprüfung

Der Fall:

Der recht erfolgreiche Makler M ist Mitglied des örtlichen Golfclubs. Dort lernt er den technischen Direktor des mittelständischen Unternehmens K kennen. Der macht ihn mit dem kaufmännischen Direktor der Firma bekannt. M nutzt diese Verbindung und bietet seine Dienste als Makler an.

Da M in der Region nicht nur einen guten Ruf hat, sondern der Firma K auch ein überzeugendes Konzept zu bieten vermag, wird man sich schnell handelseinig. Am 23. 5. 1993 wird der Maklervertrag unterzeichnet. Es geht um die Übertragung der Verwaltung für eine Sach- und HUK-Prämie in Höhe von DM 395 000. M freut sich über den Neukunden K und vereinbart sogleich auf den nächsten Tag, also auf den 24. 5. 1993, einen Termin in der Firma K, um die Versicherungsverträge und Unterlagen zu sichten und das betriebliche Risikoumfeld der Firma K zu untersuchen. Der technische Direktor vereinbart im Anschluß an den Bürotermin eine Betriebsbegehung mit M. Er solle sich ein eigenes Bild von den möglichen Risiken des Betriebes machen.

Bei der Betriebsbegehung ist der technische Direktor indessen selbst verhindert. Der kaufmännische Direktor führt M durch den Betrieb. Der kaufmännische Direktor findet M sympathisch, was diesen nicht nur freut, sondern auf eine angenehme Zusammenarbeit hoffen läßt. Denn das Versicherungsressort liegt in den Händen des kaufmännischen Direktors.

Gut gelaunt durchschreiten die beiden Herren die Räume des Betriebes, vertieft in ein anregendes Gespräch über das gemeinsame Golf-Hobby. Unter anderem kommen sie auch an einem 10 000 Liter fassenden Behälter vorbei, in dem eine Flüssigkeit brodelt. Keiner der beiden Herren nimmt von dem Behälter Notiz.

Am 9. 7. 1995, einem schönen Juli-Sonntag, bricht eine am Fuße des Behälters befindliche Rohrschelle. Die gesamte Flüssigkeit ergießt sich zunächst auf den Kellerboden und gelangt dann in das Grundwasser.

Erst viele Stunden später entdeckt die Frühschicht am Montag die Bescherung. Die herbeigerufene Feuerwehr stellt fest, daß es sich bei der Flüssigkeit um eine äußerst giftige ölhaltige Verbindung handelt. Es wird Katastrophenalarm gegeben. Umfangreiche Rettungsarbeiten werden eingeleitet. Der Oberbranddirektor gibt eine erste Schadensschätzung in Höhe von 28 Millionen DM ab.

Der Katastrophenplan der Firma K sieht richtigerweise auch unverzügliche Benachrichtigung des Versicherungsmaklers vor. M erscheint binnen weniger Stunden nach der Schadensmeldung vor Ort. Nach erster Kenntnisnahme vom Schaden durchforstet er die Versicherungsunterlagen nach der Police eines Versicherers, den er zur Regulierung des Schadens auffordern könnte. Leider wird er nicht fündig. Es beschleicht ihn das zutreffende Gefühl, daß er bei der Betriebsbesichtigung und Risikoaufklärung wohl etwas übersehen hat.

Als der kaufmännische Direktor in den folgenden Tagen erfährt, daß die Firma für den Grundwasserschaden ohne Versicherungsschutz dasteht, kühlt sich das Verhältnis zu M merklich ab. Um nicht seinerseits in die Schußlinie zu geraten, wendet sich der kaufmännische Direktor an den Syndikus der Firma K.

Der Syndikus rät schon einmal, dem Grunde nach einen Schadensersatzanspruch bei M anzumelden. Sobald die Höhe des Schadens feststehe, solle dieser dann noch beziffert werden.

M steht mit dem Rücken an der Wand. Zwar unterhält er eine Vermögensschaden-Haftpflichtversicherung, deren Deckungssumme mit 5 Millionen DM immerhin deutlich über dem Durchschnitt liegt. Wenn sich allerdings der vom Oberbranddirektor geschätzte Schaden in Höhe von 28 Millionen DM manifestiert, bleibt er nach Abzug der etwaigen Zahlung seines Vermögensschaden-Haftpflichtversicherers von 5 Millionen DM immer noch mit einer Forderung von 23 Millionen DM konfrontiert. Er bedauert, daß sein Maklervertrag eine Haftungsbegrenzung nicht enthält. Insbesondere bedauert er auch seine seit langem gehegte Absicht, die Maklerfirma in eine GmbH umzugründen, nicht in die Tat umgesetzt zu haben. Nicht nur seine wirtschaftliche Existenz, sondern auch sein Privatvermögen ist jetzt auf das Äußerste gefährdet.

M wehrt sich gegen den Schadensersatzanspruch. Er trägt vor, daß die Pflichten des Maklers soweit nicht gehen, daß er „hinter jeder Ecke" ein Risiko vermuten müsse. Auf ein derart hohes Risiko müsse vielmehr der Versicherungsnehmer, also K, von sich aus aufmerksam machen. Wenn er bei der Betriebsbegehung den gefährlichen Behälter nicht wahrgenommen habe, so sei dieses Mitverschulden angesichts des weit überwiegenden Verschuldens bei der Nichtanzeige des Risikos seitens K und deren Beauftragten unbeachtlich. Er könne den Schaden nicht anerkennen.

Die Lösung:

1. Wie ist die Rechtslage?

Zunächst ist zu untersuchen, ob eine Anspruchsgrundlage der Firma K zur Seite steht und – wenn diese Prüfung positiv ausfällt – M gegenüber einem Ersatzanspruch ein Mitverschulden einwenden kann.

2. Mögliche Anspruchsgrundlagen

Die Frage nach der Anspruchsgrundlage ist die Frage nach der rechtlichen Grundlage, auf die der Anspruchsteller sein Begehren stützen kann.

Ansprüche können sich ergeben aus:

– Vertrag

– Gesetz

– von der Rechtsprechung und Rechtslehre entwickelten juristischen Konstruktionen.

3. Anspruch aus Vertrag?

Hat M eine Maklerpflicht verletzt, als er bei der Betriebsbegehung nicht auf die Risiken achtete, sondern sich vielmehr durch ein privates Gespräch mit dem kaufmännischen Direktor ablenken ließ? In Betracht kommt eine sogenannte positive Vertragsverletzung des Maklervertrages dann, wenn eine wesentliche Pflicht des Maklers, die ihn gegenüber seinem Kunden trifft, durch den Makler verletzt wurde. Die positive Vertragsverletzung stützt sich nach überwiegender Rechtsmeinung auf die analoge Anwendung von § 242 BGB.

§ 242 BGB. [Leistung nach Treu und Glauben] Der Schuldner ist verpflichtet, die Leistung so zu bewirken, wie Treu und Glauben mit Rücksicht auf die Verkehrssitte es erfordern.

Es ist unbestritten, daß ein Versicherungsmakler die essentielle Pflicht zur Aufklärung der Risiken seines Kunden hat. Wenn sein Sachverstand dazu nicht ausreicht, ist er gehalten, Unterstützung durch Sachverständige oder durch Fachleute des Versicherers hinzuzuziehen. Der Maklerkunde hat ihn bei der Risikofeststellung nach Kräften zu unterstützen. Die Federführung bleibt indessen beim Makler. Denn dieser ist der Sachwalter des Kunden, der ihm bei der schwierigen Materie der zu versichernden Risiken beisteht, so wie der Rechtsanwalt gehalten ist, seinen Mandanten durch den schwierigen Paragraphendschungel sicher ans Ziel zu führen. Der Maklerkunde kann und darf dem Makler vertrauen.

Nicht anders ist es bei Firmenkunden. Hier wird an die Risikofeststellung und Aufklärungspflicht des Maklers eine besonders hohe Anforderung gestellt. In Kenntnis und Erfüllung seiner Maklerpflichten hat M ja auch nicht nur die Versicherungsverträge und Unterlagen eingesehen und geprüft. Er hat zutreffenderweise auf einer Betriebsbegehung bestanden, die dann auch tatsächlich stattfand. Hellhörig hätte er werden müssen, als der technische Direktor seine Teilnahme an der Begehung absagte. Denn damit entfiel ein äußerst wichtiger und kompetenter Partner auf Seiten des Maklerkunden. M hätte entweder den Termin auf einen späteren Zeitpunkt verlegen müssen, an dem der technische Direktor hätte teilnehmen können, oder er hätte auf einer anderweitigen sachkundigen Führung, etwa durch den Betriebsleiter, bestehen müssen.

Es war auch für M erkennbar, daß der kaufmännische Direktor nicht die geeignete Person war, um auf Risiken des Betriebes hinzuweisen, da sie dem Kaufmann selbst nicht bewußt waren. Daß M es mit der unfachmännischen Begleitung bei der Betriebsbegehung bewenden ließ, stellt sich als schwerer Fehler heraus. Dieser Fehler wird noch dadurch verstärkt, daß M die Betriebsbegehung offenbar im Sinne einer Risikofeststellung selbst nicht ernst nahm, als er sich in die private Plauderei mit dem kaufmännischen Direktor während der Betriebsbegehung einließ, die ihn von seiner Aufgabe ablenkte.

Ganz abgesehen von der Hinzuziehung einer betriebszugehörigen Auskunftsperson wäre es sinnvoll gewesen, einen unabhängigen Sachverständigen und zusätzlich einen Fachmann des Versicherers beizuziehen. Das folgt aus dem Umfang des zu versichernden Risikos sowie aus der Tatsache, daß dem M der Betrieb völlig unbekannt war.

Unter diesen Gegebenheiten fällt es schwer, der Argumentation des M zu folgen, der K ein erhebliches Mitverschulden an der unterbliebenen Wahrnehmung des Risikos zuschieben will. Sicherlich trifft K auch eine Offenbarungspflicht. Doch wenn – wie hier – das Risiko nicht bekannt war und seitens des M auch nicht danach gefragt wurde, bleibt für ein Mitverschulden nur ein kleiner Raum. Dieses Mitverschulden könnte darin gesehen werden, daß der technische Direktor unabhängig von der Besichtigung des Maklers gehalten sein könnte, mögliche Risiken im Betrieb festzustellen und an M heranzutragen mit der Bitte um Aufklärung, ob und zu welchen Konditionen das Risiko versicherbar ist.

Der hier behandelte Schadensfall hat sich in wesentlichen Punkten so tatsächlich zugetragen. Trotz einer anfänglichen Ersatzforderung von 28 Mio DM auf der einen Seite und der jeglichen Schadensersatzanspruch verneinenden Haltung des Versicherungsmaklers M auf der anderen Seite, ist dieser schwere Konflikt außergerichtlich geregelt worden. Mehrere Gründe spielten eine Rolle. Das Hauptverdienst kommt dem Vermögensschaden-Haftpflichtversicherer des M zu, dem es gelungen ist, die Probleme in einer für beide Seiten wirtschaftlich tragbaren Weise zu regeln.

Der außenstehende Betrachter mag die außergerichtliche Lösung bedauern. Denn er erfährt nicht, wie ein Gericht die im Blickpunkt stehende Frage beantwortet hätte, ob M dem K Mitverschulden und, wenn diese Frage bejaht würde, zu welcher Quote entgegenhalten kann. Aufgrund der Regulierungskunst des Vermögensschaden-Haftpflichtversicherers bleibt somit nur die bestmögliche juristische Einschätzung ohne Richterbeteiligung. Man wird von folgendem ausgehen müssen und zu folgendem Ergebnis gelangen:

a. Der Einwand des Mitverschuldens steht auf wackeligen Beinen. Makler M hat sich als der Experte präsentiert, er hat das Vertrauen der Geschäftsleitung gewonnen und auf Seiten des K den Eindruck erzeugt, man könne sich in jeder Hinsicht auf M und dessen Expertentum verlassen. Die Tendenz eines Mitverschuldens auf Seiten von K geht gegen Null.

b. Auf der anderen Seite steht dem M ein organisierter kaufmännischer Geschäftsbetrieb gegenüber. Man braucht zwar dem kaufmännischen Direktor kein versicherungstechnisches Wissen zu unterstellen, ebensowenig Kenntnisse hinsichtlich der technischen Betriebseinrichtungen, doch muß bei ihm davon ausgegangen werden, daß auch er als kaufmännischer Direktor einen Überblick über die Gefahrenpotentiale des Betriebes hat.

Hierauf gründen sich entsprechende Hinweispflichten bei der Betriebsbegehung. Auch ist allgemein ein Schutzbedarf in einem weitaus geringerem Maße vorhanden, als dies etwa bei einem Privatmann der Fall ist.

c. Weit überwiegend liegt das Verschulden auf Seiten des M. Die Gretchenfrage, wie denn nun die Verschuldensanteile zu bemessen sind, läßt sich nur mit einem Hinweis auf einen Bemessungsspielraum beantworten. Dieser dürfte zwischen 10 % und 25 % liegen. Auch ist nicht auszuschließen, daß ein Gericht jegliches Mitverschulden auf Seiten des K verneinen würde.

Trotz dieser Einschätzung sei noch ein theoretisches Rechenexempel hinzugefügt. Unterstellt man einmal ein Maximum an Glücksumstanden zu Gunsten des M und nimmt an, ein Gericht hätte den Mitverschuldensanteil auf Seiten des K mit 50 % festgesetzt, dann ergäben sich noch immer verheerende wirtschaftliche Folgen für M. Ausgehend von einem Gesamtschaden von 28 Mio DM träfe den M noch immer ein Schadensersatzanspruch von 14 Mio DM abzüglich der Deckungssumme aus seiner Vermögensschadens-Haftpflichtversicherung von 5 Mio DM. Er sähe sich einer von ihm selbst zu tragenden Forderung von 9 Mio DM gegenüber, wobei der Selbstbehalt noch nicht einmal berücksichtigt ist.

Der diesem Schaden zu Grunde liegende authentische Fall führte übrigens zu einem für M recht glimpflichen Ergebnis. Die Schadenseinschätzung stellte sich im nachhinein als wesentlich übersetzt heraus. Die Rettungsaktion der Feuerwehr war erfolgreich. Es verblieb ein Schaden unterhalb der Deckungssumme der Vermögensschaden-Haftpflichtversicherung.

M hatte letztlich „nur" den freilich beträchtlichen Selbstbehalt zu tragen. Das heißt, daß er insoweit zwar ärmer, andererseits aber um eine Lebenserfahrung reicher geworden war.

Resümee:

– Die Herstellung und Erhaltung eines guten persönlichen Klimas zum Maklerkunden hat hinter der peniblen Wahrnehmung der unmittelbaren Maklerpflichten zurückzutreten.

– Zu den unmittelbaren Maklerpflichten gehört die größtmögliche Sorgfalt bei der Aufnahme des zu versichernden Risikos. Bei Erfüllung dieser Aufgaben darf sich der Makler nicht ablenken lassen; auch nicht vom Maklerkunden.

– Der Makler, der diese Pflicht nicht ernst nimmt, kann sich grundsätzlich nicht darauf berufen, daß der Maklerkunde es gleichfalls an der erforderlichen Konzentration bei der Risikoanalyse hat fehlen lassen.

II. Der junge Maklervertrag

2.5 Fehler bei der Umdeckung der Verträge oder: Der Makler, die alte und die neue Betriebshaftpflichtversicherung

Der Fall:

Der Makler M hatte die Verwaltung der Versicherungen des mittelständischen Metallverarbeitungsbetriebes K übernommen. Pflichtgemäß kümmerte er sich sofort nach Unterzeichnung des Maklervertrages um die Vertragsunterlagen. Dabei fiel ihm auf, daß die bestehende Betriebshaftpflichtversicherung des K, der Jagdwaffen und Pistolen herstellt, nicht mehr prämiengerecht war. M machte daraufhin K auf die Möglichkeit aufmerksam, die bei der X-Versicherung bestehende Betriebshaftpflichtversicherung zu Gunsten einer bei der Y-Versicherung abzuschließenden Betriebshaftpflichtversicherung umzudecken. Die Prämie bei der Y-Versicherung sei um 5 % niedriger als diejenige bei der X-Versicherung. Da die Prämie der Betriebshaftpflichtversicherung eines Unternehmens, das Jagdwaffen und Pistolen herstellt, nicht gerade niedrig ist, machten die 5 % schon eine spürbare Ermäßigung aus. Der Geschäftsführer des K nahm den Hinweis gern zur Kenntnis und stimmte der Umdeckung auf die Y-Versicherung zu.

So geschah es denn auch. Über die Versicherungsbedingungen wurde nicht gesprochen. K ging davon aus, daß diese gleich seien, wie im übrigen auch M. M war auch bekannt, daß K einen wesentlichen Teil seiner Ware in die USA exportierte.

In den USA kam mit einer Pistole aus der Produktion des K ein Mensch zu Schaden. Auf die Einzelheiten soll hier nicht näher eingegangen werden, da sie für die Entscheidung dieses Falles keine Rolle spielen. Es darf jedoch als bekannt vorausgesetzt werden, daß in den USA häufig Gerichtsurteile in Schadensersatzprozessen gegenüber Herstellern gefällt werden, die, was die Höhe der ausgeurteilten Summen angeht, unserem deutschen Rechtsverständnis und wohl auch dem europäischen zuwiderlaufen. In diesem Fall jedenfalls hatte das US-Gericht K verurteilt, 600 000 Dollar an den Verletzten zu zahlen.

K händigte das Urteil dem M aus mit der Bitte um zügige Schadensregulierung. M gab die Sache auftragsgemäß auch dem Versicherer Y zur Kenntnis.

Der Versicherer Y verweigerte indessen die Deckung. Er verwies darauf, daß Auslandsschäden nicht mitgedeckt seien. Wie M ja wohl bekannt sei, seien die Haftpflichtversicherer seit einiger Zeit im Zeichnen von Auslandsrisiken sehr zurückhaltend geworden. Vor ein paar Jahren wäre eine solche Deckung unproblematisch gewesen. Da es sich indessen hier um einen relativen Neuabschluß handelt, hätte indessen schon die neue Geschäftspolitik der Versicherer gegriffen. Man bedauere also.

M gibt den negativen Bescheid an K weiter. K will sich indessen nicht geschlagen geben. Er traut der Auskunft des Versicherers nicht und will eine zweite Versicherermeinung zu dem Schadensfall hören. Folgerichtig wendet er sich an seinen früheren Versicherer, die X-Versicherung.

Die X-Versicherung teilt K mit, daß die Y-Versicherung durchaus im Recht sei, wenn sie die Deckung verweigere. In der Tat seien Auslandsschäden nicht mitversichert gewesen. Es stimme auch, daß dies seit einiger Zeit bei Neuverträgen nicht mehr automatisch der Fall wäre, wie es früher einmal war.

Der frühere Vertrag bei ihr, der X-Versicherung, sei solch ein „alter" Vertrag gewesen. Wenn K, respektive sein Makler M, den Vertrag nicht gekündigt hätte, würde er heute noch greifen. Da darin die Auslandsdeckung auch für die USA enthalten gewesen sei, hätte man sich von Seiten der X-Versicherung mit dem Schadensfall befassen und die 600 000 Dollar wohl bezahlen müssen.

Aus alter Verbundenheit zu K wolle man diesem aber einen Tip geben. Vermutlich habe M fehlerhaft gehandelt. Makler würden indessen für solche Fälle eine Vermögensschaden-Haftpflichtversicherung unterhalten. Bei dieser könne sich K, jedenfalls im wirtschaftlichen Ergebnis, unter Umständen schadlos halten.

Der Geschäftsführer von K bestellt M in sein Büro und legt ihm das Schreiben der X-Versicherung vor mit der Bemerkung: „Genau den Rat der X-Versicherung befolge ich jetzt."

M erwidert, ihn treffe keine Schuld. Im übrigen habe er nur K „etwas Gutes tun wollen", indem er für die wesentliche Prämienermäßigung gesorgt habe. Bei der Umdeckung habe man bekanntlich nur über die Prämienseite, nicht über die Bedingungsseite gesprochen. So habe der Geschäftsführer K ihn, M, keineswegs dazu befragt, ob denn die Bedingungen gleich seien oder sich durch die Prämienreduzierung eine Verschlechterung ergeben habe. Er, M, sei davon ausgegangen, daß K nur die verminderte Prämie interessiere. Wenn K der Auslandsdeckung Wert beigemessen habe, den er heute für ihn zu haben scheine, so hätte K ihm, M, dies schon deutlich sagen müssen.

Beide Parteien sind verstimmt und gehen uneinig auseinander. Der Geschäftsführer von K greift zum Diktiergerät und diktiert zwei Briefe. Der erste Brief ist an M gerichtet und enthält die sofortige Kündigung des Maklervertrages aus wichtigem Grund. Der zweite Brief geht an den Hausanwalt unter Darstellung des Sachverhaltes und unter Beifügung der entsprechenden Kopien der Verträge, der Bedingungen und der Schreiben der Y- und X-Versicherung. Der Hausanwalt wird beauftragt und bevollmächtigt, das Erforderliche zu unternehmen.

Der Hausanwalt läßt sich dies nicht zweimal sagen.

Die Lösung:

1. Wie ist die Rechtslage?

Der Rechtsanwalt untersucht anhand der ihm überlassenen Unterlagen, ob eine Anspruchsgrundlage der Firma K zur Seite steht.

2. Mögliche Anspruchsgrundlagen

Die Frage nach der Anspruchsgrundlage ist die Frage nach der rechtlichen Grundlage, auf die der Anspruchsteller, also die Firma K, sein Begehren stützen kann.

Ansprüche ergeben sich grundsätzlich aus:

- Vertrag
- Gesetz
- von der Rechtsprechung und Rechtslehre entwickelten juristischen Konstruktionen.

3. Anspruch aus Vertrag?

Hat M eine Maklerpflicht verletzt, als er beim Vorschlag zur Umdeckung der Betriebshaftpflichtversicherung nicht erwähnte, daß bei der Versicherung X Auslandsdeckung und bei der Versicherung Y keine Auslandsdeckung bestand?

In Betracht kommt eine sogenannte positive Vertragsverletzung des Maklervertrages dann, wenn eine wesentliche Pflicht des Maklers, die ihn gegenüber seinem Kunden trifft, durch ihn verletzt wurde. Die positive Vertragsverletzung stützt sich nach überwiegender Rechtsmeinung auf die analoge Anwendung von § 242 BGB.

Die Maklerpflicht kann durch ein Handeln, also durch ein Tun, aber auch durch ein Unterlassen, verletzt worden sein. Hier wird M nicht ein fehlerhaftes Handeln vorgeworfen, sondern ein Unterlassen, daß er nämlich etwas nicht getan hat: den K über die wesentliche Bedingungsverschlechterung bei der Umdeckung aufmerksam zu machen.

Es gehört zu den essentiellen Pflichten eines Maklers, seinen Kunden über den Versicherungsumfang aufzuklären und sich bei seiner Beratung nicht nur mit der Prämienseite zu beschäftigen. Gerade der Versicherungsumfang ist für einen Versicherungslaien bekanntermaßen schwer überschaubar. Beim Prämienvergleich wird der Kunde möglicherweise sogar auch ohne den Makler auskommen können. M hat also K geradezu in eine schwierige Lage gebracht.

Die Einwendung von M, K hätte ihn nicht dazu aufgefordert, einen Bedingungsvergleich zwischen der alten und der neuen Betriebshaftpflichtversicherung vorzunehmen, vielmehr wäre nur über die Prämien gesprochen worden, soll hier als wahr unterstellt werden.

Kann eine derartige Einwendung M entlasten? Zu den Pflichten des Maklers gehört es, *unaufgefordert* auf das Für und Wider einer Versicherung bzw. der Neueindeckung des Risikos einzugehen.

Gerade im Falle einer solchen Umdeckung muß sich der Makler Gedanken machen, ob nicht wesentliche Bedingungsverschlechterungen mit der Prämienersparnis einhergehen. Der Makler hätte also die beiden Versicherungsbedingungen sehr genau miteinander vergleichen müssen. Dann wäre ihm auch der Unterschied aufgefallen. Dann würde sich auch die von ihm, M, herausgestellte Minderprämie von 5 % ganz anders darstellen. Er hätte K auf diesen Unterschied aufmerksam machen müssen, und es wäre die Entscheidung von K gewesen, der Umdeckung zuzustimmen oder mit Rücksicht auf das USA-Export-Geschäft es lieber bei der alten Betriebshaftpflichtversicherung zu belassen.

M hat demnach seine Maklerpflicht verletzt. Der Schaden ist auch auf sein Unterlassen zurückzuführen (Kausalität!). Denn hätte er den K aufgeklärt, wäre der Schaden nicht eingetreten. Die 600 000 Dollar wären von der X-Versicherung bezahlt worden, weil dann nämlich die Umdeckung unterblieben wäre.

M hat auch schuldhaft gehandelt. Wäre er wie ein ordnungsgemäß handelnder Versicherungsmakler tätig geworden, würde ihm Fahrlässigkeit nicht zur Last fallen.

Über ein eventuelles Mitverschulden des K könnte man dann reden, wenn M nicht gewußt hat und auch nicht wissen konnte, daß K in die USA exportiert. Im vorliegenden Fall war ihm dieser Umstand bekannt. Es hätte ihm im übrigen oblegen, sich über das Risiko zu informieren (Prinzip: Know your client – Kenne deinen Kunden!).

Der Schadensersatzanspruch des K ist also in vollem Umfang begründet. M ist verpflichtet, den Gegenwert von 600 000 Dollar an K zu zahlen. Auszugehen ist dabei davon, wie die X-Versicherung reguliert hätte. Denn diese hat M ja fehlerhafterweise umgedeckt. Etwaige Selbstbehalte der X-Versicherung und auch die Mehrprämie (es waren bekanntlich 5 %) gegenüber der Y-Versicherung spielen gleichfalls eine Rolle. Der Betrag von 600 000 Dollar wird sich also geringfügig reduzieren.

4. Die Vermögensschaden-Haftpflichtversicherung des M

M hatte eine Vermögensschaden-Haftpflichtversicherung mit einer Deckungssumme von DM 500 000 unterhalten. Bei einem angenommenen Umrechnungskurs von ca. DM 1,50 beziffert sich der Schaden auf DM 900 000. Abzüglich des bedingungsgemäßen Selbstbehaltes zahlte die Vermögensschaden-Haftpflichtversicherung DM 442 800, so daß beim Makler DM 457 200 (DM 400 000 als über die Versicherungssumme hinausgehender Schaden plus DM 57 200 an bedingungsgemäßen Selbstbehalt) als eigener Schaden verblieben.

M ist um dieses Ergebnis nicht zu beneiden. Es dürfte für M die Existenzfrage aufwerfen.

Resümee:

– Der Makler hat bei der Umdeckung von Verträgen nicht nur die Prämienseite zu beachten. Mindestens gleichgroße Bedeutung kommt der Bedingungsseite zu.

– Wesentliche Prämienabweichungen gehen oftmals auf Kosten des Versicherungsumfangs. Das sollte ein Makler ständig im Auge haben.

– Bei Umdeckungen hat der Makler stets auch die Entwicklung auf dem Versicherungsmarkt zu berücksichtigen. Denn nicht selten wird die Versicherbarkeit solcher Risiken eingestellt oder erschwert, die noch in bestehenden Verträgen gedeckt sind.

III. Der gestandene Maklervertrag

2.6 Die Maklerin, der Arztbesuch und der Hagel

Der Fall:

Die Maklerin ist in den neuen Bundesländern tätig. Dort befinden sich in den ländlichen Gebieten Landwirtschafts-GmbH's als Nachfolger der LPG's. Wie letztere verfügen sie über große landwirtschaftlich genutzte Flächen. Die Maklerin hat sich auf die Versicherung dieser GmbH's spezialisiert. Emsig besucht sie eine GmbH nach der anderen, läßt sich Makleraufträge erteilen und nimmt Anträge zu Hagelversicherungen auf. Damit die Policierung zügig vorangeht und der versprochene sofortige Versicherungsschutz beginnt, will sie die gesammelten Anträge gleich selbst beim Versicherer abgeben.

Auf dem Weg dorthin fährt sie bei ihrem Hausarzt vorbei. Die Maklerin M plagen nämlich wieder einmal ihre Krampfadern. Der Hausarzt rät ihr dringend, die schon lange in Aussicht genommene Operation endlich durchführen zu lassen. Wie er aus einem vorhergegangenen Telefonat mit dem Kreiskrankenhaus wisse, sei dort gerade ein Bett frei geworden. Auch befinde sich vor Ort gerade ein bekannter Spezialist, der die örtlichen Chirurgen in die neueste Methode der Verödung von Krampfadern einweise.

Frau M läßt sich von ihrem Hausarzt überreden und begibt sich schnurstracks ins Krankenhaus. Es wird ihr dort Hoffnung gemacht, daß sie innerhalb weniger Tage nach der Operation wieder entlassen werden könne.

Die Operation gelingt zur vollen Zufriedenheit von Frau M. Der Krankenhausaufenthalt beschränkt sich auch in der Tat nur auf wenige Tage. Gut gelaunt setzt sie sich hinter das Steuer ihres Wagens, um die abgebrochene Reise zum Versicherer nachzuholen. Ihr Weg führt sie an den Feldern vorbei, auf die sich die noch in ihrer Tasche befindlichen Anträge beziehen. Zu ihrem Erschrecken stellt Frau M fest, daß die Getreidehalme zum großen Teil am Boden liegen. Der Hagel war schneller als der versprochene Versicherungsschutz.

Bei der Versicherungsgesellschaft häuften sich bereits Regulierungsanträge der landwirtschaftlichen GmbH's, deren Versicherungsanträge die Maklerin gerade erst vorlegte. Es versteht sich von selbst, daß die Versicherung insoweit Deckung verweigerte.

Die verhinderten Versicherungsnehmer waren über die Ablehnung entsetzt. Sie verlangten nunmehr von Frau M Schadensersatz, und zwar in Höhe eines Betrages von rund DM 400 000.

M weigerte sich, die Schadensersatzansprüche anzuerkennen. Es träfe sie kein Verschulden. Daß die Anträge erst nach dem Zeitpunkt des Schadensereignisses beim Versicherer eingetroffen seien, sei krankheitsbedingt. Sie habe sich ihre Krampfadern nicht ausgesucht. Der Umstand, daß plötzlich und unerwartet ein Krankenhausbett freigeworden und zudem ein Spezialist im Kreiskrankenhaus anwesend gewesen sei, sei vordringlich gewesen.

Die Geschäftsführer der anspruchstellenden GmbH's beeindruckte dies nicht. Sie beharrten auf ihren Schadensersatzansprüchen.

Die Lösung:

1. Wie ist die Rechtslage?

Die Frage nach der Rechtslage führt zur Frage nach den möglichen Anspruchsgrundlagen. Ohne eine Anspruchsgrundlage kann bekanntlich niemand zum Schadensersatz verpflichtet werden.

2. Mögliche Anspruchsgrundlagen

Es kommen folgende Anspruchsgrundlagen in Betracht:

- Vertrag
- Gesetz
- von der Rechtsprechung und Rechtslehre entwickelte juristische Konstruktionen.

3. Anspruch aus Vertrag?

Hat die Maklerin M möglicherweise eine Verpflichtung aus dem Maklervertrag verletzt? Es ist bekanntlich Pflicht eines Maklers und darüber hinaus die Pflicht jedes anderen Vermittlers, aufgenommene Anträge, insbesondere dann, wenn es um vorläufige Deckungszusagen geht, unverzüglich dem Versicherer zuzuleiten.

Ein Vertragspartner ist dem anderen Vertragspartner auch verpflichtet, ihm nicht durch ein Tun oder Unterlassen einen Schaden zuzufügen. Wenn dies aufgrund seines Verhaltens dennoch geschieht, hat er für die Folgeschäden nach dem Institut der positiven Vertragsverletzung (hier: des Maklervertrages) einzustehen, vorausgesetzt, er hat ihn verursacht und verschuldet. Dieses Institut hat seine Grundlage in der analogen Anwendung des § 242 BGB.

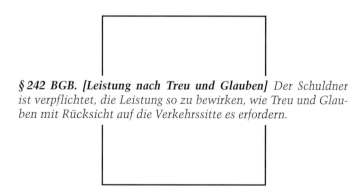

§ 242 BGB. [Leistung nach Treu und Glauben] Der Schuldner ist verpflichtet, die Leistung so zu bewirken, wie Treu und Glauben mit Rücksicht auf die Verkehrssitte es erfordern.

Hätte M, wie sie es vorhatte, die Anträge unmittelbar nach deren Aufnahme dem Versicherer zugänglich gemacht, hätte dieser vorläufige Deckung gewährt. Der Schaden hätte sich zeitlich nach der Deckungsgewährung ereignet und wäre demzufolge Gegenstand des Versicherungsschutzes gewesen. Die verspätete Antragseinreichung war mithin kausal für den Schaden, den die GmbH's erlitten hatten.

Zur Begründung des Schadensersatzanspruches aus positiver Vertragsverletzung gehört aber auch das Moment des Verschuldens. Da die Maklerin M nicht vorsätzlich gehandelt hat, ist zu prüfen, ob ihr Fahrlässigkeit zur Last fällt. Unter Fahrlässigkeit wird bekanntlich das Außerachtlassen der im Verkehr erforderlichen Sorgfalt verstanden. Nach der Meinung von M sei lediglich ihre Krankheit (also die Krampfadern und deren Operation) für die Verspätung schuld gewesen. Für einen krankheitsbedingten Ausfall könne sie aber nicht verantwortlich gemacht werden.

Der vorgenannten Aussage ist im Grundsatz durchaus zuzustimmen. Die Krankheit als solche ist nicht als Verschulden zu werten. Zu beachten ist indessen, daß es sich im Falle von Frau M nicht um das Auftreten einer plötzlichen Krankheit gehandelt hatte, die zum Beispiel ihr das Bewußtsein geraubt oder sie außerstande gesetzt hätte zu handeln. Sie hat sich völlig freiwillig, wenn auch selbstverständlich aus gutem Grund, in die Krankenhausbehandlung begeben und dabei entweder wegen dieses Ereignisses die Anträge schlicht vergessen oder aber sie hat beschlossen, daß die Operation Vorrang vor dem Abliefern der Anträge in der Verwaltung des Versicherers hat, weil sie möglicherweise darauf vertraute, daß ein Hagel in kurzer Zeit ja wohl nicht eintreten werde.

Zur Sorgfalt eines ordentlichen und pflichtbewußten Maklers, respektive einer Maklerin, gehört es, alle Vorkehrungen zu treffen, um Schaden vom Kunden abzuwenden und mögliche Gefährdungen von vornherein auszuschließen. In dem Fall hätte die M entweder beim Versicherer anrufen müssen, daß dieser die Anträge abholt, oder sie hätte jemanden beauftragen müssen, der dem Versicherer die Anträge bringt. Schließlich hätte sie die Anträge ja auch zur Post geben können. Es hat sich auch nicht um einen Notfall gehandelt, der das logische, für einen Makler gebotene Handeln ausgeschaltet hätte oder aus sonstigen übergeordneten Überlegungen vorrangig gewesen wäre. Das heißt, daß man der Maklerin leider sagen muß, daß sie ihre Sorgfaltspflicht verletzt hat und demzufolge ihre Unterlassung als fahrlässig einzustufen ist.

Der Anspruch ist demzufolge unter dem Gesichtspunkt der positiven Verletzung des Maklervertrages begründet. Die M kann mit ihren Einwendungen nicht gehört werden. Wenn die GmbH's den Schaden in Höhe von DM 400 000 darlegen und beweisen können, so hat M diesen in der Höhe zu tragen.

4. Wie verhält sich der Vermögensschaden-Haftpflichtversicherer der M?

Der Vermögensschaden-Haftpflichtversicherer hat sich mit der Sache zu befassen, da die M eine Deckungssumme von DM 500 000 abgeschlossen hat. Der Sachbearbeiter stellt Frau M routinemäßig die Frage, wie es denn zu dem Schaden kommen konnte.

Wenn M nun wahrheitsgemäß antwortet, daß sie die Anträge im Trubel der bevorstehenden Operation völlig vergessen habe, räumt sie ihre Fahrlässigkeit ein. Aber selbst wenn man zu der Überzeugung kommen sollte, daß das Verhalten oder besser das Unterlassen als grob fahrlässig einzustufen ist, hat der Vermögensschaden-Haftpflichtversicherer bedingungsgemäß zu regulieren, jedoch abzüglich des Selbstbehaltes. Da von den ersten DM 10 000 des Schadens 80 %, vom überschießenden Betrag 90 % zu ersetzen sind, zahlt der Vermögensschaden-Haftpflichtversicherer DM 359 000, während die Maklerin DM 41 000 als Selbstbehalt selbst zu tragen hat.

Wenn die Maklerin allerdings etwa folgende Erklärung ihrem Versicherer zur Entstehung des Schadens abgibt:

„Meine Gesundheit geht mir vor. Ich war froh und glücklich, daß kurzfristig ein Krankenhausbett zur Verfügung stand. Besonders der Umstand, daß ein Spezialist im Kreiskrankenhaus vorübergehend anwesend war, bewog mich dazu, alle anderen Pflichten mit Rücksicht auf die Wiedererlangung meiner völligen Gesundheit hintenanzustellen. Die Versicherungsanträge mußten in Anbetracht dessen einfach warten."

Auf eine solche Erklärung wird der Vermögensschaden-Haftpflichtversicherer wahrscheinlich erwidern, daß es ihm unter diesen Umständen sehr leid täte, die Deckung versagen zu müssen. Für vorsätzliche Pflichtverletzungen durch den Versicherungsnehmer könne ein Versicherer nun einmal nicht eintreten. Dies ergebe sich aus § 4 Ziff. 5 AVB.

Eine Deckungsklage gegen eine solche Entscheidung des Versicherers hätte dann wenig Aussicht auf Erfolg.

Resümee:

– Die Deckungsaufgabe hat Vorrang gegenüber privaten Angelegenheiten des Maklers, mögen diese auch noch so wichtig sein.

– Krankheitsbedingte Ausfälle entschuldigen den Makler nur, wenn er (z. B. infolge von Bewußtseinsausfall) nicht mehr in der Lage ist, rechtzeitig für seine Vertretung zu sorgen.

– Der Makler, der das Risiko einer Fristversäumnis in Kauf nimmt, handelt vorsätzlich. Er riskiert, daß sein Vermögensschaden-Haftpflichtversicherer ihm die Deckung versagt.

III. Der gestandene Maklervertrag

2.7 Der schwerhörige Makler und die Baukräne

Der Fall:

M ist der Versicherungsmakler des florierenden Bauunternehmens K. Auf dem Bau ist der Ton rauh aber herzlich. Manches, was man besser schriftlich fixiert hätte, erfolgt auf Zuruf. K ist kein Freund großer Schriftsätze und weigert sich grundsätzlich, Versicherungsanträge auszufüllen. Dafür sei M da, der ihm ja als Makler diese Arbeit abnehmen solle. Wenn etwas zu regeln ist, greift K am liebsten zum Telefon.

Als K den Zuschlag für eine größere Baustelle bekommen hat, ordert er sogleich 3 neue Baukräne. Sofort nach Auslieferung greift er zum Autotelefon und ruft M an. Dieser möge zunächst für vorläufige Deckung sorgen und dann die entsprechenden Anträge ausfüllen bzw. die Deckungsaufgaben dem Versicherer zuleiten. Er habe ja Vollmacht aus dem Maklervertrag.

M macht sich sofort ans Werk. Da er am Telefon „2" statt „3" verstanden hat, wird er auch nur insoweit tätig. Er erhält die mündliche Deckungszusage für die Kräne 1 und 2.

Noch bevor die Deckungszusage schriftlich bestätigt und dem K zugänglich gemacht werden konnte, tritt ein Kaskoschaden an den Kränen ein. Am schwersten betrifft es den Kran Nummer 3. Insoweit handelt es sich um einen Totalverlust. Die Versicherung ersetzt nur die Schäden an den beiden Baukränen, für die vorläufige Deckung bestand. Die Regulierung des Totalschadens für den Kran Nummer 3 lehnt sie, da nur die Kräne 1 und 2 in Deckung gegeben worden waren, ab. K fordert von M Schadensersatz in Höhe der nicht erbrachten Versicherungsleistung von DM 85 000. M zeigt seine Aktennotiz vor, die er im Anschluß an das Telefonat mit K gemacht hatte. Er „schwört Stein und Bein", daß K nur 2 Kräne genannte habe. Demzufolge habe er sich auch nur für 2 Kräne um die Deckungsaufgabe gekümmert. K würde doch wohl nicht im Ernst glauben, daß M einen Kran dabei unterschlagen habe. Er, M, würde doch nicht gegen seine eigenen Courtageinteressen handeln. Denn auch für den dritten Kran hätte er Courtage zu beanspruchen gehabt.

K entgegnet, daß ihn die Courtageinteressen des M nicht interessieren. Er habe laut und deutlich von 3 Baukränen gesprochen. Wenn M nicht richtig zugehört oder bei der Deckungsaufgabe nicht aufgepaßt habe, so sei dies nicht seine Angelegenheit. Wenn M nicht zahle, gehe er zum Rechtsanwalt. Im übrigen würde der Maklervertrag gekündigt werden.

Die Lösung:

1. Wie ist die Rechtslage?

Die Frage nach der Rechtslage führt zur Frage nach den möglichen Anspruchsgrundlagen. Ohne eine Anspruchsgrundlage kann niemand zum Schadensersatz verpflichtet werden.

2. Mögliche Anspruchsgrundlagen

Es kommen folgende Anspruchsgrundlagen in Betracht:

– Vertrag

– Gesetz

– von der Rechtsprechung und Rechtslehre entwickelte juristische Konstruktionen.

3. Anspruch aus Vertrag?

Hat M möglicherweise eine Verpflichtung aus dem Maklervertrag verletzt? Es ist bekanntlich Pflicht eines Maklers, eine aufgenommene Deckungsaufgabe richtig und unverzüglich an den Versicherer weiterzuleiten.

Ein Vertragspartner ist gegenüber dem anderen Vertragspartner unter anderem dazu verpflichtet, ihm nicht durch ein Tun oder Unterlassen einen Schaden zuzufügen. Wenn dies aufgrund seines Verhaltens dennoch geschieht, hat er nach dem Institut der positiven Vertragsverletzung (hier des Maklervertrages) den Schaden zu ersetzen, vorausgesetzt, er hat ihn verursacht und verschuldet. Dieses Institut beruht auf der analogen Anwendung des § 242 BGB.

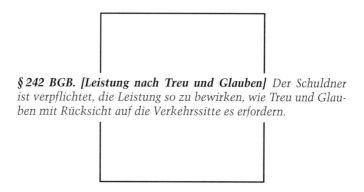

§ 242 BGB. [Leistung nach Treu und Glauben] Der Schuldner ist verpflichtet, die Leistung so zu bewirken, wie Treu und Glauben mit Rücksicht auf die Verkehrssitte es erfordern.

Darüber, daß auch mündliche bzw. fernmündliche Deckungsaufgaben richtig bearbeitet werden müssen, gibt es keine Diskussion. M ist schadensersatzpflichtig, wenn er sich verhört hat. Wegen des ähnlichen Wortklanges der Zahlen „zwei" und „drei" hätte er sich, um jeden Zweifel und jede Verwechslung auszuschalten, durch Rückfrage vergewissern müssen. Sich diese Bestätigung einzuholen, hat M bei diesem Telefonat schuldhaft unterlassen. Die Schadensersatzpflicht tritt nicht ein, wenn K sich versprochen hat, also nur 2 Kräne in die Deckungsaufgabe gegeben hat.

Jede der beiden Vertragsparteien bleibt bei der eigenen Darstellung, die der der anderen Vertragspartei widerspricht. Der Rechtsanwalt, den K zu Rate gezogen hat, fragt ihn demzufolge, ob er allein im Auto war, als er mit M das streitige Telefonat führte.

K antwortet, daß er zwar niemanden im Auto sitzen hatte, als er das Telefonat führte. Er könne indessen bei Gericht beschwören, daß er von 3 und nicht von 2 Baukränen gesprochen habe.

Ein Rechtsanwalt klärt ihn auf. Ein Anspruchsteller müsse die anspruchsbegründeten Tatsachen, also hier den Inhalt des Telefonates, beweisen, wenn der Anspruchsgegner diese bestreitet. Der Anspruchsteller könne in eigener Sache auch nicht Zeuge sein. Demzufolge käme es auch nicht darauf an, was K beschwören könne oder nicht. Wenn K keine Zeugen habe, könne er den Anspruch gegen M „vergessen".

K kommt auf die Baustelle zurück und macht seinem Ärger Luft. Sein Polier tröstet ihn: K würde bekanntlich ja immer so am Telefon schreien, daß man meinen müsse, sein Gesprächspartner solle ihn auch ohne Telefonverbindung verstehen. So sei es auch bei diesem Telefonat gewesen. Er, der Polier, habe noch in 10 m Entfernung vom Auto das Gespräch mitbekommen und gehört, daß K in dem Telefonat diesem deutlich 3 Baukräne statt 2 Baukräne genannt habe.

Es kann hier nicht untersucht werden, ob der Polier seinem Chef im Hinblick auf die nächste Gehaltserhöhung nur einen Gefallen tun wollte oder ob er tatsächlich das gehört hat, was er sagt. Auch ein Richter wird diese Frage nicht mit absoluter Gewißheit beantworten können, jedoch das Bestehen eines Arbeitsverhältnisses und damit eines Abhängigkeitsverhältnisses bei der Bewertung der Zeugenaussage des Poliers mit berücksichtigen. Indessen: Wenn jemand glaubwürdig wirkt und keine Umstände dagegen sprechen, wird der Richter die Zeugenaussage als zutreffend bewerten.

Der Rechtsanwalt konfrontiert M mit der schriftlich festgehaltenen Zeugenaussage des Poliers. Er muß jetzt leider einsehen, daß seine Abwehrchance gegen Null tendiert. So sieht es dann auch der Vermögensschaden-Haftpflichtversicherer des M. Abzüglich des bedingungsgemäßen Selbstbehalts übernimmt er den Schaden.

4. Exkurs

Der Leser fragt sich vielleicht, wie die Sache ausgegangen wäre, wenn M seinerseits einen Zeugen hätte aufbieten können, der das Gegenteil bestätigen könnte, nämlich daß K am Telefon nur von 2 Baukränen gesprochen hat. Dies wäre z. B. dadurch möglich gewesen, daß M die Telefonanlage auf Lautsprecher gestellt hatte, so daß im Raum anwesende Personen das Gespräch mit angehört haben.

War die mithörende Person ein Mitinhaber des Maklerbüros – zum Beispiel der Gesellschafter-Geschäftsführer einer Makler-GmbH –, so scheidet er als Zeuge aus. Ebenso wie der Anspruchsteller selbst kann auch der Anspruchsgegner nicht Zeuge sein. Anspruchsgegner wären bei zwei oder mehreren Inhabern nicht nur M, sondern auch die anderen Inhaber des Maklerbüros.

Anders wäre es, wenn ein Maklerkunde oder ein Angestellter des M das Gespräch mitbekommen hätte. Dann bestünde eine ähnliche Lage wie im Verhältnis des K zu seinem Polier; entsprechend müßte dann im Grundsatz die Beweiswürdigung ausfallen, nämlich unter maßgeblicher Berücksichtigung des Eindrucks, den der Angestellte des M auf das Gericht macht.

Wie ein Richter entschieden hätte, wenn beide Zeugen (also der Polier für K und der Angestellte für M) gleich überzeugend und glaubhaft jeweils das Gegenteil bestätigt hätten, soll weiter hinten bei den Beweislastfällen erörtert werden.

Resümee:

– Auch fernmündliche Deckungsaufgaben sind verbindlich.

– Wenn es zum Streit über den Inhalt der Deckungsaufgabe kommt, kann sich der Maklerkunde häufig auf Angehörige oder Arbeitnehmer als Zeugen berufen, während der Makler meist allein am Ende der Telefonleitung sitzt.

– Es ist sinnvoll, wenn der Makler den Inhalt der fernmündlichen Deckungsaufgabe unverzüglich dem Kunden per Fax bestätigt.

– Die Beweislastverteilung und – aus ihr folgend – das mögliche oder nicht mögliche Beweisenkönnen entscheiden vielfach über Sieg und Niederlage im Prozeß.

III. Der gestandene Maklervertrag

2.8 Die ängstliche Angestellte des Maklers

Der Fall:

Der Börsenmakler K hat seinen Mercedes 500 verkauft und sich einen Mercedes 600 angeschafft. Er holt sich noch am Freitag morgen selbst die Deckungskarte im Büro des M ab, trifft diesen jedoch nicht an, da dieser sich schon in ein verlängertes Wochenende begeben hatte. K sagt der Angestellten A, daß sie das Fahrzeug so versichern solle wie auch der Mercedes 500 versichert war, nämlich Vollkasko. Den schüchternen Hinweis der A, daß dies heutzutage bei Fahrzeugen der Luxusklasse nicht so einfach sei, quittiert K mit einem Lächeln. Er vertraue da völlig auf M. Dieser habe noch immer alle seine Versicherungsprobleme in den Griff bekommen.

Der A bricht der Angstschweiß aus. Sie kennt das Problem, ein derartiges schweres Risiko bei einem Versicherer unterzubringen. Andererseits weiß sie auch, daß K für M ein sehr guter Kunde ist und M besonderen Wert darauf legt, daß die Wünsche des K möglichst unverzüglich und umfassend erfüllt werden.

A ruft fünf ihr bekannte Kfz-Versicherer an und erhält überall die befürchtete negative Auskunft. Inzwischen ist es früher Nachmittag. Sie geht zu Recht davon aus, daß sie an diesem Freitag wohl keinen Versicherungssachbearbeiter mehr überreden könne, die erforderliche Deckungszusage für die Vollkaskoversicherung eines Mercedes 600 abzugeben.

Sie denkt jetzt angestrengt nach. Wenn sie K an seinem Urlaubsort stört, wird er ihr vermutlich einige weniger freundliche Worte durchs Telefon sagen. Auch könne er wohl am Freitagnachmittag einen Versicherer ebenfalls nicht mehr auftreiben, der bereit ist, die Vollkaskoversicherung zu zeichnen. Sie könnte jetzt freilich K anrufen und ihn davon unterrichten, daß sie leider recht gehabt habe. Sie habe keinen Vollkaskoversicherer für ihn gefunden. In dem Fall würde sie wohl nicht nur den Zorn des K auf sich ziehen, sondern auch sich einer Rüge von M aussetzen, weil sie dem wichtigen Kunden K nicht seinen Vollkaskowunsch erfüllt habe.

A sagt sich, das beste ist, ich tue nichts, und vertraut darauf, daß am Wochenende schon nichts passieren werde. Am Montag werde M wieder im Haus sein. Er solle dann seine guten Verbindungen zu den Versicherern spielen lassen. Ihm werde es sicherlich gelingen, das Risiko unterzubringen.

Unglücklicherweise nutzt K das Wochenende zu einem ausgiebigen Test seines neuen Autos. Er wolle doch einmal sehen, was der Mercedes 600 so unter der Haube habe. K überschätzt dabei leider seine Fahrkünste. Die Spritztour endet an einem Baum. Das neue Fahrzeug hat nur noch Schrottwert.

Die Erwartung des K, seine Vollkaskoversicherung würde den Schaden ersetzen, trügt. Als er am Montag von M hört, daß für das Fahrzeug lediglich eine Haftpflichtversicherung bestand, wird er nicht nur blaß, sondern auch böse.

K verlangt von M Schadensersatz in Höhe der Leistung, die ein Vollkaskoversicherer abzüglich des Restwertes zu erbringen gehabt hätte. Dabei geht es um rund DM 160 000.

M entgegnet, er, K, hätte sich nicht darauf verlassen dürfen, daß A so kurzfristig eine Vollkaskoversicherung beschaffen könne. Im übrigen wäre eine Vollkaskoversicherung für grobe Fahrlässigkeit nicht eintrittspflichtig gewesen. Wenn K gleichwohl auf seinem Schadensersatzanspruch beharre, solle er sich gefälligst an A halten. Er, M, sei ja unstreitig nicht derjenige gewesen, der den Antrag entgegengenommen habe. Ihm sei die Angelegenheit erst bekannt geworden, als der Schaden schon eingetreten war. Ihn, M, träfe kein Verschulden.

Die Lösung

1. Wie ist die Rechtslage?

Die Frage nach der Rechtslage führt zur Frage nach den möglichen Anspruchsgrundlagen. Ohne eine Anspruchsgrundlage kann bekanntlich niemand zum Schadensersatz verpflichtet werden.

2. Mögliche Anspruchsgrundlagen

Es kommen folgende Anspruchsgrundlagen in Betracht:

– Vertrag

– Gesetz

– von der Rechtsprechung und Rechtslehre entwickelte juristische Konstruktionen.

3. Anspruch aus Vertrag?

Hat M möglicherweise eine Verpflichtung aus dem Maklervertrag verletzt? Es ist bekanntlich Pflicht eines Maklers, den vom Kunden gewünschten Versicherungsschutz zu beschaffen.

Ein Vertragspartner ist dem anderen Vertragspartner unter anderem dazu verpflichtet, ihm nicht durch ein Tun oder Unterlassen einen Schaden zuzufügen. Wenn dies aufgrund seines Verhaltens dennoch geschieht, hat er nach dem Institut der positiven Vertragsverletzung (hier des Maklervertrages) den Schaden zu ersetzen, vorausgesetzt, er hat ihn verursacht und verschuldet. Dieses Institut beruht auf der analogen Anwendung des § 242 BGB.

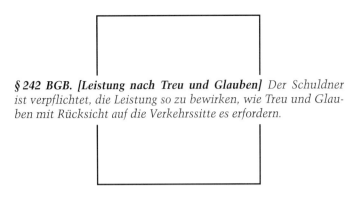

§ 242 BGB. [Leistung nach Treu und Glauben] Der Schuldner ist verpflichtet, die Leistung so zu bewirken, wie Treu und Glauben mit Rücksicht auf die Verkehrssitte es erfordern.

Ist die Nichtbesorgung der Vollkaskoversicherung für den Mercedes 600 des K für den Schaden ursächlich? Das ist dann der Fall, wenn im Falle einer vorläufigen Deckung für eine Vollkaskoversicherung die Versicherung eintrittspflichtig gewesen wäre.

Diese Frage ist nicht ganz einfach zu beantworten. Wie jeder Makler weiß, ist eine Vollkaskoversicherung für einen Mercedes 600 in der heutigen Zeit nur sehr schwer bei einem Versicherer unterzubringen. Dies ist selbst für solche Kunden fast unmöglich, die ein ansehnliches Paket gut verlaufender Verträge bei dem Versicherer placiert haben, dem der Kunde die Vollkaskoversicherung für einen Mercedes 600 andient. So sind Fälle bekannt, in denen die Versicherer sich selbst von der Androhung der Umdeckung des ansehnlichen und gut verlaufenden Versicherungspaketes nicht zur Zeichnung der unerwünschten Vollkaskoversicherung für einen Mercedes 600 bestimmen ließen.

Das Argument des M, eine Vollkaskoversicherung sei ohnehin nicht unterzubringen gewesen, vor allem nicht während des Wochenendes, ist nicht von der Hand zu weisen. Folgt man dem Argument, fehlt es an der Kausalität.

K läßt sich jedoch so schnell nicht entmutigen. Er ist clever. Da es um viel Geld geht, macht er sich die Mühe, eine dreistellige Zahl von Kfz-Versicherern zu kontaktieren. Jeder Versicherung stellt er die Frage, ob diese an dem bewußten Freitag ihm eine Deckungszusage für eine Vollkaskoversicherung seines Mercedes 600 dann gegeben hätte, wenn er fest zugesagt hätte, seine sämtlichen gut laufenden Sachversicherungen mit einer durchschnittlichen Jahresprämie von DM 135 000,– auf eben diese Versicherung zu übertragen.

Es muß nicht verwundern, daß einer der Versicherer dem K schriftlich erklärte, daß unter diesen Umständen die Deckungszusage erteilt worden wäre. Da es sich hier um einen hypothetischen Fall handelte – denn der Schaden ist ja bereits eingtreten –, konnte der zuständige Sachbearbeiter dieser Versicherungsgesellschaft ohne Risiko die Erklärung abgeben.

Mit der Aussage des Versicherers konfrontiert, erwidert M, daß er an diesem Freitag nicht die Zeit gehabt hätte, so lange herumzutelefonieren, wie es K jetzt getan hat, um die Erklärung zu bekommen.

K brauchte noch nicht einmal der Wahrheit zuwider zu behaupten (das Gegenteil wäre ihm sicher nicht zu beweisen gewesen), daß er die Erklärung bereits beim dritten Anruf von einer Versicherung erhalten habe und dies M als Versicherungsmakler doch wohl auch möglich gewesen sein müßte. Im übrigen hätte A ihn, K, ja bloß fernmündlich darüber informieren müssen, daß über das Wochenende eine Vollkaskoversicherung nicht in Deckung gegeben werden konnte. Er hätte dann gewußt, daß das Fahrzeug nicht vollkaskoversichert gewesen sei und hätte dieses in seiner Garage gelassen. Mit einem nicht vollkaskoversicherten Neufahrzeug dieser Größenordnung hätte er sich nämlich niemals in den Straßenverkehr begeben.

Damit ist K über die Hürde der Kausalität hinweg, es sei denn, es zieht der weitere Einwand des M, K habe den Schaden grob fahrlässig verursacht. Denn eine Schadensersatzverpflichtung des Maklers kann nicht weitergehen als eine bedingungsgemäße Versicherungsleistung.

Dem K konnte indessen die grobe Fahrlässigkeit nicht nachgewiesen werden. Im Falle der hier anzunehmenden leichten Fahrlässigkeit des K bei der Herbeiführung des Verkehrsunfalles hätte der Vollkaskoversicherer eintreten müssen.

Wie steht es aber mit dem Einwand des M, ihn träfe kein Verschulden? Er habe erst nach dem Schadenseintritt von der ganzen Sache erfahren. Nicht er, sondern allenfalls A sei für den Schaden verantwortlich und demzufolge von K in Regreß zu nehmen.

A ist die Angestellte von M. Sie ist seine Erfüllungsgehilfin (§ 278 BGB). Ihr Verschulden ist dem Dienstherrn, also M, zuzurechnen. Es kommt nicht darauf an, daß M persönlich keine Schuld trifft.

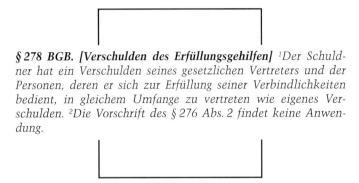

§ 278 BGB. [Verschulden des Erfüllungsgehilfen] ¹*Der Schuldner hat ein Verschulden seines gesetzlichen Vertreters und der Personen, deren er sich zur Erfüllung seiner Verbindlichkeiten bedient, in gleichem Umfange zu vertreten wie eigenes Verschulden.* ²*Die Vorschrift des § 276 Abs. 2 findet keine Anwendung.*

K läßt sich demzufolge auch von diesem Einwand nicht abschrecken. Lediglich am Rande sei erwähnt, daß ihm auch ein direkter Anspruch gegen A gar nicht zur Seite stünde. Wenn er auf M hören würde und A auf Schadenersatz verklagen wollte, würde diese Klage mangels Anspruchsgrundlage abgewiesen werden.

Im Ergebnis ist also M verpflichtet, den Schadenersatzanspruch des K zu befriedigen. Wenn ihm eine Vermögensschaden-Haftpflichtversicherung zur Seite steht, wird der Versicherer bedingungsgemäß nach Abzug des Selbstbehalts regulieren. Voraussetzung ist allerdings, daß die Angestellte mitversichert war. Der Versicherungsmakler sollte daher immer darauf achten, daß bei seinem Vermögensschaden-Haftpflichtversicherer die richtige Anzahl der im Maklerbetrieb tätigen Personen notiert ist. Üblicherweise werden dabei Namensnennungen vom Versicherer nicht verlangt. Es kommt indessen leider gelegentlich vor, daß Versicherungsmakler (wie andere Versicherungsnehmer ja auch) Angestellte nicht benennen, weil sie der Meinung sind, diese können ja gar keine Fehler machen. Den Zuschlag (üblicherweise 10 %) könne man sich sparen. Die Folgen für den Versicherungsschutz sind fatal.

Resümee:

– Der Makler, der eine Deckungsaufgabe nicht sofort erfüllen kann, muß dies seinem Kunden anzeigen, damit dieser wegen des fehlenden Versicherungsschutzes besondere Vorsorge treffen kann.

– Ein Angestellter des Maklers ist dessen Erfüllungsgehilfe. Seine Fehler werden dem Makler wie eigene zugerechnet.

– Der Makler hat streng darauf zu achten, daß auch alle seine Angestellten und sonstigen Mitarbeiter wie auch freie Handelsvertreter, die in seinem Namen handeln, in seine Vermögensschaden-Haftpflichtversicherung eingeschlossen werden.

– Wenn der für einen Makler tätige Handelsvertreter statt dessen eine eigene Vermögensschaden-Haftpflichtversicherung unterhält, kann der Makler zwischen die Fronten seines Kunden und der Abwehrwilligkeit des Versicherers des Handelsvertreters ihm gegenüber geraten.

III. Der gestandene Maklervertrag

2.9 Der Makler, die Lebensversicherung und das Finanzamt

Der Fall:

Der Makler besucht seinen „schwierigen" Kunden K, einen Freiberufler. Dieser klagt ihm sein Leid. Er habe es satt, täglich 12 – 14 Stunden zu arbeiten und sich mit Familie, Personal und Finanzamt herumzuärgern. In 10 Jahren wolle er seine Praxis verkaufen und sich auf eine einsame Insel zurückziehen. Zur Finanzierung seines Vorhabens wolle er heute eine Lebensversicherung mit einer Versicherungssumme von einer Million abschließen. Die Laufzeit solle 10 Jahre betragen.

Der Makler M zieht einen Antrag aus der Tasche und füllt diesen nach Angaben des K aus. Währenddessen klingelt mehrfach das Telefon des K. Auch treten sonstige Störungen durch Personal und Patienten auf. K reagiert äußerst gereizt.

M setzt mehrfach zu Erläuterungen und Erklärungen an, insbesondere dazu, daß ein 10jähriger Abschluß für K Nachteile mit sich bringt und mindestens eine 12jährige Laufzeit zu empfehlen sei. Es gelingt ihm indessen nicht, zu Wort zu kommen. Um den Zorn des K nicht auch noch auf sich zu ziehen und den guten Abschluß zu gefährden, zieht es M schließlich vor, zu schweigen und verläßt das Büro des K alsbald mit dem unterschriebenen Antrag.

10 Jahre später kommt es zum Ablauf der Lebensversicherung und zur Auszahlung der Versicherungssumme und der Gewinnanteile. Gleichzeitig wird aber auch die steuerliche Seite dem K offenbar. Es stellt sich auch heraus, daß in den vergangenen 10 Jahren sich das

cholerische Charakterbild des K nicht verändert hatte. Er macht jetzt M lautstark bittere Vorwürfe, daß er ihn beim Abschluß der Versicherung nicht auf die steuerlichen Nachteile hingewiesen habe. Er, K, habe seinen Rückzug auf eine einsame Insel nicht so ernst gemeint. Zumindest hätte er noch weitere zwei Jahre warten können. So habe er einen gewaltigen finanziellen Verlust durch die vermeidbare Zahlung der Einkommensteuer und Kapitalertragssteuer. M wendet ein, daß er kein Steuerberater, sondern schlicht Versicherungsmakler sei. Wegen der steuerlichen Folgen hätte sich K schon mit seinem Steuerberater ins Benehmen setzen müssen. Dieses Versäumnis könne K ihm, M, nicht anlasten.

K läßt diesen Einwand nicht gelten. Er erteilt seinem Steuerberater den Auftrag, die vermeidbare Steuer auszurechnen und seinem Rechtsanwalt das Mandat, diesen Betrag bei M geltend zu machen.

Die Lösung:

1. Wie ist die Rechtslage?

Die Frage nach der Rechtslage wird zur Frage nach den möglichen Anspruchsgrundlagen. Ohne eine Anspruchsgrundlage kann niemand zum Schadensersatz verpflichtet werden.

2. Mögliche Anspruchsgrundlagen

Es kommen folgende Anspruchsgrundlagen in Betracht:

– Vertrag

– Gesetz

– von der Rechtsprechung und Rechtslehre entwickelten juristischen Konstruktionen.

3. Anspruch aus Vertrag?

Hat M möglicherweise eine Verpflichtung aus dem Maklervertrag verletzt? Ist der Makler auch zu steuerlichen Informationen gegenüber seinen Kunden verpflichtet?

Ein Vertragspartner ist dem anderen Vertragspartner verpflichtet, ihm nicht durch ein Tun oder Unterlassen einen Schaden zuzufügen. Wenn dies dennoch geschieht, hat er für die Folgeschäden nach dem Institut der positiven Vertragsverletzung (hier: des Maklervertrages) den Schaden zu ersetzen, wenn er ihn verursacht und verschuldet hat. Dieses Institut richtet sich bekanntlich nach der analogen Anwendung des § 242 BGB.

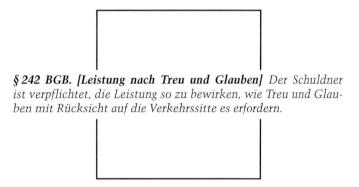

§ 242 BGB. [Leistung nach Treu und Glauben] Der Schuldner ist verpflichtet, die Leistung so zu bewirken, wie Treu und Glauben mit Rücksicht auf die Verkehrssitte es erfordern.

Nun ist es freilich nicht die Angelegenheit des Maklers, steuerberatend tätig zu sein. Solches ist ihm vielmehr grundsätzlich nach dem Rechtsberatungsgesetz verboten. Wenn indessen Juristen den Begriff „grundsätzlich" verwenden, so heißt dies, daß Ausnahmen vom Grundsatz möglich sind.

Das Rechtsberatungsgesetz gestattet daher auch die zulässige Erledigung von Rechtsangelegenheiten dann, wenn diese Tätigkeit mit einem Geschäft des Unternehmers (also hier des Maklers) in unmittelbarem Zusammenhang stehen. Dies ergibt sich aus § 5 RBerG.

> **§ 5 RBerG. [Zulässige Erledigung von Rechtsangelegenheiten]**
> *Die Vorschriften dieses Gesetzes stehen dem nicht entgegen,*
>
> *1. daß kaufmännische oder sonstige gewerbliche Unternehmer für ihre Kunden rechtliche Angelegenheiten erledigen, die mit einem Geschäft ihres Gewerbebetriebs in unmittelbarem Zusammenhang stehen;*
>
> *2. daß öffentlich bestellte Wirtschaftsprüfer sowie vereidigte Bücherrevisoren in Angelegenheiten, mit denen sie beruflich befaßt sind, auch die rechtliche Bearbeitung übernehmen, soweit diese mit den Aufgaben des Wirtschaftsprüfers oder Bücherrevisors in unmittelbarem Zusammenhang steht;*
>
> *3. daß Vermögensverwalter, Hausverwalter und ähnliche Personen die mit der Verwaltung in unmittelbarem Zusammenhang stehenden Rechtsangelegenheiten erledigen.*

So ist der Makler verpflichtet, den Kunden darauf hinzuweisen, daß dieser Einkommens- und Kapitalertragssteuer zahlen muß, wenn der Lebensversicherungsvertrag eine kürzere Laufzeit als 12 Jahre hat. Dabei hat er auch zu berücksichtigen, wenn sich die steuergesetzlichen Gegebenheiten ändern. Der Makler darf nicht darauf vertrauen, daß dies der Kunde von selbst wisse oder sich dieses Wissen über einen Steuerberater aneignet.

Gleiches gilt übrigens, wenn ein Ratenkreditvertrag mit einer Lebensversicherung gekoppelt werden soll. Eine solche Vertragskonstruktion ist mit erheblichen Nachteilen verbunden, weil bei einer vorzeitigen Vertragskündigung des Kreditvertrages und bei der Liquidation einer Lebensversicherung infolge des ungünstigen Rückkaufswertes der Kunde einen erheblichen Teil seines Vermögens einbüßt.

Es ist selbstverständlich, daß die steuerlichen Hinweise und Belehrungen des Maklers, unabhängig davon, ob er dazu verpflichtet ist oder nicht, auch noch richtig sein müssen.

Da das Steuerrecht wegen seines Umfangs und seiner Komplexität für einen Außenstehenden kaum zu überschauen ist, empfiehlt es sich, entweder zu einem Beratungsgespräch einen Steuerberater hinzuzuziehen oder aber den Kunden – am besten schriftlich – zu empfehlen, die steuerlichen Aspekte selbst mit einem Steuerberater abzuklären. Im vorliegenden Fall hatte M unstreitig die steuerliche Information nicht gegeben. Es fehlte auch an seinem Hinweis, K solle sich selbst über einen Steuerberater kundig machen.

M hat mithin seine Maklerpflicht verletzt, als er es versäumte, auf die steuerlichen Aspekte hinzuweisen. Dies stellt sich als positive Verletzung des Maklervertrages mit der Folge dar, daß er die steuerlichen Nachteile im Wege des Schadensersatzes gegenüber dem K ausgleichen muß.

Lediglich am Rande sei erwähnt, daß der unmittelbare Zusammenhang, den § 5 RBerG für die zulässige Rechtsberatungstätigkeit voraussetzt, sehr eng gesehen wird. Der unmittelbare Zusammenhang muß sich auf die Verträge beziehen, die der Makler in der Verwaltung hat. Wenn sich der Makler bemüßigt sehen würde, zum Beispiel fremdvermittelte Verträge auf die steuerlichen Aspekte überprüfen zu wollen, so würde er sich außerhalb dessen bewegen, was das Rechtsberatungsgesetz zuläßt.

Ganz und gar unzulässig ist selbstverständlich – auch wenn dies manche Versicherungsvermittler tun –, aus Akquisitionsgründen den Kunden bei deren Lohnsteuerjahresausgleich zu helfen.

4. Wie verhält sich die Vermögensschaden-Haftpflichtversicherung des M?

Die Vermögensschaden-Haftpflichtversicherung bietet dem Makler Schutz vor den Folgen von Verletzungshandlungen, die er bei seinen Tätigkeiten begeht, die in den handelsüblichen Rahmen eines Versicherungsmaklers fallen. Wie erörtert, gehört der Hinweis auf die steuerlichen Aspekte einer Lebensversicherung zur Beratung beim Abschluß eines Lebensversicherungsvertrages. Fehler und in diesem Zusammenhang eintretende Verletzungen von Maklerpflichten sind demzufolge Gegenstand des Versicherungsvertrages.

Es kann indessen nicht oft genug auf den Umstand hingewiesen werden, daß die Vermögensschaden-Haftpflichtversicherung nur für solche Fehler einzutreten hat, die der Makler fahrlässig verursacht hat. Der Versicherungsschutz bezieht sich nicht auf Haftpflichtansprüche, die durch wissentliches Abweichen von Gesetz, Vorschrift, Anweisung oder Bedingung des Berechtigten oder durch sonstige wissentliche Pflichtverletzung verursacht wurden (§ 4 Ziff. 5 AVB).

Der Vermögensschaden-Haftpflichtversicherer wird M nämlich fragen, weshalb er die erforderliche steuerliche Information beim Abschluß des Lebensversicherungsvertrages dem K nicht gegeben habe. Wenn M antwortet, dies habe er bewußt nicht getan, da im Hinblick auf das cholerische Temperament des K eine Gefährdung des erfolgreichen Abschlusses bestanden habe, so könnte der Vermögensschaden-Haftpflichtversicherer die Deckung unter Hinweis auf eine wissentliche Pflichtverletzung versagen. Anders wäre es, wenn M diesen Hinweis schlicht vergessen hätte oder sich selbst über die steuerlichen Aspekte nicht im klaren gewesen war.

Resümee:

– Zu den Maklerpflichten gehört auch der Hinweis auf die steuerlichen Aspekte einer Lebensversicherung.

– Die Erfüllung der vorgenannten Pflicht steht im Rahmen der zulässigen Rechtsberatung (§ 5 RBerG) dann, wenn sie unmittelbar mit dem Abschluß bzw. der Verwaltung des Vertrages zusammenhängt.

– Pflichtverletzungen insoweit stehen unter dem Schutz der Vermögensschaden-Haftpflichtversicherung. Zu beachten ist jedoch, daß eine wissentliche Verletzung der Maklerpflicht zur Versagung des Versicherungsschutzes führt.

III. Der gestandene Maklervertrag

2.10 Der hilfsbereite Makler

Der Fall:

Der Makler M verwaltete seit vielen Jahren die Versicherungsverträge eines mittelgroßen Gastronomiebetriebes seines Kunden K. Außer einer gutgehenden Gastwirtschaft gehörte ein 80-Betten-Hotel zum Komplex. K war auch Eigentümer des Hausgrundstücks.

Infolge eines Verkehrsunfalls verstarb K plötzlich. Seine Witwe, Frau K, hatte im Betrieb nicht mitgearbeitet, sondern sich ausschließlich dem Haushalt und der Kindererziehung gewidmet. Gleichwohl wollte sie das Lebenswerk ihres verstorbenen Ehemannes fortsetzen. Hilfesuchend wandte sie sich an M. Dieser versprach, sein möglichstes zu tun.

Da der verstorbene Herr K einen recht autoritären Führungsstil gepflegt hatte und auch in den Versicherungsangelegenheiten mehr auf seine eigene Intuition vertraut als auf den Rat des M gehört hatte, nahm M sich zunächst die Versicherungsordner vor. Er prüfte den gesamten Risikokomplex ausgiebig und schloß ergänzende Versicherungen ab. Bei der Prüfung der Feuerversicherung stellte er eine gravierende Unterversicherung fest. Der verstorbene K war der Meinung, das Inventar sei bei der staatlichen Feuerversicherung mitversichert gewesen, und hatte sich geweigert, insoweit etwas zu unternehmen.

M machte Frau K darauf aufmerksam, daß im Fall eines Feuerschadens das Inventar derzeit nicht mitversichert sei. Frau K bat ihn, dies sofort zu ändern. Nach dem Wert des Inventars gefragt, zuckte sie indessen mit den Schultern. Sie wisse es nicht.

M, von Natur aus ein hilfsbereiter Mensch, versprach, die Wertfeststellung in seine Hand zu nehmen. Dies tat er dann auch. Das von ihm fertiggestellte Inventarverzeichnis unterschrieb Frau K blind. Es wurde bei der Versicherung zugrunde gelegt.

Etwa 2½ Jahre später kam es zu einem Brandschaden, dessen Ursache nie geklärt werden konnte. Das gesamte Inventar der Gaststätte wurde vernichtet, ebenso wie ein großer Teil der Einrichtungen des Hotels. Bei der Regulierung stellt der Versicherer fest, daß die Anlage immer noch unterversichert war. Er zahlte demzufolge 300 000 DM weniger.

Frau K hätte die Angelegenheit in Anbetracht der jahrzehntelangen guten Betreuung des Unternehmens durch M und seiner besonderen Hilfeleistung nach dem Tode des K sicherlich hingenommen. Der jetzige Mitinhaber, der neue Ehemann der Frau K, sah die Angelegenheit jedoch ausschließlich aus dem rein kommerziellen Blickwinkel. M habe einen Fehler bei der Feststellung zum Wert des Inventars begangen. Wer Fehler mache, müsse dafür auch einstehen.

M wendet ein, daß es sich hier ausschließlich um eine Gefälligkeitsleistung und um nichts sonst gehandelt habe. Es sei lediglich um einen Freundschaftsdienst für die damals hilflose Frau K gegangen. M als Versicherungsmakler sei für den Wert des versicherten Objekts nicht verantwortlich. Die Verantwortung insoweit träfe vielmehr allein den Versicherungsnehmer, also Frau K. Er denke demzufolge gar nicht daran, den Schadenersatzanspruch anzuerkennen, schon gar nicht über 300 000 DM.

Die Lösung:

1. Wie ist die Rechtslage?

Es ist zunächst zu untersuchen, ob eine Anspruchsgrundlage der Firma K zur Seite steht.

2. Mögliche Anspruchsgrundlagen

Die Frage nach der Anspruchsgrundlage ist die Frage nach der rechtlichen Grundlage, auf die der Anspruchsteller sein Begehren stützen kann.

Ansprüche können sich ergeben aus:

- Vertrag
- Gesetz
- von der Rechtsprechung und Rechtslehre entwickelten juristischen Konstruktionen.

3. Anspruch aus Vertrag?

Hat M möglicherweise eine Verpflichtung aus dem Maklervertrag verletzt, indem er das Inventarverzeichnis nicht mit dem zutreffenden Wert erstellte? Kann er mit seiner Einwendung gehört werden, daß die Wertfestsetzung nicht Sache des Maklers, sondern des Versicherungsnehmers sei?

Ein Vertragspartner ist dem anderen Vertragspartner unter anderem generell verpflichtet, ihm nicht durch sein Tun oder Unterlassen einen Schaden zuzufügen. Wenn dies aufgrund seines Verhaltens dennoch geschieht, hat er für die Folgen nach dem Institut der positiven Vertragsverletzung (hier: des Maklervertrages) einzustehen und den Schaden zu ersetzen, vorausgesetzt, er hat ihn verursacht und verschuldet. Das Institut der positiven Vertragsverletzung beruht auf der analogen Anwendung des § 242 BGB.

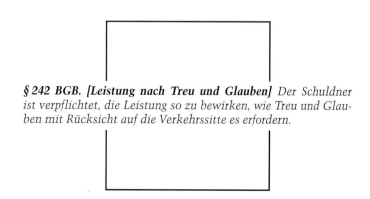

§ 242 BGB. [Leistung nach Treu und Glauben] Der Schuldner ist verpflichtet, die Leistung so zu bewirken, wie Treu und Glauben mit Rücksicht auf die Verkehrssitte es erfordern.

Zwei entscheidende Fragen sind zu stellen:

- Ist das vom Makler erstellte unzutreffende Inventarverzeichnis ursächlich für die Unterversicherung? Wenn der Wert richtig ermittelt worden wäre, hätte es keine Unterversicherung gegeben. Die Ursächlichkeit ist daher zu bejahen.

- Ist es Aufgabe eines Maklers, im Rahmen eines Versicherungsabschlusses oder der Erweiterung eines Vertrages ein Inventarverzeichnis zu erstellen?

Bei der Feststellung des Wertes des versicherten Objektes ist die Kenntnis des Versicherungsnehmers gefragt. Niemand kann im allgemeinen besser den Wert der Sachen einschätzen als dieser selbst. Bekanntlich beeinflußt nicht selten das Interesse an einer niedrigen Prämie die Wertfestsetzung.

Ein vorsichtiger Versicherungsmakler wird sich daher oft einer Beurteilung enthalten, wenn der Kunde ihn nach der Höhe des Wertes fragt. Jeder Makler kennt die leidigen Diskussionen bei der Anpassung von Hausratversicherungen, die er häufig genug beim Kunden führen muß.

M hat völlig Recht, daß es nicht zu seinen Pflichten gehört, den Wert der versicherten Sachen festzustellen. Aus der Fallschilderung indessen ist bekannt, daß Frau K jegliche Erfahrung fehlte und sie daher M bat, das Inventarverzeichnis zu fertigen und eine Empfehlung zum Wert abzugeben.

Stimmt man der Ansicht von M zu, daß er ohne jede Verpflichtung nur eine sogenannte Freundschaftsempfehlung gegeben habe, könnte § 676 BGB in Betracht kommen. Es heißt dort:

„Wer einem anderen einen Rat oder eine Empfehlung erteilt, ist, unbeschadet der sich aus dem Vertragsverhältnis oder einer unerlaubten Handlung ergebenden Verantwortlichkeit, zum Ersatz des aus der Befolgung des Rates oder der Empfehlung entstehenden Schadens nicht verpflichtet."

Der mit der Durchsetzung des Anspruchs der Firma K zwischenzeitlich beauftragte Rechtsanwalt läßt sich jedoch durch diese Einwendung nicht schrecken. Er weist zu Recht darauf hin, daß diese Vorschrift aus dem Regelungsbereich des unentgeltlichen Auftrags stammt. Der Gesetzgeber wollte denjenigen, der aus Gefälligkeit einen Rat oder eine Empfehlung erteilt, ohne dafür ein Honorar zu beanspruchen, nicht auch noch mit der Schadenersatzpflicht belasten, wenn der Rat oder die Empfehlung sich als falsch erweisen sollte.

M trat Frau K seinerzeit indessen nicht lediglich als gefälliger „Freund des Hauses" gegenüber, sondern in seiner Eigenschaft als Geschäftspartner. Er war der Makler der Firma K und insoweit gerade nicht unentgeltlich tätig. Er wurde für seine Tätigkeit als Makler durch seine Courtage entlohnt. Insbesondere war die Erweiterung des Versicherungsschutzes auf das Inventar nicht provisionsfrei.

Gehörte freilich die Erstellung des Inventarverzeichnisses weder zu den Haupt- noch zu den Nebenpflichten des Maklervertrages, so hängt die Tätigkeit doch unmittelbar mit dem Maklerverhältnis zusammen. Wie oft im Berufsleben eines Maklers tut dieser – nicht zuletzt aus Gründen der Akquisition und der Kundenbetreuung – mehr für seinen Kunden, als es seine vertraglichen Pflichten von ihm verlangen. Wenn der Makler etwas unterläßt, was nicht zu seinen Pflichten gehört, kann er selbstverständlich deswegen nicht mit einem Schadenersatzanspruch „bestraft" werden. Wenn er aber, ohne dazu verpflichtet zu sein, mehr tut als sein Vertrag von ihm verlangt, so muß er gleichwohl hierfür einstehen.

So war es auch im vorliegenden Fall. M wurde zur Zahlung von 300 000 DM verurteilt. Ein derartiges Urteil mag in der ersten Beurteilung das moralische Empfinden stören. Es entspricht aber der Rechtslage, die bekanntlich nicht immer – völlig – mit dem Gerechtigkeitsempfinden übereinstimmt. Immerhin muß in dem erörterten Fall bedacht werden, daß M, als er das Inventarverzeichnis aufstellte, seine Maklereigenschaft nicht ablegen konnte – und auch nicht abgelegt hat – und andererseits Frau K – um diese Bürde erleichtert – auf die Sachkunde des M vertraute. Die Expertenhaftung geht weit!

Resümee:

– Der die Höhe der Deckungs- bzw. Versicherungssumme bestimmende Wert ist bekanntlich vom Versicherungsnehmer eigenverantwortlich zu ermitteln. Der Makler, der dem Kunden die Wertfeststellung abnimmt, haftet allerdings gleichwohl für die Richtigkeit.

– Für reine Gefälligkeitsleistungen hat man nicht einzustehen, wohl aber für Leistungen, die im Zusammenhang mit vertraglichen oder vorvertraglichen Verpflichtungen stehen, auch dann, wenn man solche ohne Not freiwillig übernommen hat.

– Der Makler, der im Rahmen der Akquisition bzw. anläßlich der Schaffung und Erhaltung des Vertrauensverhältnisses zu seinem Kunden die Maklerpflichten weit oder gar über das gesetzliche Maß hinaus auslegt, hat auch für diese Erweiterungen einzustehen, wenn er solches dem Kunden signalisiert.

III. Der gestandene Maklervertrag

2.11 Der Makler und der verwechselte Kunde

Der Fall:

Der Makler M hatte dem Kunden K vor einigen Jahren eine private Krankenversicherung vermittelt. K wird durch einen Verkehrsunfall schwer verletzt und bewußtlos ins Krankenhaus eingeliefert. Er ist nicht in der Lage, selbst Angaben zum Umfang seines Versicherungsschutzes zu machen. Die Ehefrau des K, die sich in den Unterlagen ihres Mannes nicht auskennt, ruft daher bei M an, um sich über den Umfang des Versicherungsschutzes zu erkundigen. Insbesondere interessiert sie sich dafür, ob K ein Einzelzimmer im Krankenhaus beanspruchen könne.

M schaut in seiner Kartei nach. Dabei unterläuft ihm eine Verwechslung mit einem gleichnamigen Kunden. Letzterer hatte die Inanspruchnahme eines Einzelzimmers mitversichert, was bei K indessen leider nicht der Fall war. M teilt der Ehefrau des K mit, sie könne K in ein Einzelzimmer legen lassen. Die Ehefrau beauftragt die Krankenhausverwaltung entsprechend.

Als K nach 141 Tagen aus dem Krankenhaus entlassen wird, stellt das Krankenhaus unter anderem auch einen Einzelzimmerzuschlag von 350 DM × 141 gleich 49 350 DM in Rechnung. Der private Krankenversicherer erstattete diese Kosten nicht. K macht den Betrag im Wege des Schadenersatzanspruchs gegen M geltend.

M wendet ein, daß K ein recht vermögender Mann sei und sich ein Einbettzimmer im Krankenhaus allemal geleistet hätte, ob dieses nun mitversichert gewesen sei oder nicht. K sei ein großzügiger

Mensch, insbesondere sich selbst gegenüber. Er habe die Vorteile des Einzelzimmers genossen und könne von ihm, M, nicht verlangen, daß er ihm diesen Luxus auch noch bezahle.

Die Lösung:

1. Wie ist die Rechtslage?

Die Frage nach der Rechtslage führt zur Frage nach den möglichen Anspruchsgrundlagen. Ohne eine Anspruchsgrundlage kann niemand zum Schadenersatz verpflichtet werden.

2. Mögliche Anspruchsgrundlagen

Es kommen folgende Anspruchsgrundlagen in Betracht:

– Vertrag

– Gesetz

– von der Rechtsprechung/Rechtslehre entwickelte juristische Konstruktionen.

3. Anspruch aus Vertrag?

Hat M möglicherweise eine Verpflichtung aus dem Maklervertrag verletzt? Ein Vertragspartner ist gegenüber dem anderen Vertragspartner verpflichtet („ungeschriebene" Verpflichtung), nicht durch ein Tun oder Unterlassen bei dem anderen Vertragspartner einen Schaden zu verursachen. Wenn dies dennoch geschieht, hat er die hieraus resultierenden Folgen auf der Grundlage des Instituts der positiven Vertragsverletzung (hier: des Maklervertrages) zu tragen, und zwar dann, wenn er die Folgen verursacht und verschuldet hat. Dieses Institut beruht auf der analogen Anwendung des § 242 BGB.

> § 242 BGB. *[Leistung nach Treu und Glauben] Der Schuldner ist verpflichtet, die Leistung so zu bewirken, wie Treu und Glauben mit Rücksicht auf die Verkehrssitte es erfordern.*

Ist die Falschauskunft ursächlich für den Schaden von 49 350 DM?

Hätte M, den Tatsachen entsprechend, der Frau des K mitgeteilt, daß ein Einbettzimmeraufenthalt nicht Gegenstand der Versicherung ist, so hätte die Ehefrau – sparsam wie sie ist – K in ein Mehrbettzimmer legen lassen.

Hat M den Schaden verschuldet? Der Makler ist zu genauen Auskünften zum Versicherungsschutz verpflichtet. Insbesondere dann, wenn er mehrere namensgleiche Kunden betreut, muß er besonders genau hinschauen. Die Verwechslung hätte ihm nicht passieren dürfen. Er hat die im Verkehr erforderliche Sorgfalt verletzt und somit fahrlässig gehandelt.

Was ist von der Einwendung des M zu halten, bei K handele es sich um einen vermögenden Mann, der nicht gerade als Geizkragen bekannt ist, insbesondere dann nicht, wenn es um die Inanspruchnahme von Leistungen für sich selbst geht?

Mit einer Vermutung, mag sie noch so wahrscheinlich sein, kommt man nicht weiter. Es handelt sich um die Frage der Beweislast. Wer muß beweisen, daß K in jedem Fall auch dann die Leistung in Anspruch genommen hätte, wenn seine Privatversicherung nicht dafür aufzukommen hat? Nach dem Sachwalter-Urteil des Bundesgerichtshofs (vgl. dazu Kapitel 4 in diesem Buch) obliegt diese Beweislast M. Da K bestreitet, die Leistungen in Form eines Einbettzimmers in Anspruch genommen zu haben, wenn er gewußt hätte, daß die Krankenversicherung diese nicht bezahlt, muß ihm M das Gegenteil beweisen. Da M dies nach Lage der Dinge nicht kann, verfügt K mithin über einen durchsetzbaren Schadenersatzanspruch.

Was ist von dem Argument zu halten, daß K den Luxus des Einbettzimmers in Anspruch genommen habe und es ja wohl – jedenfalls nach Ansicht des M – ungerecht wäre, wenn M diesen Luxus bezahlen müsse?

Auch mit diesem Argument kann M nicht durchdringen. K verweist zu Recht darauf hin, daß diese Bereicherung ihm aufgedrängt wurde. Keinesfalls hätte er diese Vorteile in Anspruch genommen, wenn er gewußt hätte, daß jemand anderes als die Krankenkasse dafür würde bezahlen müssen.

Resümee:

– Auskünfte über den Umfang des Versicherungsschutzes müssen zutreffend sein. Verwechslungen gehen zu Lasten des Maklers.

– Der Maklerkunde ist nicht um die fälschlich in Anspruch genommene bessere Leistung bereichert, wenn er nicht erkannt hat und auch nicht erkennen konnte, daß kein Versicherungsschutz besteht.

– Wenn der Maklerkunde die Leistung, auch ohne über den Versicherungsschutz zu verfügen, in Anspruch genommen hätte, muß der Makler nicht dafür eintreten. Allerdings obliegt dem Makler die Beweislast für das Vorliegen einer solchen Absicht seines Kunden.

III. Der gestandene Maklervertrag

2.12 Der Makler, der weitergebildete Sohn und die PHV

Der Fall:

Der Makler M geht im Haus seines Kunden K ein und aus. Er kennt die Familienverhältnisse demzufolge genau. M weiß daher auch, daß der im Hause wohnende Sohn des K nach seiner abgeschlossenen Banklehre ein Studium der Betriebswirtschaft begonnen hat.

An einem schönen Wintertag besucht M den K, um mit diesem über eine Ergänzung seiner Lebensversicherung zu reden. M weiß, daß K immer ein offenes Ohr für seine Vorschläge hat. K, der ein vorsichtiger Mensch ist, legt Wert auf eine umfassende Absicherung des Risikoumfelds seiner Familie und geizt deshalb nicht mit den notwendigen Versicherungsabschlüssen.

Bei seinem Besuch im Hause des K bekommt M gerade noch mit, wie der Sohn sich zum Antritt seines Skiurlaubs verabschiedet. M gestattet sich noch die witzige Bemerkung, daß jedenfalls versicherungstechnisch dem Sohn nichts passieren könne. Selbst im Falle des unwahrscheinlichen Unfalls sei er mit einer Million abgesichert. K und sein Sohn könnten also ganz beruhigt sein.

Im Skiurlaub passiert dem Sohn ein Mißgeschick. Er steht inmitten einer Warteschlange am Skilift. Um sich aufzuwärmen, tritt er auf der Stelle. Dabei mißachtet er die Distanz zu einer hinter ihm stehenden Skifahrerin. Er tritt versehentlich so stark gegen den rechten Skistiefel der Dame, daß sie zu Fall kommt. Unglücklicherweise erleidet sie eine Rückgratverletzung mit der Folge einer Querschnittslähmung unterhalb des zweiten Halswirbels.

Der Sohn wird haftpflichtig gemacht, da er den Unfall verursacht und verschuldet hat. Dabei geht es nicht nur um das Schmerzensgeld, sondern insbesondere um den künftigen Unterhalt für die Verletzte. Denn diese ist außerstande, selbst für ihren eigenen Unterhalt zu sorgen. Auch treten noch erhebliche Kosten für die Pflegeaufwendungen hinzu. Der Schaden wird auf mehr als eine Million DM geschätzt.

M weist darauf hin, daß wenigstens für den materiellen Schaden der Dame durch den Eintritt der Privathaftpflichtversicherung gesorgt sei. Denn der Sohn sei, weil im Haushalt des K lebend und in der Ausbildung befindlich, selbstverständlich über dessen PHV mitversichert.

Wie der erfahrene Leser sicherlich gleich bemerkt hat, irrt M. Die Mitversicherung gilt nur im Rahmen der Erstausbildung, nicht aber für die Weiterbildung. Wie auch M als enger Vertrauter der Familienverhältnisse des K wußte, hatte der Sohn seine Ausbildung als Bankkaufmann abgeschlossen und befand sich in einer Weiterbildung zum Diplom-Betriebswirt. M hätte wissen müssen, daß damit der Sohn aus der PHV des K herausgefallen war und einen eigenen Versicherungsschutz benötigt hätte.

Der inzwischen 18jährige Sohn des K, der also mit einem Schadenersatzanspruch von über einer Million überzogen wird, verlangt von M, daß er ihn von diesem Anspruch freistelle. Er verlangt von M mit anderen Worten, daß dieser seinerseits im Wege des Schadenersatzanspruchs die Zahlung an die Anspruchstellerin übernehme.

M wendet ein, daß er lediglich mit K und nicht mit dem volljährigen Sohn des K einen Maklervertrag abgeschlossen habe. Dessen Versicherungen würden vom Maklerverhältnis gar nicht erfaßt. Auch hätte der Sohn schon einen konkreten Antrag auf Abschluß einer Privathaftpflichtversicherung bei ihm, M, stellen müssen. Selbstverständlich hätte er diesen Antrag dann weitergeleitet. Für die Nichtversicherung des bedauerlichen Unfalls könne er, M, leider nichts. Er weise demzufolge jeden Schadenersatzanspruch zurück.

Die Lösung:

1. Wie ist die Rechtslage?

Es ist zunächst zu untersuchen, ob eine Anspruchsgrundlage des K oder seines Sohnes gegen M besteht.

2. Mögliche Anspruchsgrundlagen

Die Frage nach der Anspruchsgrundlage ist die Frage nach der rechtlichen Grundlage, auf die der Anspruchsteller sein Begehren stützen kann.

Ansprüche können sich ergeben aus:

– Vertrag

– Gesetz

– von der Rechtsprechung und Rechtslehre entwickelten juristischen Konstruktionen.

3. Anspruch aus Vertrag?

Hat M möglicherweise eine Verpflichtung aus dem Maklervertrag gegenüber K verletzt oder ist ihm eine Pflichtverletzung gegenüber dem Sohn des K vorzuwerfen?

Ein Vertragspartner ist bekanntlich dem anderen Vertragspartner gegenüber verpflichtet, nicht durch ein Tun oder Unterlassen bei diesem einen Schaden zu verursachen. Wenn dies dennoch geschieht, hat er für die daraus resultierenden Folgen auf der Grundlage des Instituts der positiven Vertragsverletzung (hier: des Maklervertrages) den Schaden zu ersetzen, wenn er ihn verursacht und verschuldet hat. Dieses Institut beruht auf der analogen Anwendung des § 242 BGB.

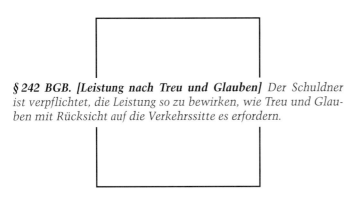

§ 242 BGB. [Leistung nach Treu und Glauben] Der Schuldner ist verpflichtet, die Leistung so zu bewirken, wie Treu und Glauben mit Rücksicht auf die Verkehrssitte es erfordern.

a. Anspruch des K gegen M

Zwischen beiden besteht bekanntlich ein Maklervertrag. K hat stets darauf bestanden, über alle Risiken informiert zu sein. Auch wenn er dem nicht besonders Nachdruck verliehen hätte, besteht die Pflicht des Maklers zur umfassenden Aufklärung des Risikos seines Maklerkunden.

M hätte K darüber aufklären müssen, daß sein Sohn aus dem Schutz der Privathaftpflichtversicherung dann herausfällt, wenn dieser seine neue Berufsausbildung (hier: zum Bankkaufmann) abgeschlossen hat.

Die Dauer einer Zweitausbildung (hier: zum Betriebswirt) steht nicht mehr unter dem Schutz der Privathaftpflichtversicherung des Unterhaltsverpflichteten. Dieser Fehler des M ist auch kausal für den Schaden. Wenn nämlich M richtig gehandelt hätte, hätte er K auf die drohende Gefahr aufmerksam gemacht und ihn veranlaßt, zu Gunsten seines Sohnes eine eigene PHV abzuschließen.

Damit liegen die Anspruchsvoraussetzungen noch nicht vollständig vor. Denn zwar hat M den Maklervertrag im Sinne einer positiven Verletzung tangiert. Der Schaden ist allerdings nicht bei K eingetreten. Der Sohn ist volljährig und, unabhängig davon, auch deliktsfähig. Der Schadenersatzanspruch richtet sich gegen den Sohn und nicht gegen K. Da K keinen Schaden hat (jedenfalls keinen rechtlich und wirtschaftlich relevanten), kann er auch nicht einen Schadenersatzanspruch gegen M begründen. Eine etwa von K gegen M angestrengte Feststellungsklage würde deshalb abgewiesen werden.

b. Anspruch des Sohnes gegen M

M könnte – von dem Sohn des K in Anspruch genommen – einwenden, daß er mit diesem keinen Maklervertrag abgeschlossen habe und ihm schon deswegen eine Vertragsverletzung nicht angelastet werden könne. In dem Sinne sei der Sohn nicht Vertragspartner, sondern ein Dritter.

Diese Argumentation hat einiges für sich. Denn ein Vertrag, wie zwischen K und M, besteht mit dem Sohn in der Tat nicht. Es stellt sich daher die Frage, ob ein Anspruch aus dem Gesetz besteht.

Wer den Begriff Schadenersatz hört, denkt zunächst an den Bereich der unerlaubten Handlungen im Sinne der §§ 823 ff. BGB. § 823 Abs. 1 BGB setzt die Verletzung bestimmter Rechtsgüter voraus: Geschützt sind der Körper, die Gesundheit, die Freiheit, das Eigentum und sonstige *absolute* Rechte. Durch die Rechtsprechung ist seit langem klargestellt, daß das *Vermögen* nicht zu diesen Rechtsgütern gehört. Aber gerade hier, im Bereich des Vermögens, hat der Sohn den wirtschaftlichen Schaden erlitten. Ein Anspruch aus § 823 BGB hilft dem Sohn gegen M also nicht weiter.

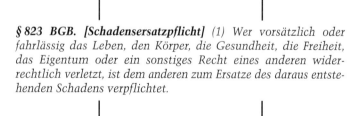

§ 823 BGB. [Schadensersatzpflicht] (1) Wer vorsätzlich oder fahrlässig das Leben, den Körper, die Gesundheit, die Freiheit, das Eigentum oder ein sonstiges Recht eines anderen widerrechtlich verletzt, ist dem anderen zum Ersatze des daraus entstehenden Schadens verpflichtet.

Vergegenwärtigen wir uns indessen noch einmal das Verhältnis zwischen M und K und dessen Familie. M hatte sich erboten und war entsprechend tätig, für den Versicherungsschutz der gesamten Familie zu sorgen. Dies kommt auch in der Bemerkung zum Ausdruck, als er den Sohn in den Winterurlaub verabschiedet. Hier ist davon die Rede, daß dem Sohn eigentlich gar nichts passieren könne. Das heißt doch nichts anderes, als daß M hiermit seine Verantwortlichkeit auch für den Versicherungsschutz des volljährigen Sohnes bekräftigt.

Verträge kommen bekanntlich nicht nur dadurch zustande, daß eine Urkunde mit zwei Unterschriften ausgefertigt wird. Auch der Kaufvertrag per Handschlag oder Zuruf gilt bekanntlich ebenso wie der Vertrag, der durch sogenannte konkludente Handlungen oder Erklärungen zustande kommt.

Daß ein schriftlicher Maklervertrag zwischen dem Sohn und M nicht vorliegt, ergibt sich aus dem Sachverhalt. Andererseits ist aber auch nicht zu leugnen, daß der Sohn mit in den Beratungskreis des M einbezogen wurde. Wie in diesen Fällen durchaus üblich, betrachtete M den Sohn als seinen künftigen Kunden. Die Beratung bezog sich auch auf den Abschluß künftiger Versicherungsverträge des Sohnes.

Die nicht korrekte Beratung des M, der den Sohn hätte darauf hinweisen müssen (Unterlassung!), daß er einen eigenen Versicherungsvertrag für die private Haftpflichtversicherung benötigt, fällt in den Bereich der vorvertraglichen Beratung. Die Juristen sprechen in diesem Fall von einer sogenannten culpa in contrahendo, einem Verschulden bei den Vertragsverhandlungen.

Der Sohn konnte sich also auf das Institut der culpa in contrahendo stützen, als er gegen M einen Anspruch auf Freistellung aller aus dem Skiunfall gegen ihn gerichteten Haftpflichtansprüche begehrte. Dabei versteht es sich von selbst, daß die Obergrenze in der möglichen Versicherungssumme der Privathaftpflichtversicherung besteht. Wenn der Sohn behauptet, daß er selbstverständlich dann, wenn ihn M richtig beraten hätte, die unbegrenzte Versicherungssumme gewählt hätte, muß M darlegen und beweisen, daß der Sohn eine derartige Privathaftpflichtversicherung nicht abgeschlossen hätte. Dies ergibt sich aus dem Sachwalter-Urteil des Bundesgerichtshofs mit den einschlägigen Aussagen zur Beweislastverteilung (vgl. dazu Kapitel 4 in diesem Buch). Da M ein solcher Beweis nicht gelingen kann, trifft ihn die nachteilige Konsequenz aus dieser Beweislastregelung. Er wird also in vollem Umfang verurteilt.

> **Resümee:**
>
> - Fehler des Maklers führen auch dann zu Schadensersatzansprüchen, wenn sie im Umfeld eines Maklervertrages begangen wurden.
>
> - Ob ein Verschulden beim Vertragsabschluß (culpa in contrahendo) vorliegt, ist häufig Auslegungssache. Alle Umstände des jeweiligen Falls sind dabei sorgfältig gegeneinander abzuwägen.

IV. Die Beendigung des Versicherungsverhältnisses durch den Makler

2.13 Der Makler, seine ordnungsliebende Angestellte und das Kündigungsschreiben

Der Fall:

Der Kunde K ärgert sich über die drastische Erhöhung der Prämien seiner Krankenversicherung, die zu allem Überfluß gleichzeitig das Leistungsangebot verringert. Er wendet sich an den Makler M mit der Bitte, für ihn eine günstige Krankenversicherung zu suchen und abzuschließen.

Der Makler handelt wie in derartigen Fällen üblich und richtig: Er wählt eine Krankenversicherung aus, deren Angebot ein günstiges Preis-/Leistungsverhältnis aufweist. Mit dem Kunden zusammen füllt er den Antrag aus und gibt ihn an den Krankenversicherer. Auf die gleiche Weise verfährt er mit der Krankenversicherung der Ehefrau des K.

Gleichzeitig bereitet er zwei Kündigungsschreiben an die Adresse des Vorversicherers vor. Das Kündigungsschreiben der Ehefrau des Kunden unterzeichnet diese selbst. K befindet sich indessen auf einer längeren Dienstreise. Da der Makler eine Vollmacht besitzt, die es ihm gestattet, im Namen des K Versicherungsverträge abzuschließen, zu ändern oder zu kündigen, fertigt er das Kündigungsschreiben auf seinem eigenen Briefbogen an. Er informiert den Vorversicherer darüber, daß er von K beauftragt und bevollmächtigt sei. Zum Beweis fügt er eine Kopie dieser Vollmachtsurkunde bei.

Da der Makler sein Geschäft versteht, weiß er auch, daß man nicht vor Zusage des Versicherungsschutzes durch den Zweitversicherer den Versicherungsvertrag beim Vorversicherer kündigen darf. Besonders beachtenswert ist diese Vorsichtsmaßregel im Krankenversicherungsbereich.

Einige Tage später begibt sich der Makler in einen Arbeitsurlaub. Das heißt, er besucht am Urlaubsort Fortbildungsseminare. Eines der Seminare beschäftigt sich mit der Maklerhaftung. Als der Referent warnend darauf hinweist, daß die Kündigung der Krankenversicherung erst dann erfolgen dürfe, wenn die Deckungszusage des Zweitversicherers vorliegt, lächelt M milde. Er denkt bei sich, „das weiß ich doch längst. Das kann doch mir nicht passieren".

Leider hat M die Rechnung ohne seine fleißige und ordnungsliebende Sekretärin gemacht. Als er nämlich wieder an seinen Schreibtisch zurückkehrt, findet er eine tadellose Ordnung vor. Das freut ihn. Dann nimmt er sich den Posteingang der letzten zwei Wochen vor.

M findet in der Post je ein Schreiben des Vorversicherers des K und seiner Ehefrau. Hinsichtlich von K teilt diese mit, daß sie die Kündigung zurückweist, weil eine Originalvollmacht des K der Kündigung nicht beigelegen habe. Hinsichtlich des selbstunterzeichneten Kündigungsschreibens der Ehefrau des K bestätigt die Versicherung die Kündigung.

M beschleicht ein ungutes Gefühl. Er befragt seine Sekretärin, warum die Kündigungsschreiben denn das Haus verlassen hätten. Die Sekretärin entgegnet, daß sie ja nur Ordnung gemacht hätte. Auf dem Schreibtisch des M hätten sich zwei unterzeichnete Schreiben befunden, die sich in dem Wust der Papiere des M verborgen hätten. Diese Schreiben habe sie selbstverständlich unverzüglich zur Post gegeben. Wenn sie liegengeblieben wären, hätte ja eine Frist versäumt werden können.

Richtig blaß wird M aber erst dann, als er die Eingangspost weiter durchsieht und auf zwei Schreiben des Folgeversicherers stößt. Bezüglich des K bestätigt der Versicherer den Versicherungsschutz. Hinsichtlich der Ehefrau des K teilt er mit, daß das Risiko nicht in Deckung genommen werden könne. Die Vorerkrankungen seien zu risikoträchtig.

M unternimmt sogleich Rettungsversuche.

a) Das Versicherungsverhältnis des K

K bittet den Vorversicherer, die Kündigung anzuerkennen. Er verweist auf seine Vollmacht. Der Versicherer indessen will auf das gute Risiko nicht verzichten und bleibt hart. Die Kündigungsfrist bis zur nächsten Fälligkeit sei abgelaufen. Der Vorversicherer hält K noch ein Jahr am Vertrag fest.

b) Das Versicherungsverhältnis der Ehefrau des K

M verhandelt zunächst auch hier mit dem Vorversicherer. Dieser verweist auf das ausgesprochen schlechte Risiko und gibt unverhohlen zu, daß die Kündigung und die Beendigung des Vertrages ihm durchaus zustatten gekommen seien. Er stimme keinesfalls dem Wiederaufleben des Vertrages zu.

Der Folgeversicherer beruft sich ebenfalls auf das schlechte Risiko, das sich aus den zahlreichen Vorerkrankungen ergebe. Er werde das Risiko unter gar keinen Umständen zeichnen.

M setzt jetzt K und dessen Ehefrau ins Bild. Er stößt dabei auf wenig Verständnis. Beide kündigen Schadenersatzansprüche gegen ihn an.

K rechnet die monatliche Prämienersparnis, die er in Höhe von 210 DM beim Folgeversicherer erzielt hätte, auf ein Jahr hoch. Denn für dieses Jahr sei er ja noch an den alten Vertrag gebunden. Es gehe also nur um 12 × 210 DM = 2 520 DM.

In ihrem Fall, teilte die Ehefrau des K mit, komme M allerdings nicht so billig davon. Entweder er besorge ihr einen anderen Krankenversicherer oder die künftigen Krankenbehandlungskosten müsse M übernehmen. Er, M, sei im Ergebnis jetzt ihr neuer Versicherer.

Die Lösung:

1. Wie ist die Rechtslage?

Die Frage nach der Rechtslage beschäftigt sich mit dem Grund des Anspruchs, wenn dieser bejaht wird, mit der Höhe des Anspruchs.

2. Mögliche Anspruchsgrundlagen

Die Frage nach der Anspruchsgrundlage ist die Frage nach der rechtlichen Grundlage, auf die die Anspruchsteller, hier also K und seine Ehefrau, ihr Begehren stützen können.

Ansprüche ergeben sich aus:

- Vertrag
- Gesetz
- von der Rechtsprechung und Rechtslehre entwickelten juristischen Konstruktionen.

3. Anspruch aus Vertrag?

Hat M eine Maklerpflicht verletzt, weil die Kündigungsschreiben vor Eingang der Antwort des Folgeversicherers sein Büro verlassen hatten?

In Betracht kommt eine sogenannte positive Vertragsverletzung des Maklervertrages dann, wenn eine wesentliche Pflicht des Maklers verletzt wurde und Folgeschäden daraus entstanden sind. Die positive Vertragsverletzung stützt sich nach überwiegender Rechtsmeinung auf die analoge Anwendung von § 242 BGB.

2

§ 242 BGB. [Leistung nach Treu und Glauben] Der Schuldner ist verpflichtet, die Leistung so zu bewirken, wie Treu und Glauben mit Rücksicht auf die Verkehrssitte es erfordern.

M wendet gegen die Ansprüche ein: „Man werde ja wohl einmal in Urlaub fahren dürfen." Er habe die Kündigungsschreiben nicht weggeschickt. Dies habe seine Sekretärin getan. Für deren Tätigkeit sei er – das wisse er aus seinen Regulierungserfahrungen mit der Betriebshaftpflichtversicherung – nur verantwortlich, wenn er seine Sekretärin nicht ordentlich ausgewählt und überwacht habe.

Die Sekretärin besitze nicht nur ausgezeichnete Zeugnisse. Sie sei zu seiner vollsten Zufriedenheit seit 5 Jahren in seinem Maklerbüro tätig, ohne daß es die geringsten Beanstandungen gegeben habe. Im Gegenteil, sie sei genauer und ordentlicher als er, M. Daß die Sekretärin auf seinem Schreibtisch in einem Papierstoß versteckte, adressierte, mit Datum und Unterschrift versehene Schreiben gefunden habe, berechtigte sie durchaus zu der Vermutung, er, M, habe lediglich vergessen, diese Schreiben abzusenden. Diese „Übergenauigkeit" der Sekretärin gereiche noch nicht einmal ihr selbst zum Verschulden, geschweige denn ihm, M.

Hier irrt M gründlich.

Voraussetzung für die Erfüllung eines Anspruchs, der auf die positive Vertragsverletzung gestützt wird, ist zwar ein Verschulden. M selbst trifft ein solches Verschulden nicht. Denn er hat die Schreiben ja in weiser Voraussicht zurückgehalten. Daß er sie auf seinem Schreibtisch liegen ließ, würde ihm dann nur als Außerachtlassen der im Verkehr erforderlichen Sorgfalt (Fahrlässigkeit) zugerechnet werden können, wenn er wußte oder hätte wissen müssen, daß seine Sekretärin derartige Schreiben ungefragt in die Post gibt. Um solches auszuschließen, hätte M diese Schreiben im Tresor wegschließen können. Derartiges von ihm zu verlangen, hieße jedoch die Pflichten eines Maklers zu überspannen. Wie sieht es aber mit dem Verhalten der Sekretärin aus? Hat sie selbst fahrlässig gehandelt, und ist im Bejahungsfall diese Fahrlässigkeit M zuzurechnen?

Bekanntlich handelt es sich bei der Sekretärin um eine äußerst korrekte und ordentliche Mitarbeitern. Es ehrt sie, daß sie den Schreibtisch ihres unordentlichen Chefs aufgeräumt hat. Aufräumen heißt aber nicht, dort vorgefundene Schreiben nach draußen, hier also zur Post zu geben. Die Sekretärin hätte sich Gedanken darüber machen müssen, daß mangelnde Ordnungsliebe nicht unbedingt einen Mangel an überlegtem Handeln einschließt. Sie hätte vermuten müssen, daß M sich etwas dabei gedacht hat, wenn er die Schreiben noch nicht abschickt, sondern bei seinen Arbeitspapieren aufbewahrt. Auf jeden Fall hätte die Sekretärin vor Absendung der Schreiben M um Erlaubnis fragen müssen. Für den Fall, daß dieser unerreichbar war, hätte sie die Schreiben eben dort belassen müssen, wo sie waren, nämlich auf dem Schreibtisch. Die Sekretärin hat also unter Außerachtlassen der im Verkehr erforderlichen Sorgfalt gehandelt, als sie die Schreiben zur Post gab.

Obwohl sich weder K noch seine Ehefrau dahingehend geäußert hatten, sei am Rande bemerkt, daß ein Anspruch unmittelbar gegen die Sekretärin auch keine Aussicht auf Erfolg gehabt hätte. Es mangelt an der entsprechenden Anspruchsgrundlage.

Es stellt sich die Frage, ob M mit seiner Einwendung durchdringen kann, seine Sekretärin habe er ordentlich ausgewählt und beaufsichtigt. Die Fehlleistung der Sekretärin sei – wie in der Betriebshaftpflicht üblich – ihm nicht zuzurechnen.

M unterliegt hier einer Verwechslung. Die Betriebshaftpflichtversicherung beschäftigt sich mit Ansprüchen aus unerlaubten Handlungen. Dafür sind die Vorschriften der §§ 823 ff. BGB einschlägig. M beruft sich in diesem Zusammenhang auf die Regelung des § 831 BGB (Verrichtungsgehilfen). Nach dieser Rechtsnorm ist jemand, der einen anderen zu einer Verrichtung bestellt, zum Ersatz des Schadens verpflichtet, den dieser anrichtet. In der Tat tritt die Ersatzpflicht jedoch nicht ein, wenn der Geschäftsführer bei der Auswahl und Überwachung der bestellten Person die erforderliche Sorgfalt beachtet hat.

> **§ 831 BGB. [Haftung für den Verrichtungsgehilfen]** (1) ¹Wer einen anderen zu einer Verrichtung bestellt, ist zum Ersatze des Schadens verpflichtet, den der andere in Ausführung der Verrichtung einem Dritten widerrechtlich zufügt. ²Die Ersatzpflicht tritt nicht ein, wenn der Geschäftsherr bei der Auswahl der bestellten Person und, sofern er Vorrichtungen oder Gerätschaften zu beschaffen oder die Ausführung der Verrichtung zu leiten hat, bei der Beschaffung oder der Leitung die im Verkehr erforderliche Sorgfalt beobachtet oder wenn der Schaden auch bei Anwendung dieser Sorgfalt entstanden sein würde.
>
> (2) Die gleiche Verantwortlichkeit trifft denjenigen, welcher für den Geschäftsherrn die Besorgung eines der im Absatz 1 Satz 2 bezeichneten Geschäfte durch Vertrag übernimmt.

Der Makler übersieht, daß es hier nicht um einen Anspruch aus unerlaubter Handlung geht. Ein solcher Anspruch wäre auch nicht begründet, da es sich um einen von § 823 BGB nicht erfaßten allgemeinen Vermögensschaden handelt.

Hier kommt vielmehr § 278 BGB zum Zuge. Es heißt dort, daß der Schuldner sich ein Verschulden der Personen zurechnen zu lassen hat, deren er sich zur Erfüllung seiner Verbindlichkeiten bedient. M war Vertragspartner des K und seiner Ehefrau (Maklervertrag). Er schuldete die Erfüllung von Maklerpflichten. Da M „nicht alles selbst machen konnte", hatte er eine Sekretärin eingestellt, die ihn bei der Erfüllung seiner Aufgaben unterstützte. Sie war mithin seine Erfüllungsgehilfin.

> **§ 278 BGB. [Verschulden des Erfüllungsgehilfen]** ¹Der Schuldner hat ein Verschulden seines gesetzlichen Vertreters und der Personen, deren er sich zur Erfüllung seiner Verbindlichkeiten bedient, in gleichem Umfange zu vertreten wie eigenes Verschulden. ²Die Vorschrift des § 276 Abs. 2 findet keine Anwendung.

M muß sich also das Verschulden seiner Sekretärin, das oben festgestellt wurde, zurechnen lassen. Eine Entlastung, wie es § 831 BGB vorsieht, kennt § 278 BGB nicht.

Dem Grunde nach bestehen also die Ansprüche des K und seiner Ehefrau gegen M zu Recht. Zu prüfen ist jetzt noch, ob die geltend gemachten Ansprüche auch der Höhe nach Aussicht auf Erfolg haben.

Zur Höhe des Anspruchs:

a) Anspruch des K gegen M

Dieser macht bekanntlich die Differenz der Prämie geltend, die zwischen der alten (teureren) und der neuen (billigeren) besteht. K wirft M vor, daß er der Kündigung des Erstvertrages lediglich eine Kopie der Vollmacht beigefügt hatte und der Vorversicherer daher die Kündigung zurückgewiesen habe.

§ 174 BGB verlangt bei einem einseitigen Rechtsgeschäft – und um ein solches handelt es sich im Fall einer Kündigung –, daß der Bevollmächtigte eine Vollmachtsurkunde vorlegt. Unter einer Urkunde ist prinzipiell das Original (oder eine beglaubigte Abschrift) zu verstehen und keine einfache Kopie. Die Kündigung ist dann unwirksam, wenn der Kündigungsempfänger (hier: der Versicherer) die Kündigung unverzüglich mangels Beifügung der Originalurkunde zurückweist. Der Vorversicherer hatte von der Zurückweisungsmöglichkeit gemäß § 174 BGB unverzüglich Gebrauch gemacht. Die Kündigung war mithin unwirksam. Zwar hätte K nun erneut kündigen können, diesmal unter Vorlage der Originalvollmacht. Al-

> *§ 174 BGB. [Einseitiges Rechtsgeschäft eines Bevollmächtigten]*
> ¹*Ein einseitiges Rechtsgeschäft, das ein Bevollmächtigter einem anderen gegenüber vornimmt, ist unwirksam, wenn der Bevollmächtigte eine Vollmachtsurkunde nicht vorlegt und der andere das Rechtsgeschäft aus diesem Grunde unverzüglich zurückweist.* ²*Die Zurückweisung ist ausgeschlossen, wenn der Vollmachtgeber den anderen von der Bevollmächtigung in Kenntnis gesetzt hatte.*

lerdings war die Kündigungsfrist versäumt, so daß der Vertrag sich um ein weiteres Jahr verlängert hatte.

Das Verschulden der Sekretärin durch die vorzeitige Absendung des Kündigungsschreibens war in dem Fall also nicht kausal. Denn sie hatte ja nur das Schreiben abgeschickt, das M vorbereitet hatte. Als Anlage zu diesem Schreiben befand sich die Kopie der Vollmacht und nicht, wie es richtig gewesen wäre, das Original. Es lag also nicht an der frühen Absendung, die die Sekretärin zu vertreten hatte.

M könnte allerdings mit Erfolg einwenden, daß er gemäß seiner Maklerpflicht das Schreiben solange zurück hätte halten müssen, bis der Folgeversicherer eine positive Nachricht gegeben hätte. Diese positive Nachricht fand M erst dann vor, als er aus dem Urlaub zurückkehrte. Wenn er dann sogleich formrichtig gekündigt hätte, wäre diese Kündigung auch erst nach Ablauf eines weiteren Versicherungsjahres wirksam geworden. Die Zurückweisung der fehlerhaften Kündigung durch den Vorversicherer war ja – ob mit oder ohne Originalvollmacht – zu einem Zeitpunkt erfolgt, zu dem M erstmals hätte kündigen wollen, weil der Folgeversicherer dann erst Deckung bestätigt hätte. Zu diesem Zeitpunkt hätte K in jedem Fall noch ein weiteres Versicherungsjahr beim Vorversicherer hinter sich bringen müssen. Der Mangel der Beifügung der Originalvollmacht war also für den Schaden nicht ursächlich.

Trotz Verschuldens des Maklers, denn dieser hätte die Regelung des § 174 BGB kennen und befolgen müssen, fehlt es gleichwohl an der Kausalität dieses Verschuldens. Der Anspruch des K auf eine Schadenersatzleistung in Höhe von 2 520 DM ist demzufolge unberechtigt.

b) Anspruch der Ehefrau des K

Diese verlangt sämtliche Krankenbehandlungskosten vom Makler erstattet, die der Vorversicherer nach Ablauf des Vertrages nicht mehr zu erbringen hat.

Die Versuche des M, eine andere Krankenversicherung zu finden, die das Krankenrisiko der Ehefrau des K übernimmt, schlugen sämtlich fehl. Nach der Vielzahl und Schwere der Vorerkrankungen ist dies nicht überraschend.

M geriet also gegen seinen Willen im Hinblick auf die nunmehr von ihm zu erbringenden Schadenersatzleistungen in die Position eines Versicherers. Er mußte sich sehr eingehend mit den Leistungskonditionen des Vorversicherers befassen und nach dessen Bedingungen die von der Ehefrau des K vorgelegten Rechnungen bezahlen. Gemindert wurden diese Zahlungen lediglich durch die Prämie, die die Ehefrau des K hätte auch an den Vorversicherer erbringen müssen. Denn sie kann ja nicht besser gestellt werden als sie gestanden hätte, wenn die Sekretärin des M den verhängnisvollen Brief nicht abgeschickt hätte.

Der Rechtsanwalt des M riet diesem, spaßeshalber eine Konzession als Versicherer beim Aufsichtsrat zu beantragen. Da M diesen Scherz wenig erbaulich fand, schob der Rechtsanwalt einen klugen Rat nach, um den Schaden des M zu minimieren. Auf diesen Rat seines Rechtsanwalts stellte M nämlich die Ehefrau des K als zweite Sekretärin ein. Damit wurde die Ehefrau des M Mitglied in der gesetzlichen Krankenversicherung. M war ab jetzt in der glücklichen Lage, über zwei Sekretärinnen zu verfügen, und zwar eine – wie bekannt – sehr ordnungsliebende und eine Sekretärin, bei der eher die Kreativität überwog.

> **Resümee:**
>
> – Der Grundsatz „Nur kleine Geister brauchen Ordnung, Genies überblicken auch ein Chaos" kann durch besonders ordnungsliebende Angestellte des Maklers durchkreuzt werden. Der Makler sollte daher auch in den Fragen der eigenen Büroorganisation rechtzeitig für Klarheit sorgen.
>
> – Für die positive Verletzung des Maklervertrages durch seine Erfüllungsgehilfen haftet der Makler gem. § 278 BGB. § 831 BGB und demzufolge die mögliche Entlastung des Maklers kommt nicht zur Anwendung.

IV. Die Beendigung des Versicherungsverhältnisses durch den Makler

2.14 Der Makler und der Gynäkologe

Der Fall:

Der Makler M hat sich auf die Versicherung von Ärzten spezialisiert. Noch während des Studiums wird die Makler-Verbindung hergestellt und gefestigt. Der Arzt K wird von M in allen Versicherungsangelegenheiten betreut. Selbstverständlich war auch eine Arzthaftpflichtversicherung abgeschlossen worden. Nach Abschluß der Facharztausbildung des K zum Gynäkologen sorgte M auch für die Erweiterung des Versicherungsschutzes insoweit. Der Versicherungsschutz der Berufshaftpflichtversicherung des Gynäkologen K enthielt indessen nicht die sogenannte „Unterhaltsklausel". M übersah das Fehlen der Klausel und gab den Versicherungsschein an K mit der Bitte um Einlösung weiter. Damit habe dieser nun den umfassenden Versicherungsschutz als Gynäkologe.

Im Rahmen seiner Tätigkeit war K auch mit Sterilisationen befaßt. Aufgrund eines ärztlichen Kunstfehlers schlug eine Sterilisation fehl. Es kam zu der Geburt des ungewollten, schwerbehinderten Kindes. Die Eltern nahmen den Gynäkologen K wegen der Unterhaltsleistungen, die in beträchtlicher Höhe für das behinderte Kind anfielen, in Anspruch. K meldete den „Schaden" seinem Versicherer. Dieser wies darauf hin, daß die Ärztehaftpflichtversicherung des K diese Schäden nicht einschließe. Derartiger Versicherungsschutz sei nicht beantragt worden und demzufolge auch nicht Vertragsinhalt. Man empfehle allerdings, künftig die Unterhaltsklausel in den Versicherungsschutz aufzunehmen.

K wendet sich mit einer Schadenersatzforderung an M und verlangt, daß dieser – im Ergebnis – den Unterhalt für das schwerbehinderte Kind übernimmt. Wenn nämlich M korrekt gehandelt hätte, hätte er die Unterhaltsklausel in den Arzthaftpflichtversicherungsvertrag eingeschlossen mit der Folge, daß die Berufshaftpflichtversicherung für den Schaden hätte eintreten müssen.

M wendet ein, daß ein Kind, auch wenn es schwerbehindert sei, niemals ein „Schaden" sein könne. K solle daher mit dieser Begründung den Anspruch des Kindes bzw. der Eltern des Kindes zurückweisen.

Die Lösung:

1. Wie ist die Rechtslage?

Die Frage nach der Rechtslage ist die Frage nach den möglichen Anspruchsgrundlagen. Ohne eine Anspruchsgrundlage kann niemand zum Schadenersatz verpflichtet werden.

2. Mögliche Anspruchsgrundlagen

Es kommen folgende Anspruchsgrundlagen in Betracht:

– Vertrag
– Gesetz
– von der Rechtsprechung und Rechtslehre entwickelte juristische Konstruktionen.

3. Anspruch aus Vertrag?

Hat M eine Maklerpflicht verletzt, weil er die Unterhaltsklausel nicht in die Arzthaftpflichtversicherung des Gynäkologen eingeschlossen hat?

In Betracht kommt eine sogenannte positive Vertragsverletzung des Maklervertrages dann, wenn eine wesentliche Pflicht des Maklers verletzt wurde und Folgeschäden daraus entstanden sind. Die positive Vertragsverletzung stützt sich nach überwiegender Rechtsmeinung auf die analoge Anwendung von § 242 BGB.

> *§ 242 BGB. [Leistung nach Treu und Glauben]* Der Schuldner ist verpflichtet, die Leistung so zu bewirken, wie Treu und Glauben mit Rücksicht auf die Verkehrssitte es erfordern.

Die Pflicht des M als Makler bestand unter anderem darin, einen umfassenden Versicherungsschutz für K zu beschaffen. Dazu gehört selbstverständlich auch der Einschluß der Unterhaltsklausel bei der Arzthaftpflichtversicherung eines Gynäkologen.

Der Schadenersatzanspruch wegen des Unterhalts ist auch kausal. Denn wenn M die Unterhaltsklausel eingeschlossen hätte, hätte die Unterhaltspflicht letztendlich den Arzthaftpflichtversicherer getroffen und nicht die Eltern des behinderten Kindes, die den Anspruch an den Gynäkologen „weitergeleitet" haben.

Die Pflichtverletzung hat M auch zu vertreten. Er handelte schuldhaft, indem er unter Außerachtlassung der im Verkehr erforderlichen Sorgfalt – also fahrlässig – handelte, als er den Einschluß unterließ, von dem er wissen konnte und mußte, daß er für einen Gynäkologen erforderlich ist. Denn daß Sterilisationen zu den berufstypischen Tätigkeiten eines Gynäkologen gehören, ist als bekannt vorauszusetzen. Und selbst wenn M diese Kenntnis nicht hatte, hätte er es schuldhaft – im Rahmen seiner Beratungspflichten – unterlassen, sich diese Kenntnis zu verschaffen.

Die Einwendung des M, ein behindertes Kind sei kein Schaden, ist dem Grunde nach sicherlich zutreffend. Ein Mensch, auch wenn seine Geburt nicht gewollt ist, kann naturgemäß kein „Schaden" im Sinne des Gesetzes sein. Mit der Begründung wurden in früheren Jahren auch Ansprüche gegen Gynäkologen zurückgewiesen, die auf Fehler bei der Sterilisation oder bei Empfängnisverhütung zurückzuführen waren. Da andererseits das Ergebnis das Rechtsempfinden nicht befriedigte, kam die Rechtsprechung mit anderer Begründung letztlich zu dem gleichen Ergebnis. Und zwar wurde hierbei primär auf den entstehenden Unterhaltsaufwand abgestellt. So hat daher der Gynäkologe für die fehlgeschlagene Sterilisation einzustehen.

Der Schadenersatzanspruch des Gynäkologen gegen M folgte dem Schadenersatzanspruch des schwerbehinderten Kindes bzw. dem *dessen* Eltern gegen den Gynäkologen.

Resümee:

– Es ist die Aufgabe des Maklers, für umfassenden und optimalen Versicherungsschutz des Kunden zu sorgen.

– Der Makler ist verpflichtet, die Police daraufhin durchzusehen, ob der umfassende Versicherungsschutz dokumentiert ist. Wer das Fehlen einer Unterhaltsklausel in der Ärztehaftpflichtversicherung für Gynäkologen übersieht, handelt fahrlässig.

– Die Geburt eines behinderten Kindes ist zwar kein „Schaden", wohl aber der nicht verhinderte Unterhaltsanspruch.

V. Sonderfälle

2.15 Der Makler und der Direktversicherer

Der Fall:

Der Kunde K ist praktizierender Pädagoge. Als Lehrer widmet er sich mit besonderer Liebe zum Detail auch den Dingen seines täglichen Lebens. Nach dem ausgiebigen Studium verschiedener Aussagen und Prospekte über Lebensversicherungen wendet er sich an den Makler M mit der Bitte, ihm ein Angebot für eine günstige Lebensversicherung zu machen. M berät K über die Vor- und Nachteile und bietet verschiedene Versicherungen an, die er für geeignet hält. Nachdem sich K für eines der Angebote entschieden hat, kommt es zum Abschluß.

Unmittelbar danach entscheidet sich K dafür, noch eine weitere Lebensversicherung zusätzlich abzuschließen. Diesmal wendet er sich unmittelbar – ohne Einschaltung des M – an einen Direktversicherer. Sowohl die vom M vermittelte Lebensversicherung als auch die beim Direktversicherer abgeschlossene haben die gleich hohe Versicherungssumme zum Gegenstand. Beide haben auch die gleiche Laufzeit. K hatte dies absichtlich so gewählt, um beide Ablaufleistungen besser vergleichen zu können.

Etwa 15 Jahre später ist K zum Vergleich der Ablaufleistungen in der Lage. Er stellt fest, daß die Leistung des Direktversicherers mit etwa 15 000 DM über der jener Versicherung liegt, die M vermittelt hat. Er macht M gegenüber Schadenersatzansprüche in Höhe der 15 000 DM geltend. K beruft sich darauf, daß M ihm nicht, wie beauftragt, eine „günstige" Lebensversicherung „verkauft" habe. Anderenfalls hätte er ihm die Direktversicherung angeboten. Allerdings sei er M gleichwohl zu Dank verpflichtet. Denn dieser habe ihm eine Vertragsrechtsschutzversicherung unter Einschluß des Versicherungsvertragsrisikos vermittelt, die ihm jetzt zur Seite stehe.

M wendet ein, daß der angebliche fehlerhafte Versicherungsvertragsabschluß immerhin 15 Jahre zurückliege und deshalb längst verjährt sei. Auch hätte K klar sein müssen, daß es sich bei der von M vermittelten Versicherung um keinen Direktversicherer handele und demzufolge bei gleichen Prämien die Ablaufleistung anders ausfallen müsse als beim Direktversicherer.

Die Erwerbskosten, die ja auch die Beratung des M mit einschlössen, müßten – wie jedermann weiß – ihren Niederschlag in der Prämie oder in der Ablaufleistung finden. Im übrigen seien wegen der Unwägbarkeiten in der Renditeentwicklung die späteren Ablaufleistungen nicht genau vorausberechenbar; immerhin handele es sich um einen längerfristigen Vertrag. K beeindruckt die Argumentation des M nicht. Er verklagt diesen vielmehr auf Schadenersatz in Höhe der Differenz zwischen der Leistung des Direktversicherers und der Leistung des Versicherers, den M vermittelt hatte.

Die Lösung:

1. Wie ist die Rechtslage?

Die Frage nach der Rechtslage führt zu der Frage nach den möglichen Anspruchsgrundlagen. Ohne eine Anspruchsgrundlage kann niemand zum Schadenersatz verpflichtet werden.

2. Mögliche Anspruchsgrundlagen

Es kommen folgende Anspruchsgrundlagen in Betracht:

– Vertrag
– Gesetz

– von der Rechtsprechung und Rechtslehre entwickelte juristische Konstruktionen.

3. Anspruch aus Vertrag?

Hat der Makler M möglicherweise eine Verpflichtung aus dem Maklervertrag verletzt, indem er trotz des Verlangens von K, eine günstige Versicherung abzuschließen, keine Lebensversicherung bei einem Direktversicherer anbot?

Das englische Recht verpflichtet die Makler zum „best advice". Das bedeutet, daß der Makler verpflichtet ist, die günstigste und beste Versicherung dem Kunden anzubieten.

Eine solche Regelung gibt es im deutschen Recht in dieser strikten Konsequenz (noch) nicht. Nach deutscher Rechtsprechung ist der Makler verpflichtet, alles Für und Wider abzuwägen und dem Kunden eine – gemessen an seinen Bedürfnissen – bestmögliche Versicherung anzubieten, die im Preis-/Leistungsverhältnis in einem günstigen Bereich rangiert. Die Rechtsprechung respektiert durchaus, daß ein Versicherer, der die billigsten Prämien auf den Markt bringt, nicht unbedingt in der Betreuungs- und Leistungsqualität auf den vorderen Plätzen liegt. Auch gesteht man dem Makler zu, daß er hinsichtlich der Ablaufleistung kein Prophet ist. Bekanntlich halten sich ja selbst die Versicherungsgesellschaften hiermit bedeckt.

Die auch vom K beim Abschluß des Vertrages an M herangetragene Aufforderung, eine „günstige Versicherung" für ihn auszuwählen, ist demzufolge dahingehend auszulegen, ein günstiges Preis-/Leistungsverhältnis anzubieten. Es stellt jedenfalls nicht die Aufforderung zur Übernahme einer Garantie dergestalt dar, daß der Makler für die günstigste Ablaufleistung einzustehen hat.

Bekanntlich ist es ja auch so, daß keineswegs jeder Direktversicherer eine günstigere Ablaufleistung aufzuweisen hat, wenn selbstverständlich auch eine höhere Wahrscheinlichkeit dahin besteht, weil die Erwerbskosten des Direktversicherers im allgemeinen geringer sind. Daß dies lediglich ein Grundsatz ist, der von Ausnahmen durchbrochen wird, ergibt sich daraus, daß der Direktversicherer meist nicht unerhebliche Werbekosten (Werbung in den Medien, Mailings etc.) aufzuwenden hat, deutlich mehr jedenfalls als ein Nicht-Direktversicherer, und diese Werbekosten sich ja auch auf die Prämie bzw. Ablaufleistung auswirken.

Man hätte M allenfalls vorwerfen können, daß dieser nicht auf die vorgenannten Umstände bei der Beratung des K zu sprechen gekommen war. Da ein Makler bei einem Hinweis auf einen Direktversicherer „nichts verdient", hätte dann, wenn K auf den Direktversicherer „reflektiert" hätte, eben die Beratung frühzeitig abgebrochen werden müssen. Bisher ist aber ein solcher Beratungsumstand noch nicht von der Rechtsprechung als Fehler des Maklers gewertet worden. Eine solche Beurteilung könnte sich wohl auch kaum auf gute Gründe stützen. Denn wer den Rat eines Maklers sucht, entscheidet sich für vermittlerorientierte Risikoträger; anderes – Beratung in Richtung Direktversicherer – kann er als Kunde auch unter Verbraucherschutz-Gesichtspunkten nicht erwarten.

Der Anspruch des K ist mithin bei der vorgenannten Fallgestaltung unbegründet und abweisungsreif.

Am Rande sei indessen bemerkt, daß es – wie häufig in der Juristerei – auf den Einzelfall ankommt. Hätte K z. B. – in dem Fall der Lebensversicherung – deutlich darauf hingewiesen, daß es ihm ausschließlich auf eine niedrige Prämie ankomme und eine Beratung ihn nicht interessiere, weil er willens und bereit sei, sich die nötigen Informationen über eine Lebensversicherung selbst zu besorgen und er demzufolge weder der Beratung durch den Makler noch durch den Versicherer bedürfe, würde es möglicherweise anders aussehen. Dann nämlich hätte M dieses ausdrückliche Verlangen nach dem „Billigversicherer" ignoriert. In diesem Fall hätte er sich schadenersatzpflichtig gemacht.

Resümee:

- Schadenersatzansprüche gegen den Versicherungsmakler aus positiver Vertragsverletzung verjähren, wenn nichts Abweichendes vereinbart wird, nach derzeitigem Recht in 30 Jahren.

- Der Auftrag des Kunden, eine „günstige" Versicherung zu vermitteln, heißt nach deutschem Recht (anders nach britischem Recht) nicht, die jeweils „billigste" und „beste" Versicherung auszuwählen. Es kommt auf die Preiswürdigkeit im Hinblick auf das gesamte Leistungspaket des Versicherers an.

V. Sonderfälle

2.16 Der Makler und die Beweislastumkehr

Der Fall:

Der Makler M unterhielt seit Jahren eine gut funktionierende Geschäftsverbindung zu seinem Kunden K, einem Bauunternehmer. An einem Freitagvormittag rief K bei M an. Seit langem komme er wieder einmal dazu, sich den anstehenden Schreibtischarbeiten zu widmen. Dabei habe er festgestellt, daß er seit drei Wochen einen Bagger in Betrieb habe, der noch zu versichern sei. K wünsche von M, daß er für sofortigen Versicherungsschutz im Rahmen einer Maschinenversicherung sorge. M antwortete, er werde sich unverzüglich darum kümmern.

Unmittelbar nach Beendigung des Telefonats trat M sogleich in Aktion. Er führte ein Telefonat mit dem Versicherer, bei dem er üblicherweise die Maschinenversicherungen zu decken pflegte. Den zuständigen Sachbearbeiter bekam er allerdings nicht an den Hörer. Erst war sein Telefonapparat ständig besetzt, anschließend befand sich der Sachbearbeiter in einer Dienstbesprechung. Von dort aus mußte er wohl unverzüglich das Haus verlassen haben, jedenfalls tätigte er den von M gewünschten Rückruf nicht.

Der mittlerweile etwas genervte M versuchte sein Glück noch bei einem anderen Versicherer, jedoch mit ähnlich negativem Ergebnis. Als er gegen 16.00 Uhr noch keine Deckungszusage eines Versicherers für die Maschinenversicherung des Baggers vorliegen hatte, gab M auf. Er ärgerte sich nicht nur über die unerreichbaren Versicherungssachbearbeiter, sondern vor allem über K, der erst nach drei Wochen auf die Idee kommt, Versicherungsschutz zu suchen und dies noch dazu an einem Freitag, einem Tag also, von dem jeder weiß, daß eine Deckungsaufgabe schwer unterzubringen ist. Er sagte sich, der K hat so lange gewartet, da kommt es auf ein paar Tage auch nicht an, und begab sich ins Wochenende.

Nachdem M am Montagmorgen für die Deckung des Baggers gesorgt hatte, erreichte ihn ein Telefonat von K, der ihm mitteilte, der Bagger sei durch einen Brand total zerstört worden, aber glücklicherweise habe er durch die Hilfe von M ja sicherlich seit Freitag Versicherungsschutz. Als M ihn über die fruchtlosen Bemühungen aufgeklärt hatte, kündigte K spontan Schadenersatzansprüche an.

M wandte ein, daß er sich keiner Pflichtverletzung und keiner Schuld bewußt sei. Wenn K den Bagger drei Wochen unversichert lasse, dann müsse er sich wenigstens auch noch ein Wochenende gedulden. So schnell könne eine Deckungsaufgabe nicht erfüllt werden, schon gar nicht an einem Freitag. Wie jedermann hätte auch K wissen müssen, daß die verantwortlichen Versicherungssachbearbeiter in derart kurzer Zeit vor dem Beginn eines Wochenendes zu so schwierigen Deckungszusagen nicht zu bewegen seien. Im übrigen müsse K ihm erst einmal nachweisen, daß er innerhalb einer derart kurzen Zeit eine Deckung hätte besorgen können. Demzufolge weist er jeden Schadenersatzanspruch zurück.

Die Lösung:

1. Wie ist die Rechtslage?

Es ist zunächst zu untersuchen, ob eine Anspruchsgrundlage dem K zur Seite steht.

2. Mögliche Anspruchsgrundlagen

Die Frage nach der Anspruchsgrundlage ist die Frage nach der rechtlichen Grundlage, auf die der Anspruchsteller sein Begehren stützen kann.

Ansprüche ergeben sich aus:

- Vertrag
- Gesetz
- von der Rechtsprechung und Rechtslehre entwickelten juristischen Konstruktionen.

3. Anspruch aus Vertrag?

Hat M möglicherweise eine Verpflichtung aus dem Maklervertrag verletzt, weil er nicht innerhalb eines Tages in der Lage war, für Versicherungsschutz im Rahmen einer Maschinenversicherung für den Bagger zu sorgen?

Ein Vertragspartner ist gegenüber dem anderen Vertragspartner verpflichtet („ungeschriebene" Verpflichtung), nicht durch ein Tun oder Unterlassen bei diesem einen Schaden zu verursachen. Wenn dies dennoch geschieht, hat er die hieraus resultierenden Folgen auf der Grundlage des Instituts der positiven Vertragsverletzung (hier des Maklervertrages) zu tragen, und zwar dann, wenn er die Folgen verursacht und verschuldet hat. Dieses Institut beruht auf der analogen Anwendung des § 242 BGB.

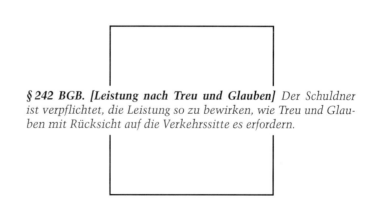

§ 242 BGB. [Leistung nach Treu und Glauben] Der Schuldner ist verpflichtet, die Leistung so zu bewirken, wie Treu und Glauben mit Rücksicht auf die Verkehrssitte es erfordern.

Sicherlich ist es Maklerpflicht, unverzüglich (d. h. ohne schuldhaftes Zögern) für eine Deckung zu sorgen. Andererseits dürfen dem Makler bei diesem Bemühen nicht unüberwindliche Schwierigkeiten begegnen. Er muß in der Lage sein, dieser Verpflichtung nachzukommen. Im vorliegenden Fall hatte M ja durchaus Tätigkeit in nicht unerheblichem Umfang entfaltet, um dem Deckungsauftrag gerecht zu werden. Ein schuldhaftes Zögern kann man M wohl nicht vorwerfen. Auf die Argumentation einer Pflichtverletzung wegen nicht unverzüglicher Deckungsaufgabe kann K seinen Schadenersatzanspruch nicht stützen.

K erwidert indessen, daß er eine derartige Pflichtverletzung dem M auch gar nicht vorwerfe. Er mache vielmehr M dafür verantwortlich, daß er ihn, K, an dem bewußten Freitag nicht darüber informiert habe, daß er eine vorläufige Deckung beim Versicherer nicht habe unterbringen können. Ein derartiger Vorwurf – sagt jetzt M – führe nun ganz und gar nicht zu einer Schadenersatzpflicht. Denn es fehle an der Kausalität einer derartigen Unterlassung. Wenn nämlich er, M, dem K mitgeteilt hätte, daß der Bagger nicht unter Versicherungsschutz stehe, hätte K auch nichts machen können. Am Freitagabend und über das Wochenende hätte auch K selbst nicht Versicherungsschutz herbeiholen können. Ob K nun Kenntnis von der fehlgeschlagenen Deckungsaufgabe hatte oder nicht, das Feuer hätte den Bagger so oder so vernichtet.

Dem sei keineswegs so, erwidert nunmehr K. Wenn er gewußt hätte, daß der Bagger nicht unter Versicherungsschutz stehe, hätte er über das Wochenende zwei kräftige Bauarbeiter abgestellt, die rund um die Uhr den Bagger bewacht hätten. Ein Brandstifter hätte sich deshalb niemals dem Bagger genähert. Es wäre also nicht zum Feuerschaden gekommen.

M entgegnet, daß derartige Unwahrscheinlichkeiten kein Gericht beeindrucken würden. Immerhin sei der Bagger drei Wochen nicht nur ohne Versicherungsschutz gewesen, was K gewußt habe, sondern auch ohne jede Bewachung. Wenn K die letzten drei Wochen nicht für eine Bewachung des Baggers gesorgt hätte, wieso hätte er es gerade am Wochenende tun wollen. Mit einem solchen „dünnen" Vortrag könne er einen Richter nicht überzeugen.

Leider irrt M. Denn es geht hier nicht um das Ermessen oder um die allgemeine Glaubwürdigkeit. Wenn jemand eine Behauptung aufstellt, so muß er sie grundsätzlich beweisen. Dies gilt insbesondere für die anspruchsbegründenden Tatsachen. Im vorliegenden

Fall muß K darlegen und beweisen, daß er M zur unverzüglichen Besorgung einer vorläufigen Deckung aufgefordert und M diese Aufforderung als Aufgabe angenommen hatte. Da es über diese Umstände Meinungsverschiedenheiten zwischen den Parteien nicht gibt, kommt es auf diese Beweislast nicht an. Anders ist es indessen mit der Beweislast bezüglich der Kausalität des Kundenverhaltens.

Das Sachwalterurteil des Bundesgerichtshofs bringt zum Ausdruck, daß der Makler bei Verletzung von Aufklärungs- und Beratungspflichten nachzuweisen hat, daß der Schaden auch ohne seinen Fehler entstanden wäre.

Fest steht, daß M seine Aufklärungs- und Informationspflicht dem K gegenüber verletzt hat, als er es unterließ, ihn am Freitagnachmittag davon in Kenntnis zu setzen, daß er Versicherungsschutz für den Bagger nicht habe besorgen können. M trifft jetzt die Beweislast dafür, daß der Schaden auch ohne die Verletzung der Aufklärungs- und Informationspflicht entstanden wäre. Das bedeutet, daß er dem K beweisen muß, daß dieser auch dann, wenn er ihn vom Mangel des Versicherungsschutzes informiert hätte, nichts zum Schutze des Baggers unternommen hätte. Ein Hinweis auf eine allgemeine Wahrscheinlichkeit oder Unwahrscheinlichkeit genügt hierbei nicht. Da K behauptet, selbstverständlich hätte er den Bagger an diesem Wochenende durch eine Bewachung schützen lassen, liegt es bei M, ihm das Gegenteil zu beweisen. Es liegt auf der Hand, daß ein solcher Beweis nicht gelingen wird. Da hier Aussage gegen Aussage steht und der beweisbelastete M diesen Beweis nicht führen kann, hat das Gericht zuungunsten der Partei zu entscheiden, die die Beweislast hat. Das ist M. M wird daher zum Ersatz des Brandschadens verurteilt.

Resümee:

– Der Kunde, der aus positiver Verletzung des Maklervertrages Schadensersatzansprüche stellt, muß – wie jeder Anspruchsteller – den Grund und die Höhe des Anspruchs beweisen.

– Der Maklerkunde muß mithin dem Makler die Pflichtverletzung, im vorliegenden Fall die Verletzung der Informationspflicht, nachweisen.

– Der Makler muß dagegen nachweisen, daß der Schaden auch ohne Maklerpflichtverletzung entstanden wäre.

V. Sonderfälle

2.17 Der Makler und die Übertreibung der Sachwalterschaft

Der Fall:

Bei M handelt es sich um einen Makler, der sich kompromißlos für die Versicherungsbelange seines Kunden einsetzt. Die Versicherer kennen ihn als harten Verhandler, insbesondere bei Regulierungen aus den von ihm verwalteten Verträgen. Seine Aufgabe als Sachwalter seiner Kunden nimmt er sehr ernst. Auch in dem vorliegenden – authentischen – Fall machte K keine Ausnahme.

Der Kunde K des M betrieb ein Autohaus. Der große Ausstellungsraum war an den Seitenwänden bis auf den Erdboden verglast. Unbekannte zertrümmerten einige der Scheiben in der Nacht von einem Samstag auf einen Sonntag. Bereits am Sonntagmorgen war M vor Ort und sagte zu, sich für unverzügliche Regulierung einzusetzen. K wies darauf hin, daß er einen geschäftlichen Verlust erleiden könnte, wenn er die Fenster mit Holz verschalen ließe. Aufschieben könne er die Reparatur keinesfalls, da jedermann die Verkaufsräume durch die zersplitterten Scheiben betreten könnte. Das sah M ein. Kurz entschlossen sagte er K zu, sofort einen Glaser beauftragen zu können. Er werde diese notwendige Reparatur der Glasversicherung „schon verkaufen". Die Reparatur wurde dann sogleich ausgeführt. Mit der Bezahlung der ihr eingereichten Rechnung hatte es indessen die Glasversicherung nicht so eilig.

Sie wandte unter anderem ein, der Schadenfall sei ja nicht unverzüglich gemeldet worden, sondern erst im Zusammenhang mit der Überreichung der Glaserrechnung einige Wochen später. Auch seien die neu eingesetzten Scheiben höherwertig als die früheren Glasscheiben. Zudem seien unnötigerweise die Rahmen mit ausgetauscht worden. Auch sei im Versicherungsvertrag Naturalersatz vorgesehen. Da die Versicherung erst nach Ablauf der Ereignisse und nach Ausführung der Reparatur benachrichtigt worden sei, habe sie eine Überprüfung nicht gehörig vornehmen können.

Diese Antwort der Glasversicherung erfüllte M mit Zorn. Er schrieb an K, daß dieser seine Unterstützung bei einem Deckungsprozeß gegen den Glasversicherer habe. Er gehe mit Sicherheit davon aus, daß die Versicherung zur Zahlung verurteilt werde.

Als verantwortungsvoller Makler seines Kunden müsse er indessen auch auf die jedenfalls theoretische Möglichkeit aufmerksam machen, daß die Klage abgewiesen werde. In dem Fall müsse K ihm wohl zu Recht Vorwürfe über die Art und Weise der Regulierung machen. Er empfehle daher, ihm M, in dem Deckungsprozeß den Streit zu verkünden. Der Verlust des Prozesses hätte dann zur Konsequenz, daß seine, des Maklers, Vermögensschaden-Haftpflichtversicherung den Glasschaden nebst den Kosten des Deckungsprozesses zu übernehmen habe. Er fügte in seinem Schreiben dann noch hinzu: „Ich versichere Ihnen hiermit, daß ich für diese Aussagen geradestehe und daß Sie nach Urteilsverkündung kurzfristig Ihr Geld nebst Zinsen erhalten."

K tat daraufhin auch in diesem Fall, was M ihm geraten hatte. Er führte den Deckungsprozeß gegen den Glasversicherer. Auch verkündete er M den Streit.

M hatte richtigerweise seinen Vermögensschaden-Haftpflichtversicherer von dem möglichen Schadenfall aus der Regulierung des Glasschadens unterrichtet. Dieser gewährte M Abwehrschutz. Nachdem der Deckungsprozeß gegen die Glasversicherung abgewiesen war, erinnerte sich K an die Zusage des M. Im Wege des Schadenersatzes machte er die entgangene Versicherungsleistung gegen M geltend. M verweist auf seinen Vermögensschaden-Haftpflichtversicherer und darauf, daß er nicht zahlen dürfe. Der Vermögensschaden-Haftpflichtversicherer habe ihm Abwehrschutz gewährt. K müsse ihn, wenn er den Schadenersatzanspruch durchsetzen wolle, leider verklagen. Genau dies tut K auch.

M überreicht die Klageschrift seinem Vermögensschaden-Haftpflichtversicherer und bittet noch einmal um Regulierung. Dieser bleibt indessen hart. Er sieht gute Abwehrchancen und beharrt demzufolge auf den Abwehrschutz.

Der Rechtsstreit K gegen M bringt indessen leider die Verurteilung des M. M reicht das Urteil seinem Vermögensschaden-Haftpflichtversicherer ein mit der Bitte, jetzt endlich zu zahlen. Leider tut dieser das nicht. Das Gericht hatte nämlich seine Entscheidungsgründe auf einen für M verhängnisvollen Ausspruch gestützt. Es führte sinngemäß aus, daß es auf die vorgetragene positive Vertragsverletzung der Pflichten eines Maklervertrages bei der Regulierung, die K vorgetragen habe, gar nicht ankomme. Vielmehr genüge dem Gericht allein das deklaratorische Schuldanerkenntnis des M.

Dieses komme darin zum Ausdruck, daß M dem K gegenüber erklärt habe, für den Schaden aufkommen zu wollen, wenn der Prozeß des K gegen die Glasversicherung für K negativ ausgehen sollte. Demzufolge sei M zu verurteilen.

Der Vermögensschaden-Haftpflichtversicherer verweigert daher die Zahlung und entzieht sogar rückwirkend den Abwehrschutz, d. h. seine getroffene Zusage zur Übernahme der Kosten des Rechtsstreits. Von dem deklaratorischen Anerkenntnis, auf das das Urteil nunmehr gestützt werde, habe der Vermögensschaden-Haftpflichtversicherer nichts gewußt.

Die Lösung:

1. Wie ist die Rechtslage?

Es ist zunächst zu untersuchen, ob eine Anspruchsgrundlage dem K gegen M zur Seite steht.

2. Mögliche Anspruchsgrundlagen

Die Frage nach der Anspruchsgrundlage ist die Frage nach der rechtlichen Grundlage, auf die der Anspruchsteller sein Begehren stützen kann.

Ansprüche ergeben sich aus:

– Vertrag

– Gesetz

– von der Rechtsprechung und Rechtslehre entwickelten juristischen Konstruktionen.

3. Anspruch aus Vertrag?

Hat M möglicherweise eine Verpflichtung aus dem Maklervertrag verletzt, indem er bei der Regulierung des Schadenfalles zu schnell eine Zusage zur Reparatur gab?

Ein Vertragspartner ist gegenüber dem anderen Vertragspartner verpflichtet („ungeschriebene" Verpflichtung), nicht durch ein Tun oder Unterlassen bei diesem einen Schaden zu verursachen. Wenn dies dennoch geschieht, hat er die hieraus resultierenden Folgen auf der Grundlage des Instituts der positiven Vertragsverletzung (hier des Maklervertrages) zu tragen, und zwar dann, wenn er die Folgen verursacht und verschuldet hat. Dieses Institut beruht auf der analogen Anwendung des § 242 BGB.

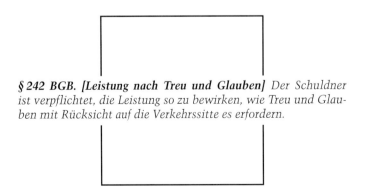

§ 242 BGB. [Leistung nach Treu und Glauben] Der Schuldner ist verpflichtet, die Leistung so zu bewirken, wie Treu und Glauben mit Rücksicht auf die Verkehrssitte es erfordern.

Es müßte an dieser Stelle untersucht werden, ob die „schnelle Zusage zur Reparatur" kausal für die Schadenablehnung durch den Glasversicherer war und ob sich die verspätete Anmeldung des Schadens im Sinne einer Obliegenheitsverletzung des K, die durch M zu vertreten ist, ausgewirkt hat.

Offenbar hat K unter Mitwirkung von M, um nicht zu sagen unter dessen Verantwortlichkeit als Sachwalter, den Schaden zu spät gemeldet und den im Versicherungsvertrag vorgesehenen Naturalersatz übersehen. Andererseits ist fraglich, ob die höherwertigen Glasscheiben und der unnötigerweise erfolgte Austausch der Rahmen zu Lasten des M gehen. Diese Verantwortung trifft wohl K allein.

Wie wir indessen wissen, hat das Gericht sich nicht die Mühe gemacht, sich mit dem Problem der Mitverursachung oder des Mitverschuldens auseinanderzusetzen. Es hat sich allein auf das deklaratorische Anerkenntnis des M gestützt, das dieser in seiner durchaus anzuerkennenden guten Absicht gegeben hatte, um die Versicherungsleistung für K herbeizuführen, ohne sich allerdings über die Bedeutung und die Folgen der Erklärung im klaren zu sein.

Bei dieser als deklaratorisches Anerkenntnis gewürdigten Erklärung hatte M im Engagement für seinen Kunden K übersehen, daß er seinem eigenen Vermögensschaden-Haftpflichtversicherer die Abwehrmöglichkeiten gegen eben diesen Kunden einschränkte bzw. gar nicht möglich machte. Man kann es dem Vermögensschaden-Haftpflichtversicherer daher nicht verdenken, daß er sich auf die Obliegenheit des Anerkenntnisverbots berief, als er durch die Übersendung des Urteils vom Anerkenntnis erfuhr.

M wollte nun spontan eine Deckungsklage gegen seinen Vermögensschaden-Haftpflichtversicherer erheben. Immerhin habe dieser ihn „in den Prozeß getrieben", als er M Abwehrschutz gewährte, statt gleich zu zahlen. Der von M zur Erhebung einer Deckungsklage beauftragte Rechtsanwalt mußte davon mangels Erfolgsaussicht abraten. Wenn nämlich der Vermögensschaden-Haftpflichtversicherer von Anfang an von dem Schreiben Kenntnis gehabt hätte, das das Gericht später als deklaratorisches Anerkenntnis gedeutet hatte, hätte dieser M keinen Abwehrschutz gewährt, sondern ihm vielmehr von Anfang an den Versicherungsschutz verweigert.

M hat daher leider nicht nur die Versicherungsleistung, sondern auch die Kosten des Rechtsstreits K gegen den Glasversicherer und des Rechtsstreits K gegen ihn selbst zu übernehmen. Auf seinen Vermögensschaden-Haftpflichtversicherer konnte er dabei aus den erörterten Gründen nicht zurückgreifen.

Resümee:

– Der Makler ist zur Hilfestellung bei der Schadenregulierung im Rahmen der von ihm verwalteten Verträge verpflichtet.

– Der Makler hat sein Bestes zu leisten, aber nicht für den Erfolg zu garantieren.

– Der Makler, der dem Kunden versichert, der Schaden werde in jedem Fall bezahlt, entweder durch den Versicherer des Kunden oder durch die eigene Vermögensschaden-Haftpflichtversicherung des Maklers, „unterschreibt" damit ein deklaratorisches Schuldanerkenntnis; er begründet dadurch seine persönliche Haftung.

Anhang: PROZESSKOSTENRISIKO

Wer einen risikobehafteten Beruf ausübt, steht bei realen oder vermeintlichen Fehlleistungen in der Gefahr, verklagt zu werden. Wer verklagt wird, sieht sich einem mehr oder minder hohen Kostenrisiko ausgesetzt.

Die Fehlberatung, die in Anbetracht der hohen Qualitätsanforderungen in der Praxis des Maklers durchaus schnell der Auslöser für ein Gerichtsverfahren werden kann, ist als ständiges Risiko trotz Sorgfaltsanspannung nicht auszuschalten. Eine neu erwachte Streitlust der Kunden bewirkt ein Übriges, nachdem Dienstleister-Tätigkeiten auch in der Öffentlichkeit zunehmend kritisch abgeklopft werden. Dies alles geschieht vor dem Hintergrund eines Branchen-Image, das zu bessern man sich zwar mancherorts bemüht – aber mit Erfolg? An anderer Stelle wird kräftig dagegengearbeitet; das Wort vom Versicherungs-Un-Wesen macht die Runde. Zu bedenken ist auch, daß das Vorhandensein einer Rechtsschutzversicherung die Hemmschwelle des Anspruchstellers herabsetzt.

Wenn daher das allgemeine Klima auf kritische Abprüfung auch der Finanzdienstleister-Tätigkeiten ausgerichtet worden ist, sieht sich derjenige, der sich in diesem Feld betätigt – ob als Anlageberater oder als Vermittler von Versicherungen – der Tatsache gegenüber, daß auch die Schwelle vor dem Gang zu den Gerichten herabgesetzt wurde. Was liegt somit näher, als daß auch der Versicherungsvermittler, namentlich der Versicherungsmakler, sich mit dem Gedanken vertraut macht, in einem von seinem Kunden angestrengten Prozeß als Beklagter vor dem Richter zu stehen! Die in diesem Kapitel behandelten Fälle haben dies vielfältig vor Augen geführt.

Wer derlei Gefährdungen in sein Kalkül aufnehmen muß, denkt an ein Quantifizieren des Risikos, hier ganz konkret an eine Fixierung der mit einem Gerichtsprozeß verbundenen Kosten, berechnet in Mark und Pfennig. Unabhängig davon, ob im Einzelfall eine Vermögensschaden-Haftpflichtversicherung besteht, die auch das Kostenrisiko abdeckt, und auch mit Rücksicht darauf, daß im Einzelfall der Vermögensschaden-Haftpflichtversicherer seine Eintrittspflicht verneinen kann, lohnt also ein Blick auf das Kostenrisiko. Der Makler, dem im Regelfall – hat er nun einmal eine Fehlberatung verschuldet – respektable Ersatzleistungsverpflichtungen ins Haus stehen, tut gut daran, den schlechtesten Fall zu bedenken, von dem er im Prozeß betroffen werden kann: den der vollständigen Niederlage.

Das bedeutet: volle Verurteilung in Höhe des eingeklagten Betrages und Kostentragung in vollem Umfang. Das heißt in dem Fall, daß nicht nur die eigenen Rechtsanwaltskosten und die angefallenen Gerichtskosten, sondern auch die Kosten des gegnerischen Rechtsanwalts zu tragen sind.

Ein Blick in den Katalog von Streitwert und Kosten (Anwalts- und Gerichtskosten) zeigt folgendes Bild:

Streitwert – in DM –	Kosten – in DM –
10 T	9 257,60
50 T	22 468,–
100 T	33 284,–
300 T	56 109,60
500 T	75 872,–
1 Mio.	115 792,–
2 Mio.	172 432,–
5 Mio.	342 352,–

Die Angaben zu den Kosten gehen von folgendem aus:

1. Instanz: 2 × 3 Anwaltsgebühren

2. Instanz: 2 × 2 Anwaltsgebühren
   3 Gerichtsgebühren

– alle Gebühren inklusive Umsatzsteuer –

Nicht eingerechnet sind eventuell anfallende Zeugen- und Sachverständigengebühren, die zusätzlich mit einigen tausend D-Mark zu Buche schlagen können.

Der Überblick zeigt: Die niedrigen Streitwerte sind mit relativ hohen Kosten belegt. Diese entwickeln sich bei zunehmender Höhe des Streitwerts degressiv. Aber auch dann beeindrucken durchaus deren absolute Beträge.

Das Instrumentarium zum Sezieren der Fälle

WERKSTATT 3

Einführung

Wie viele Mißverständnisse, wie viele Kontroversen, wie viele Rechtsstreitigkeiten! Und das alles nur, weil der Umgang mit der Sprache nicht sorgfältig genug war, die Wahl von Begriffen und Definitionen nicht mit der nötigen Präzision getroffen wurde. In Gesprächen, Verhandlungen, Texten, Vertragsentwürfen wird der Keim hierfür gelegt. Eine reichlich sprudelnde Quelle von Konflikten, die oft genug schließlich vor Gerichten ausgetragen werden. Wie viele Belastungen, die die Rechtsbeziehungen zwischen zwei Parteien beeinträchtigen, wie viele Prozesse ließen sich vermeiden, wenn diese überflüssigen Störfälle im Räderwerk der Kommunikation rechtzeitig beseitigt werden könnten, besser: gar nicht erst entstünden.

Was ist zu tun? Brecht läßt den forschenden, die Wahrheit suchenden Galilei sagen:

*„Unsere Unwissenheit ist unendlich,
tragen wir einen Kubikmillimeter ab!
Wozu jetzt noch so klug sein wollen,
wenn wir endlich ein klein wenig
weniger dumm sein können!"*

(Brecht, Leben des Galilei, 4. Szene)

Die richtige Lösung ist ebenso einfach wie banal. Soll das Werk gelingen, gehört das richtige Handwerkszeug dazu. Das gilt nicht nur für den Bildhauer, den Tischler, den Maler – es gilt in gleichem Maß und mit gleicher Intensität auch für den Umgang mit der Sprache, namentlich für die Sprache der Juristen. Ein tragfähiges Gedankengebäude, ein Vertragswerk, jegliche juristische Konstruktion setzen das richtige, einheitlich verstandene Begriffsinstrumentarium voraus.

Bei alledem ist Lernbereitschaft Grundvoraussetzung, der Wille, die Unwissenheit zurückzudrängen und sich mit den Grund- und Spielregeln dieser Materie zu beschäftigen. Auch dem gestandenen Praktiker darf dergleichen zugemutet werden.

Kündigung, Anfechtung, Rücktritt – Instrumentarien mit unterschiedlichen Voraussetzungen und unterschiedlichen Rechtsfolgen. Oft wuchern hier falsche Vorstellungen über Inhalt, Anwendung und Wirkung. Das ist nur ein Beispiel – der Katalog der Fehlerquellen läßt sich mühelos erweitern. Nur, wenn die Beteiligten dasselbe Verständnis von den Begriffsinhalten haben – welche auch immer dies sein mögen –, „versteht man sich richtig", sind jedenfalls auf diesem Gebiet Mißverständnisse, Kontroversen und Rechtsstreitigkeiten keine sprudelnde Mandats-Quelle für die Zunft der Anwälte.

In dem ‚Werkstatt-Abschnitt' finden sich einige der wichtigsten Begriffe, die in den Falldarstellungen eine Rolle spielen. Es sind praktikerorientierte Einführungen, möglichst unter Verzicht auf die zuweilen esoterische Sprache der Rechtsgelehrten, zumeist ausgerichtet auf das hier interessierende Thema der Haftung. Die Kurz-Artikel zu den einzelnen Begriffen können auch Anregung sein, sich vertiefend, und das juristisch, in der Fachliteratur, mit den einschlägigen Fragestellungen zu beschäftigen.

Bei diesem Bemühen sollte man sich auch nicht durch Shakespeare irritieren lassen, der alles Wissen ad absurdum führt und Hamlet in der Totengräberszene sagen läßt:

> „Da ist wieder einer: Warum könnte
> das nicht der Schädel eines Rechtsgelehrten
> sein? Wo sind nun seine Klauseln,
> seine Praktiken, seine Fälle und seine Kniffe?"

3

INSTRUMENTARIUM

Beratung
Beweislast

Culpa in contrahendo

Dokumentation
Doppelrechtsverhältnis

Expertenberuf
Expertenhaftung

Haftung
Haftungsbeschränkung
Honorarberatung

Kardinalpflichten
Kunde
Kündigung

Maklervertrag
Maklervollmacht
Mehrfachagent

Pflichten
positive Vertragsverletzung

Rechtsberatung
Regreß
Risiko
Risk Management
Rückwärtsversicherung

Schadenersatz

Unabhängigkeit

Verjährung
Vermögensschadenhaftpflicht
Versicherer
Versicherungsantrag
Versicherungsmakler
Versicherungsprodukt
Versicherungsschein
Versicherungsvermittler
Verstoßprinzip
Vertragsbeendigung

Beratung

Auf der Grundlage des Maklervertrages (→ Maklervertrag) hat der Makler die Verpflichtung, den Kunden, den Versicherungsinteressenten, zu beraten. Diese Beratungstätigkeit beschränkt sich nicht auf das Vorfeld des Abschlusses des Versicherungsvertrags, sondern ist als eine Dauerleistung des Versicherungsmaklers anzusehen. Sie erstreckt sich mithin über die gesamte Laufzeit des Maklervertrages; denn der Maklervertrag ist Dauerschuldverhältnis. Gegenstand dieser Beratung als Dauerleistung sind sämtliche vom Makler für den Kunden betreuten Versicherungsverhältnisse.

Die einzelnen Beratungsleistungen des Maklers sind daher aufzuteilen und lassen sich wie folgt inhaltlich umschreiben:

- **Beratung vor Abschluß des Versicherungsvertrags**

    – Risikoanalyse und Entwicklung eines Deckungskonzepts

    – Marktbeobachtung/Auswahl unter den Deckungsangeboten

    – Bonitätsprüfung des Risikoträgers

    – Vorschlag gegenüber dem Kunden und Entscheidung über den Abschluß

- **Laufende Beratung**

    – Marktbeobachtung (günstigere Deckungsangebote? als Folge: Kündigung bestehender Verträge?)

    – Risikobeobachtung (Änderungen? Erweiterung des Versicherungsschutzes notwendig?)

    – Erkennen neuen Versicherungsbedarfs auf Kundenseite (Deckung bisher nicht vorhanden, Deckungsempfehlung, Überzeugen von der Notwendigkeit der Eindeckung)

    – Beobachten der Bonität des Risikoträgers

Diese Kernpunkte der Beratungspflichten sind noch um flankierende Beratungstätigkeiten zu ergänzen. Der gesamte Komplex der Beratungsleistungen ist, kommt es zu Pflichtverletzungen auf Maklerseite, Grundlage und Angriffspunkt für die Maklerhaftung (→ Haftung).

Beweislast

Die Beweislast spielt eine wichtige, oft entscheidende Rolle in der prozessualen Auseinandersetzung zweier Parteien. Kläger wie Beklagte müssen die ihren Einlassungen zugrundeliegenden Tatsachen, die ihr Vorbringen stützen, nicht nur vortragen, sondern auch beweisen. Geschieht dies nicht, indem entweder die Partei die Beweislast verkennt oder den ihr obliegenden Beweis nicht führen kann, ist im schlimmsten Fall der Verlust des Rechtsstreits die Folge. Der Käufer eines Produkts, der vom Verkäufer auf Zahlung des Kaufpreises in Anspruch genommen wird, tatsächlich aber schon gezahlt hat, wird im Rechtsstreit unterliegen und muß ein zweites Mal zahlen, wenn er die Quittung oder den sonstigen Zahlungsbeleg als Beweis nicht vorlegen kann. Der Käufer muß das Bewirken der Leistung, die Erfüllung seiner Zahlungsverpflichtung, beweisen.

So ist die Beweislastverteilung ein Moment, das in vielen rechtlichen Auseinandersetzungen von streitentscheidender Bedeutung ist. Die hierdurch bewirkte Regelung von Rechtsverhältnissen führt häufig zu Ergebnissen, die nicht mit der objektiven Rechtslage in Einklang stehen, den Rechtssuchenden irritieren. Letztlich lassen sie aber die den Zivilprozeß beherrschende Grundmaxime deutlich vor Augen treten, daß die Parteien die Herrschaft über den Rechtsstreit haben und dessen Ausgang bestimmen.

Die Striktheit der Beweislastregelung ist teilweise durchbrochen. Dort, wo die beweisbelastete Partei vor einer unlösbaren Aufgabe steht (sie hat beispielsweise keinerlei Einblick in die Sphäre des Produktherstellers), haben Rechtslehre und Rechtsprechung korrigierend eingegriffen. Der Anscheinsbeweis schafft für die beweispflichtige Partei eine erhebliche Erleichterung; die Beweislastumkehr befreit ihn vollständig von der Last des Beweisenmüssens. Für den Versicherungsmakler gilt: Er muß die Erfüllung seiner Pflichten gegenüber dem Kunden beweisen (→ Sachwalterurteil). Insofern genügt also der substantiierte Sachvortrag des Kunden, der Makler habe ihm gegenüber seine Pflichten aus dem Maklervertrag verletzt. Diese verbraucherfreundliche, durch die Rechtsprechung entwickelte Beweislastverteilung muß der Makler in Rechnung stellen und hierfür Vorsorge treffen (→ Dokumentation).

culpa in contrahendo

Schon im Vorfeld eines Vertrages – mag dieser letztendlich zustande kommen oder nicht – gibt es unter bestimmten Voraussetzungen Haftungstatbestände, aus denen – Verschulden vorausgesetzt – Schadenersatzansprüche resultieren. Was heißt das?

Im Wirtschaftsleben kommt es häufig vor, daß zwei Parteien über den Abschluß eines Vertrages verhandeln und es schon zu diesem Zeitpunkt zu einer schädigenden Handlung der einen oder anderen Seite kommt. In dieser Vorphase eines Vertrages stehen die Instrumentarien, die ein existierendes Vertragsverhältnis voraussetzen, noch nicht zur Verfügung. Für diesen Fall haben Rechtsprechung und Rechtslehre aus verschiedenen gesetzlichen Einzelvorschriften das Institut der culpa in contrahendo/Verschulden bei Vertragsverhandlungen entwickelt.

Die culpa in contrahendo

– stellt ab auf ein vertragsähnliches Vertrauensverhältnis, das durch die Aufnahme von Vertragsverhandlungen oder einen qualitativ gleichwertigen geschäftlichen Kontakt entsteht,

– setzt ein Verhalten zweier Parteien voraus, das auf den Abschluß eines Vertrages oder die Anbahnung geschäftlicher Kontakte abzielte,

– kennt keine primären Leistungspflichten, sondern lediglich die Pflicht zur Rücksichtnahme, Fürsorge und Loyalität,

– ist ein gesetzliches Schuldverhältnis und als Gewohnheitsrecht anerkannt.

Als wesentlich hervorzuheben ist das Vertrauensverhältnis, das durch die Aufnahme von Verhandlungen begründet worden ist. Neben Tatbeständen, in denen der eine Teil schuldhaft das Scheitern des Vertragsabschlusses verursacht, können auch Handlungen einen Schadenersatzanspruch aus culpa in contrahendo auslösen, die an sich als Leistungstatbestand in den beabsichtigten Vertrag gehören. So, wenn der Makler vor Abschluß des Maklervertrages den potentiellen Kunden umwirbt und ihm hierbei schuldhaft einen falschen Rat erteilt, von dem der andere Verhandlungspartner – im Vertrauen auf die Richtigkeit – Gebrauch macht (→ Fall 1).

Dokumentation

Dokumentation heißt hier Beweissicherung. Vor welchem Hintergrund?

Wer als Makler vom Kunden mit der Behauptung in Anspruch genommen wird, infolge eines fehlerhaften Rats bei der Eindeckung von Risiken sei ihm ein wirtschaftlicher Schaden entstanden, steht vor einem Dilemma. Nicht der Kunde als Anspruchsteller, der vom Makler Schadenersatz begehrt, hat – das wäre die Konsequenz bei schulmäßigem Vorgehen – die Beweislast (→ Beweislast) für das Vorliegen der Anspruchsvoraussetzungen, sondern es ist Aufgabe des Maklers, will er den Prozeß nicht verlieren, sich „freizubeweisen". Er muß mit anderen Worten den Beweis dafür führen, daß er die Verpflichtungen aus dem Maklervertrag ordnungsgemäß erfüllt hat.

Für diese latente Gefahr der Inanspruchnahme muß er Vorsorge treffen, ausnahmslos, für jeden Fall und bei jedem Kunden.

Möglichkeiten der Dokumentation, das heißt der prophylaktischen Erstellung von Beweismitteln:

- *Gesprächsprotokoll* (Aufzeichnung des Kundengesprächs, insbesondere des Gangs der Beratung, inklusive der Entscheidung des Kunden bei kritischen Eindeckungsfragen nach vorangegangener „Überzeugungsarbeit" des Maklers).

- *Bestätigungsbrief* (Wiedergabe des Kundengesprächs in den hauptsächlichen Einzelheiten mit der Bitte um Abzeichnung und Rücksendung seitens des Kunden).

- *Mitarbeiter als Zeuge* (Handnotizen des Makler-Mitarbeiters in den einzelnen Vorgängen als Gedächtnisstütze erforderlich (Inhalt wie beim Bestätigungsbrief) mit Rücksicht auf die Vielzahl der Geschäftsvorfälle).

Eine Dokumentation kann einseitig, das heißt durch den Makler, erstellt werden. Ohne die Bestätigung des Kunden, indem dieser beispielsweise das Gesprächsprotokoll abzeichnet und alsdann dem Makler zur Verfügung stellt, ist eine beweistechnische Schwäche unübersehbar. Ideal ist eine Protokoll-Sofort-Erstellung mit der Bestätigung des Kunden durch Unterschrift. Die neuen Technologien machen ein solches Schnellverfahren möglich.

Doppelrechtsverhältnis

Der in der Versicherungswirtschaft tätige Makler hat sich aus seiner neutralen Mittlerstellung zwischen den Parteien entfernt. Die klassische Positionierung hat er verlassen und ist zum Bundesgenossen des VN (Möller, Recht und Wirklichkeit der Versicherungsvermittlung), zum Interessenvertreter und treuhänderähnlichen Sachwalter (BGH, → Abschnitt ‚Sachwalterurteil') geworden. Das rechtliche Band zwischen Makler und Kunde/VN ist der Maklervertrag (oder auch: Maklerauftrag).

Ist daher der Versicherungsmakler dem Lager des VN zuzurechnen, so ist dennoch von einem Doppelrechtsverhältnis auszugehen, an dem – auf der anderen Seite – der Versicherer beteiligt ist. Die Grundlage hierfür ist das Maklerrecht des Handelsgesetzbuchs – §§ 93 ff. HGB. Im achten Abschnitt des ersten Buches des HGB ist in mehreren Vorschriften der Handelsmakler – und hierher gehört auch der Versicherungsmakler – in Beziehung gesetzt zu „den Parteien", hier also Versicherer und Versicherungsnehmer: §§ 94, 98, 99, 101 HGB.

So lautet in diesem Abschnitt beispielsweise die Haftungsvorschrift wie folgt:

§ 98 HGB

„Der Handelsmakler haftet jeder der beiden Parteien für den durch sein Verschulden entstehenden Schaden."

Das rechtliche Band zum Versicherer im Rahmen des hier erörterten Doppelrechtsverhältnisses ist allerdings nur schwach ausgebildet. Das eindeutige Übergewicht im Hinblick auf Rechte und Pflichten liegt mit anderen Worten im Rechtsverhältnis zwischen Makler und Kunde.

Soweit es Pflichten des Maklers gegenüber dem Versicherer gibt, konzentrieren sich diese auf den Kernbereich der Maklertätigkeit bzw. der Versichererfunktion: der Risikoeindeckung. Nach allgemeiner Ansicht ist der Makler verpflichtet, dem Versicherer alles für die Risikobeurteilung Notwendige mitzuteilen. Er darf also nicht gewisse Risikoumstände dem Versicherer verschweigen, etwa um für den Kunden eine günstigere Prämie oder überhaupt die Eindeckung des Risikos zu erreichen. Befolgt der Makler diese Verpflichtung nicht, so verletzt er Sorgfaltspflichten gegenüber dem Versicherer.

Eine derartige, pflichtenverletzende Verhaltensweise des Maklers würde ohnehin zumeist nur kurzfristig erfolgreich sein. Im Schadenfall würde der Versicherer im Rahmen seiner Aufklärungstätigkeit die nicht mitgeteilten Risikoumstände feststellen und entsprechende rechtliche Konsequenzen ziehen, je nach Lage des Falles bis zur Verneinung der Eintrittspflicht.

Das Doppelrechtsverhältnis kann in einzelnen Fällen stärker ausgeprägt sein, nämlich dann, wenn der Makler besondere Aufgaben vom Versicherer übernimmt bzw. kraft entsprechender Vereinbarung für ihn tätig wird (z. B. Prämieninkasso, Policenausfertigung, Schadenbearbeitung). Hier entstehen jeweils entsprechende Verpflichtungen und Rechte. In Anbetracht der Entwicklung des Versicherungsmaklers zum Interessenwahrer des Kunden/VN sind allerdings derartige Sondermandate unerwünscht. Schon der äußere Anschein des „Auch-für-den-Versicherer-Tätigwerdens" ist schädlich im Hinblick auf das Vertrauen, das der Kunde in den Makler setzt, und im Hinblick auf die Annahme, dieser sei sein „Anwalt" in Versicherungsangelegenheiten.

Expertenberuf

In neuerer Zeit taucht in juristischen Fachdiskussionen und auch in Publikationen für die breitere Öffentlichkeit immer häufiger der Begriff des sog. Expertenberufs auf. Sprachlich soll damit zunächst eine besondere, überdurchschnittliche Sachkunde auf einem bestimmten Gebiet gekennzeichnet werden. Rechtsprechung und Rechtslehre haben vor dem Hintergrund zu lösender Haftungsfragen hierbei die Angehörigen bestimmter Berufsgruppen im Auge; dazu gehören beispielsweise

Ärzte, Rechtsanwälte, Steuerberater
Wirtschaftsprüfer, Notare, Versicherungsmakler.

Für die Angehörigen dieser Berufe ist die beratende Tätigkeit als eine der vertraglich geschuldeten Hauptleistungen stark risikobehaftet, wobei unter rechtlichen Aspekten das Gefälle an Wissen und Know-how zwischen dem Berater (Experten) einerseits und Beratenem andererseits, zumeist einem Laien, die entscheidende Rolle spielt. Diese Ungleichgewichtigkeit löst auf seiten des unterlegenen Teils einen Schutzbedarf aus, dessen juristische Begründung auf folgende Momente abstellt:

- Überlegenheit des Fachmanns, des Experten, an Wissen und technischem Know-how auf seinem Fachgebiet gegenüber demjenigen, der seine Dienste in Anspruch nimmt,

- hierauf sich gründendes Vertrauen des Beratenen, der seine Disposition in mitunter existentiell wichtigen Angelegenheiten auf den Ratschlag des Experten stützt.

Hieraus wiederum leitet sich eine besondere Verantwortlichkeit des Experten her, die in eine verschärfte Haftung, die Expertenhaftung, einmündet. Diese ist letztlich Motiv und Hintergrund für ein besonderes Maß an Sorgfalt, das der Experte in seiner beratenden Tätigkeit anwenden muß. Fehlt also im Einzelfall diese überdurchschnittliche Sorgfaltsanspannung und führt ein derartiges Manko im Ergebnis zu einem Schaden des beratenen Kunden, ist dadurch ein wichtiges Element eines zum Schadenersatz verpflichtenden Tatbestands erfüllt.

Expertenhaftung

Der – relativ moderne – Begriff der Expertenhaftung ist überwiegend mit rechtspolitischen Inhalten besetzt. Er kennzeichnet eine Entwicklung, die bereits seit einiger Zeit in Rechtsprechung und Fachliteratur zu beobachten ist: Die Inanspruchnahme der Angehörigen bestimmter, durch besondere Kompetenz hervorgehobener Berufsgruppen (→ Expertenberuf) für professionelles Fehlverhalten – in früheren Zeiten geradezu ein Tabu.

Wie der allgemeinen Haftung von Privaten und Gewerbetreibenden (→ Haftung) liegt auch der Experten- oder Fachleutehaftung das Einstehenmüssen für vorangegangenes Tun oder Unterlassen zugrunde. Folgende Berufe sind in diese Haftungskategorie einzuordnen:

Wirtschaftsprüfer, Steuerberater,
Notare, Rechtsanwälte,
Ärzte, Architekten,
Versicherungsmakler

Wenn in neuerer Zeit deutlich Tendenzen erkennbar werden, den Experten haftungsrechtlich verstärkt und vermehrt in Anspruch zu nehmen, so gehen diese Bestrebungen auf folgende Grundüberlegungen zurück:

- Der Fachmann oder Experte verfügt über eine spezifische Sach- oder Fachkunde, die regelmäßig überdurchschnittlich hoch honoriert wird. Es handelt sich hierbei zum einen um die Vergütung und zum anderen um das gesellschaftliche Ansehen des Angehörigen dieser Berufsgruppe. Diese herausgehobene Positionierung auf den beiden angesprochenen Ebenen steht auf der einen Seite.

- Auf der anderen Seite ist die Position des Klienten zu sehen: Dieser ist auf den speziellen Sachverstand des Experten angewiesen, er vertraut ihm, verläßt sich auf seinen Rat und – durch eine entsprechende Vollmachtserteilung – räumt er ihm häufig einen mehr oder weniger umfangreichen Handlungsspielraum ein.

Diese beiden Aspekte, namentlich das generell zu unterstellende deutliche Wissensgefälle, haben zu den erwähnten Tendenzen geführt. Einhergehend mit verstärkt – besonders seit dem Beginn der 70er Jahre – zutagegetretenen Verbraucherschutzbestrebungen, haben sich Rechtsprechung und Lehre mit zunehmender Intensität der hiermit verbundenen haftungsrechtlichen Thematik angenommen. Rechtspolitisch wird insofern gern von einer „Demokratisierung der Haftungssituation" gesprochen, ein Schlagwort, das sich auch damit umschreiben läßt, daß dem Architekten, dem Arzt, auch dem Wirtschaftsprüfer nunmehr die Kehrseite der Medaille gezeigt wird: eine der herausgehobenen Positionierung entsprechend strenge Haftung.

Ob bei einer Fortschreibung der haftungsrechtlichen Tendenzen für manchen, der einen Expertenberuf ausübt, das hiermit verbundene Haftungsrisiko schier untragbar wird, mag dahinstehen. Eine Flucht aus den Expertenberufen ist zunächst nicht zu befürchten. Es besteht vielmehr haftungsrechtlicher Nachholbedarf – welche Berufsgruppe auch immer betroffen sein mag. Die für so manchen unseriös und schadenstiftend tätig werdenden Experten relativ ruhigen Zeiten gehören der Vergangenheit an. Zu Recht. Wieviele fehlberatene und geschädigte Klienten säumen die Strecke so manches Experten!

Die rechtstechnische Behandlung von Sachverhalten unter der Überschrift ‚Expertenhaftung' hängt von den Umständen des Einzelfalles ab. Wer sind die Beteiligten (der Klient, Dritte)? In welcher Weise wurde der Schaden verursacht? Liegt Verschulden vor? Rechtsgrundlage für Haftungsansprüche kann beispielsweise das Modell der positiven Vertragsverletzung sein oder auch – problematischer – das Recht der unerlaubten Handlung (§§ 823 ff. BGB).

Haftung

Die Haftung des Versicherungsmaklers ist ein zentrales Thema, wenn es, allgemein gesprochen, um seine Aufgabenerfüllung primär gegenüber dem Kunden sowie um eine – mögliche – Schlechtleistung geht. Das Gesetz, genauer gesagt: das Bürgerliche Gesetzbuch (BGB), spricht in mehreren Vorschriften von dem *Vertretenmüssen* und meint die hier behandelte Haftung. So lautet eine wichtige Norm aus dem Recht der Schuldverhältnisse des BGB, soweit in diesem Zusammenhang von Interesse, wie folgt:

§ 276 *Haftung für eigenes Verschulden*

"Der Schuldner hat, sofern nicht ein anderes bestimmt ist, Vorsatz und Fahrlässigkeit zu vertreten. Fahrlässig handelt, wer die im Verkehr erforderliche Sorgfalt außer acht läßt ..."

In einer weniger juristischen Umschreibung läßt sich auch sagen: Haftung bedeutet das Einstehenmüssen für vorangegangenes Tun oder Unterlassen. Übersetzt auf den konkreten Einzelfall bedeutet dies:

Versäumt beispielsweise der Versicherungsmakler eine wichtige Frist und erleidet infolgedessen der Kunde einen wirtschaftlichen Schaden, so setzt eine Inanspruchnahme des Maklers voraus, daß

– ihm ein *Verschulden* im Sinne des § 276 Abs. 1 Satz 1 BGB zur Last fällt,

– eine *Anspruchsgrundlage* zur Verfügung steht (denn § 276 BGB selbst ist nach herrschender Ansicht keine Anspruchsgrundlage).

In dem skizzierten Beispielsfall kommt als Anspruchsgrundlage die positive Vertragsverletzung (→ Positive Vertragsverletzung) in Betracht. Denn bei der Ausübung seiner Tätigkeit für den Kunden stellt die von dem Makler zu vertretende Fristversäumnis weder einen Fall der Unmöglichkeit dar noch handelt es sich um einen Leistungsverzug.

Die Grundregel lautet, daß eine Haftung für Leistungsstörungen nur dann eintritt, wenn diese Störung durch ein vorwerfbares, schuldhaftes Verhalten verursacht worden ist. Dieser Satz gilt nicht ohne Ausnahmen. So besteht, unabhängig von einem Verschulden, eine Einstandspflicht beispielsweise für das Verschulden von gesetzlichen Vertretern und Erfüllungsgehilfen im Sinne des § 278 BGB. Der Makler könnte sich also im Einzelfall nicht darauf berufen, daß einer seiner Mitarbeiter (ein Angestellter) im Zusammenhang mit dem schadenstiftenden Ereignis tätig geworden sei, dieser schuldhaft gehandelt haben mag, ihn, den Makler, jedoch keinerlei Verschulden treffe, zumal er diesen Mitarbeiter sorgfältig ausgesucht habe. Dazu bestimmt nämlich § 278 BGB, daß der Schuldner ein Verschulden seines gesetzlichen Vertreters und der Personen, deren er sich zur Erfüllung seiner Verbindlichkeit bedient, in gleichem Umfange zu vertreten habe wie eigenes Verschulden. Weiteres Beispiel für eine Haftung ohne Verschulden ist die sogenannte Gefährdungshaftung. Sie bezieht sich auf solche Handlungen, die zwar erlaubt, jedoch mit besonderen Gefahren – für Dritte – verbunden sind.

Haftungsbeschränkung

Wenn Haftung des Maklers das Einstehenmüssen für vorangegangenes Tun oder Unterlassen bedeutet, so liegt der Gedanke nahe, nach Möglichkeiten zu forschen, wie die hieraus resultierenden Gefährdungen in ihren Auswirkungen auf den Makler minimiert werden können. Bei Wahrung bestimmter Grenzen ist dieses Bestreben ein durchaus legitimes Anliegen des Maklers, der seine berufliche Existenz von derartigen Gefahren tunlichst freihalten möchte. Auf der anderen Seite widerstreitet das berechtigte Interesse des Kunden, den Makler wegen Fehlern und Versäumnissen erfolgreich auf Schadenersatz in Anspruch nehmen zu können – ohne etwa an weitreichenden Haftungsbeschränkungen oder gar -ausschlüssen zu scheitern.

Die Lösung dieses Konfliktes im Sinne einer von beiden Seiten tragbaren bzw. akzeptablen Regelung liegt, wie so häufig, in der Mitte, das heißt dort, wo einsehbare Gründe eine Haftungsbeschränkung rechtfertigen, und der Kunde nicht unangemessen benachteiligt wird. Mit dieser Maßgabe werden folgende Haftungsbeschränkungen als zulässig und damit rechtswirksam anzusehen sein:

– Beschränkung der Haftung auf bestimmte Geschäftsfelder – festzuschreiben im Maklervertrag –, also unter Ausklammerung solcher Bereiche, die vom einzelnen Maklerbetrieb leistungsmäßig nicht abgedeckt werden;

– Beschränkung der Anbieterauswahl (Versicherer) und damit zugleich der Haftung auf solche Risikoträger, die ihren Sitz in der Bundesrepublik Deutschland haben;

– die grundsätzlich denkbare Freizeichnung von leichter Fahrlässigkeit (siehe dazu § 276 BGB) kommt bei Kardinalpflichten nicht in Betracht, wohl aber eine Haftungsbeschränkung auf den vertragstypischen vorhersehbaren Schaden (also Ausschluß möglicher weitergehender Ersatzansprüche).

Neben diesen Möglichkeiten kann schließlich auch noch diesem Bereich zugeordnet werden:

– die – letztendliche – Haftungsbeschränkung durch Nutzung bestimmter gesellschaftsrechtlicher Gestaltungsformen, wie Aktiengesellschaft und GmbH: Hier haften nur die juristischen Personen – mit ihrem Vermögen –, nicht jedoch die Makler persönlich als Anteilseigner dieser Unternehmen.

Bei alledem muß im Auge behalten werden, daß der Versicherungsmakler bei Haftungsbeschränkungen jedweder Art mit einer kritischen Betrachtung seines Bestrebens rechnen muß, die Haftung gegenüber dem Kunden auf ein möglichst geringes Maß herunterzuschrauben. Denn der Makler ist Angehöriger eines Expertenberufs; der Bundesgerichtshof bezeichnet ihn als treuhänderähnlichen Sachwalter (→ Abschnitt 4 ‚Sachwalterurteil'), und der Kunde letztendlich setzt in ihn, den Makler, ein erhebliches Maß an Vertrauen. Diesen Grundtatsachen stehen weitergehende Haftungsbeschränkungen entgegen.

Honorarberatung

Die Situation ist bekannt: Der Interessent besucht den Makler, läßt sich aufwendig beraten, ein Deckungskonzept erstellen – und ward nicht mehr gesehen. Einen Rechtsanspruch auf Vergütung für die von ihm erbrachten Leistungen hat der Makler nicht; er geht in diesem Fall leer aus.

Dieses unbefriedigende Ergebnis lenkt die Aufmerksamkeit auf das Thema der Honorarberatung. Sie bedeutet die gesonderte Abgeltung der Beratungsleistung – unabhängig von der Vermittlung eines Versicherungsvertrages. Auf diesem Weg wird immer wieder versucht, derartige unerfreuliche Beratungsfälle in einer für den Makler befriedigenden Weise zu lösen. Die gegenwärtige Rechtslage läßt indessen diese Vorgehensweise nicht zu. Der Grund liegt in den Vorschriften des Rechtsberatungsgesetzes.

Es ist von folgendem auszugehen:

- Die Beratung des Interessenten/Kunden in Versicherungsangelegenheiten ist zugleich Rechtsberatung. Antragstellung, Kündigung, Vertragsgestaltung, Vertragsänderung und anderes mehr bedeuten die Besorgung fremder Rechtsangelegenheiten.

- Eine solche rechtsberatende Tätigkeit (→ Rechtsberatung) ist dem Makler nur als Annex- oder Hilfstätigkeit erlaubt; die dazugehörige Haupttätigkeit ist die Vermittlung von Versicherungen, für die der Makler eine – erfolgsabhängige – Vergütung erhält. Diese Ausnahmeregelung soll dem Makler eine vernünftige Ausübung seines Berufs gestatten.

- Nur die Versicherungsberater, denen die Vermittlung von Versicherungen nicht erlaubt ist, dürfen zulässigerweise eine Vergütung für Beratungsleistungen verlangen. Diese Erlaubnis nach § 1 Abs. 1 Satz 2 Nr. 2 RBerG wird Versicherungsmaklern regelmäßig nicht erteilt.

- Die Vergütung des Maklers, die den Vermittlungserfolg voraussetzt, gilt nicht nur die Vermittlung, sondern auch die Beratungsleistungen ab.

Diese restriktive Regelung, die sowohl dem Schutz der rechtsberatenden Berufe als auch dem Schutz des rechtsuchenden Publikums dient, führt immer wieder zu Versuchen, auf andere Art und Weise zu einer Vergütung auch der Beratungsleistungen des Maklers zu gelangen, namentlich dann, wenn n u r diese erbracht wird. Ein bekanntes Modell ist, die Courtage (Anspruch gegen den Versicherer) mit dem Honorar (Anspruch gegen den Kunden) zu verrechnen. Auch dieser Weg ist, da es sich um eine Umgehung handelt, unzulässig. Darüber hinaus liegt in dieser Verfahrensweise ein weiterer Verstoß: Wie das Bundesaufsichtsamt für das Versicherungswesen in seiner Verlautbarung VerBAV 96, 222 darauf hingewiesen hat, liegt in diesem Fall auch ein Verstoß gegen das Provisionsabgabeverbot vor.

Diese rechtliche Situation wirft die ebenso interessante wie provozierende haftungsrechtliche Frage auf, ob der Makler in dem eingangs dargestellten Fall für die dem entschwundenen Kunden erteilten Auskünfte auch haftet. Und dies, obwohl er ohne jegliche Vergütung geblieben ist! Eine pauschale Antwort läßt sich nicht geben; es wird auf die Umstände des einzelnen Falles ankommen. So wird unter anderem die Frage zu beantworten sein, ob im einzelnen Fall durch schlüssiges Verhalten ein Maklervertrag zustande gekommen ist, in dem bekanntlich – was die Vergütung angeht – lediglich darauf hingewiesen wird, daß die Vergütung in der vom Versicherer an den Makler gezahlten Courtage besteht.

Kardinalpflichten

Das Zivilrecht kennt bei den verschiedenen schuldrechtlichen Vertragstypen die Unterscheidung in Haupt- und Nebenpflichten. Diese Differenzierung wirkt sich aus im Falle der Verletzung von entweder Haupt- oder Nebenpflichten; unterschiedliche Sanktionen zu Lasten dessen, der die Verletzung verschuldet hat, sind die Folge.

In neuerer Zeit ist im Rahmen der Gewichtung von vertraglichen Pflichten ein neuer Begriff hinzugetreten: der Begriff der Kardinalpflichten. Es läßt sich sagen, daß es sich hierbei um vertragliche Hauptpflichten von besonderer Intensität handelt und zudem für das Vertragsverhältnis prägenden Charakter haben. Zur Kennzeichnung der besonderen Qualität dieser Art von Pflichten läßt sich folgendes skizzieren:

- Kardinalpflichten sind solche Pflichten, deren Erfüllung die Grundlage dafür bildet, daß der typische Vertragszweck überhaupt erreicht wird.

- Anders: Kardinalpflichten sind solche Pflichten, bei deren Verletzung das Erreichen des typischen Vertragszweckes gefährdet oder ausgeschlossen ist.

Es bedarf keiner großen Phantasie für die Annahme, daß es im Einzelfall und auch generell sehr streitig sein kann, welche Pflichten eines Versicherungsmaklers in den Katalog der Kardinalpflichten aufzunehmen sind. Man wird davon ausgehen können, daß folgende Pflichten g e n e r e l l zu den Kardinalpflichten zu rechnen sind:

– Exakte Risikoanalyse/Ermittlung des individuellen Absicherungsbedarfs

– marktweite Angebotssichtung und -prüfung

– Auswahl des für den Maklerkunden günstigsten Produktangebots im Sinne eines günstigen Preis-/Leistungsverhältnisses

– permanente Risikoüberwachung mit adäquater Anpassung des Versicherungsschutzes (z. B. Deckungserweiterungen, Kündigung überflüssiger Versicherungen)

Maklervertragsverhältnisse können unterschiedlich ausgestaltet sein oder auch unterschiedliche Schwerpunktbildungen im Hinblick auf die Maklerleistungen aufweisen. So ist leicht vorstellbar, daß der Maklervertrag mit einem Privatkunden einen anderen Zuschnitt hat als die Tätigkeit des Maklers für ein industrielles Großunternehmen. Diese Unternehmen verfügen zumeist über eigene Versicherungsabteilungen und damit über ein entsprechendes versicherungstechnisches Knowhow, so daß der Vertrag mit dem Makler einen anderen Inhalt haben wird und somit auch die Kardinalpflichten in anderer Weise definiert werden müssen.

Kardinalpflichten sind haftungsrechtlich von Bedeutung. So wird von einer weithin vertretenen Meinung angenommen, daß eine Haftungsfreizeichnung des Versicherungsmaklers im Falle leicht fahrlässiger Verletzung von Pflichten generell – das heißt, von Ausnahmen abgesehen – zulässig, nicht dagegen eine Freizeichnung hinsichtlich der Kardinalpflichten möglich bzw. rechtswirksam ist. Dieser Auffassung dürfte zu folgen sein, nicht zuletzt mit Blick auf das Sachwalterurteil des Bundesgerichtshofs, das als Leitentscheidung für das gesamte Versicherungsmaklerrecht eine strenge Haftung des Maklers statuiert hat (→ Abschnitt 4 ‚Sachwalterurteil').

Kündigung

Die Kündigung ist das rechtstechnische Mittel, sich aus den Bindungen eines Dauerschuldverhältnisses (z. B. Miete, Pacht, Dienstvertrag; hier: Maklervertrag) zu lösen. Sie beendet dieses Dauerschuldverhältnis für die Zukunft. Anders als beim Rücktritt sind die bereits erbrachten Leistungen nicht zurückzugewähren.

Die Kündigung ist eine einseitige empfangsbedürftige Willenserklärung, die ihre rechtliche Wirkung mit dem Zugang beim Erklärungsempfänger entfaltet – unabhängig von der Möglichkeit des Erklärungsempfängers, sich gegen die Kündigung rechtlich zur Wehr zu setzen.

Im hier interessierenden Zusammenhang von Maklervertrag und Kündigung ist davon auszugehen, daß zunächst einmal mit dem Wirksamkeitszeitpunkt der Kündigung die Verpflichtungen des Maklers aus dem Maklervertrag enden und damit grundsätzlich, also von Ausnahmen abgesehen, das Entstehen von Haftungstatbeständen ebenso beendet ist. Im einzelnen werden folgende Unterscheidungen zu treffen sein:

- Der Wirksamkeitszeitpunkt der Kündigung des Maklervertrags ist zugleich der Endpunkt für das Entstehen von Haftungstatbeständen. Denn zu diesem Zeitpunkt endet die Maklertätigkeit.

- Haftungstatbestände entstehen grundsätzlich während der Laufzeit des Maklervertrags; ihr Entstehen ist aber auch schon in der Vorphase des Vertrages möglich (→ culpa in contrahendo).

- Der Makler kann jedoch auch noch nach dem Ende des Maklervertrags Haftungstatbestände erfüllen, nämlich im Zusammenhang mit der abschließenden Vertragsabwicklung (z. B. Herausgabe der Versicherungsunterlagen an den Kunden etc. / Hierbei entstehende, vom Makler zu vertretende Verzögerungen führen zu einem Schaden des Kunden).

Noch Jahre nach Kündigung und Beendigung des Maklervertrags kann der Makler vom Kunden aufgrund von Haftungstatbeständen in Anspruch genommen werden.

Wie lange? – Das ist zum einen eine Frage der Schadensentstehung, generell resultierend aus schadenstiftenden Handlungen des Maklers während der Vertragslaufzeit, zum anderen – was die Durchsetzbarkeit angeht – spielt die Frage der Verjährungsfrist eine Rolle, ggf. auch die Möglichkeit der Verwirkung von Ansprüchen (→ Verjährung). Die Einrede der Verjährung, die der Makler im Einzelfall unter Umständen erheben kann, läßt den Anspruch zwar nicht untergehen, steht einer Realisierung eines Schadenersatzanspruchs jedoch dauerhaft entgegen.

Die Kündigung bedeutet also die Kündigung des Dauerschuldverhältnisses ‚Maklervertrag', führt – untechnisch ausgedrückt – zu einer Auseinandersetzung zwischen den ehemaligen Vertragspartnern (z. B. Herausgabe von Versicherungsunterlagen, siehe oben) und läßt den Kunden, mit Blick auf eine mögliche Verjährung oder Verwirkung, über das Vorhandensein und Geltendmachen von Haftungsansprüchen gegenüber dem Makler nachdenken.

Kunde

Der Kunde, seit einiger Zeit mit zunehmender Intensität ausgeforscht, ist längst nicht mehr das unbekannte Wesen. Die Unternehmens-Lokomotive des Marketing hat hierfür gesorgt. Eingeteilt in Kundentypen, die nach ihren (schwergewichtig: Konsum-)Verhaltensweisen oder nach ihrem sozialen Status differenziert werden, ist – von dieser Grundlage ausgehend – heute mehr Wissen denn je über den Verbraucher verfügbar, den man mit den verschiedenartigsten Waren und Dienstleistungen umwirbt.

Welche Philosophie sich hinter dieser intensiven Beschäftigung verbirgt, steht auf einem anderen Blatt. Ist es der Gedanke der Markteroberung, sind es die zu gewinnenden Marktanteile, die auf der Prioritätenskala ganz oben stehen? Oder will man den Kunden gut bedienen, seinen Interessen gerecht werden, ihm das – im weitesten Sinne – verkaufen, was er wirklich braucht und seinen Bedarf befriedigt?

Die Praxis deckt die gesamte Skala zwischen diesen beiden Eckpunkten ab. Wo ist nun der Finanzdienstleister, der Versicherungsmakler anzusiedeln?

Betrachtet man also den Versicherungsmakler, so ist in Anbetracht seiner Aufgabenstellung die Antwort klar: Der Kunde steht im Vordergrund, macht die Vorgaben und läßt den Makler als den Einkäufer von Versicherungsschutz agieren. Das ist der äußere Rahmen.

Den Kunden in seinem unterschiedlichen Erscheinungsbild hat auch der Makler adäquat zu bedienen. Diese Aufgabe stellt sich besonders für größere Maklerbetriebe mit einem heterogenen Kundenbestand und einem dementsprechend differenzierten Beratungs- und Betreuungsbedarf:

– Privatkunden

– Freiberufler

– Gewerbetreibende

– Großunternehmen

Der Blick auf diese Kundengruppen gibt nicht nur unterschiedlichen Versicherungsbedarf zu erkennen, sondern auch die Beratung muß in diesen Fällen einen nach Inhalt und Intensität entsprechend angelegten Zuschnitt haben. Während der Großkunde, zumeist selbst mit versicherungstechnischem Sachverstand ausgestattet, einer nicht so intensiven Beratung bedarf, ist die Situation beim Privatkunden eine ganz andere. Als Laie auf dem Gebiet der Versicherung ist er auf fremden Sachverstand angewiesen, er begibt sich mit seinen Versicherungsbelangen in die Obhut des Fachmanns, vertraut ihm und verläßt sich insbesondere auf die Richtigkeit von dessen Rat und Tat.

Hier ist die Brücke zu schlagen zu dem großen Thema der Haftung (→ Haftung, → Expertenhaftung), die zu einem wesentlichen Teil auf das Wissensgefälle zwischen Makler und Kunde abstellt. So ist – nachhaltig gefördert durch das Sachwalterurteil des BGH (vgl. Abschnitt 4 ‚Sachwalterurteil') – der Kunde auch in Sachen Rechtsschutz durch die Rechtsprechung in eine ungleich bessere Position gerückt worden, wenn man die Verhältnisse der Vergangenheit in diese Betrachtung einbezieht.

Maklervertrag

Der Maklervertrag wird zwischen Versicherungsmakler und seinem Kunden abgeschlossen und regelt – zumeist in schriftlicher Form – die beiderseitigen Rechte und Pflichten. Er kommt, wie jeder schuldrechtliche Vertrag, durch Angebot und Annahme zustande, was letztlich durch die Unterschriften beider Parteien dokumentiert wird.

Der Maklervertrag

- muß als solcher ausdrücklich bezeichnet sein,
- enthält eine Beschreibung des Tätigkeitsfeldes (z. B. Beratung und Betreuung in allen Versicherungsangelegenheiten mit Ausnahme der gesetzlichen Renten- und Krankenversicherungen),
- ist gegenseitiger Vertrag und zugleich (es werden laufend zu erbringende Dienste geschuldet) Dauerschuldverhältnis,
- enthält einen Katalog der Pflichten des Maklers,
- verpflichtet den Makler insbesondere zur Beratung und laufenden Betreuung des Kunden in dessen Versicherungsangelegenheiten,
- legitimiert den Makler gegenüber dem Versicherer aufgrund der im Maklervertrag integrierten Vollmacht,
- berechtigt – je nach dem Inhalt der Vereinbarungen mit dem Kunden (→ Maklervollmacht) – den Makler zur Kündigung von Versicherungsverträgen und zur Neueindeckung.

Es ist eine Eigentümlichkeit des Maklervertrages, daß er keine – jedenfalls keine direkte – Regelung der Gegenleistung, nämlich der Vergütung des Maklers, enthält. So heißt es in Maklerverträgen lediglich, die Vergütung des Maklers sei in der vom Kunden zu zahlenden Versicherungsprämie enthalten und werde dem Makler von der Versicherungsgesellschaft vergütet. In der Ausgestaltung der Maklerverträge ist eine Vielzahl sehr unterschiedlicher Versionen für die Tatsache kennzeichnend, daß ein allgemein akzeptierter Standardvertrag sich im Markt erst durchsetzen muß.

Maklervollmacht

Der Kunde bevollmächtigt den Makler, in bestimmtem Umfang für ihn tätig zu werden, stattet ihn also mit der Befugnis aus, mit Wirkung für und gegen den Kunden als Vollmachtgeber Willenserklärungen abzugeben und entgegenzunehmen und Rechtshandlungen vornehmen zu können. Die Vollmacht kann

– verbrieft werden in einer separaten Urkunde, tunlichst in mehrfacher Ausfertigung, da die Versicherer im Rahmen der Legitimationsprüfung die Vorlage der Original-Vollmacht verlangen können und tatsächlich vielfach auch verlangen;

– in den Maklervertrag bzw. Maklerauftrag integriert sein, also einen Bestandteil der vertraglichen Abmachungen zwischen Makler und Kunde bilden.

Der Makler, vom Bundesgerichtshof in seinem berühmten Urteil vom 22. 5. 1985 (vgl. Abschnitt 4 ‚Sachwalterurteil') als treuhänderähnlicher Sachwalter bezeichnet, handelt mithin aufgrund ihm erteilter Rechtsvollmacht, die, seiner umfassenden Aufgabenstellung angemessen, häufig weitgehend ausgestaltet ist. Idealiter ist er mit einer Vertretungsmacht ausgestattet, die ihm ein entsprechend der Sachwalterstellung umfassendes Handeln ermöglicht.

Unabhängig hiervon kennt jedoch die Praxis Abstufungen hinsichtlich des Umfangs der Vollmacht. Der Kunde hat es mit anderen Worten in der Hand, die Aktivitäten des Maklers mehr oder weniger stark zu beeinflussen.

Beispiele:

● Die dem Makler erteilte Vollmacht wird dahin eingeschränkt, daß er Vertragskündigungen und Neueindeckungen mit dem Kunden abzustimmen hat.

● Die – umfassende – Vollmacht erstreckt sich nur auf bestimmte, im Maklervertrag definierte Geschäftsfelder; in bestimmten Bereichen muß sich dagegen der Makler mit dem Kunden abstimmen.

● Die Vollmacht ist umfassend (als Vertretungsmacht) ausgestaltet. Der Makler ist unter anderem zu Vertragskündigungen wie auch -abschlüssen befugt, ohne daß er sich zuvor hierüber mit seinem Vollmachtgeber, dem Kunden, abzustimmen hätte.

Unter dem Aspekt der hier interessierenden Haftungsthematik ergeben sich Haftungstatbestände unter anderem auch aus Vollmachtsüberschreitungen oder aus einem Vollmachtsfehlgebrauch. Ein solcher Fall tritt beispielsweise dann ein, wenn der Makler seine weitreichende Vollmacht zu kundenschädigenden Handlungen mißbraucht, ein Tatbestand, der zugleich als positive Vertragsverletzung – des Maklervertrags – (→ positive Vertragsverletzung) beurteilt werden kann.

Mehrfachagent

Der Mehrfachagent unterscheidet sich vom Versicherungsmakler durch seine vertragliche Bindung gegenüber dem Versicherer (Agenturvertrag). Seine relative Unabhängigkeit ergibt sich daraus, daß er mit einer Mehrzahl von Versicherern zusammenarbeitet (5, 15 oder mehr Versicherern) und er in jedem Fall unter dieser Mehrzahl von Versicherern den geeigneten Produktlieferanten auswählen kann. Er kann dies tun, ohne – also anders als ein Einfirmenvertreter – Sanktionen von Versichererseite befürchten zu müssen.

Trotz dieser relativen Freiheit gibt es für den Mehrfachagenten unverkennbar Bindungen und Verpflichtungen, die ihn der Sphäre des Versicherers zuordnen. So ist der Mehrfachagent

- durch den Agenturvertrag gehalten, die Interessen der Gesellschaft nach besten Kräften zu fördern,

- oft verpflichtet, bestimmte Produktionsziele zu erreichen, stimuliert durch hiermit verbundene Provisionserhöhungen (auch Wettbewerbe mit Bonifikationen),

- häufig mit dem Inkasso für den Versicherer beauftragt,

- auch in anderen Fällen administrativer Art als „verlängerter Arm" des Versicherers tätig.

Die Unterscheidung vom Versicherungsmakler wird auch in der Haftungsfrage (→ Haftung) deutlich. Während für Fehler und Versäumnisse der Versicherungsmakler in eigener Person einzustehen hat, befindet sich der Mehrfachagent unter dem schützenden Dach des Versicherers. Fallen ihm Fehler zur Last, haftet im Regelfall der hinter ihm stehende Versicherer. Zwar kann im Innenverhältnis der Versicherer gegenüber dem Agenten Regreß nehmen, doch geschieht dies relativ selten. Zudem sorgen sogenannte Haftungsfreistellungserklärungen in dieser Hinsicht für ein risikofreies Agieren des Mehrfachagenten.

Eine Eigenhaftung des Mehrfachagenten kommt nur dann in Betracht, wenn im Einzelfall der Mehrfachagent für sich mehr als das bloße Verhandlungsvertrauen in Anspruch genommen hat. Das ist namentlich dann der Fall, wenn sich der Mehrfachagent gegenüber dem Kunden als der profunde Experte dargestellt hat und der Versicherer bei den Gesprächen über eine Eindeckung nicht in Erscheinung getreten ist, so daß der Kunde die Aussagen des Agenten überhaupt nicht einem bestimmten Versicherer zuordnen konnte. Hier haftet also der Mehrfachagent in gleicher Weise wie ein Makler. Im äußeren Erscheinungsbild ist der Mehrfachagent gegenüber dem Versicherungsinteressenten wie ein Makler aufgetreten.

Pflichten

„Die Pflichten des Versicherungsmaklers gehen weit." Dieser Programmsatz des Bundesgerichtshofs in seinem Sachwalterurteil vom 22. 5. 1985 (→ Abschnitt 4 ‚Sachwalterurteil') umreißt einen umfangreichen Pflichtenkatalog und ist zugleich Ausdruck einer gesteigerten Pflichtintensität. Diese Pflichten, zu differenzieren nach Art, Umfang und Intensität, entspringen mehreren Quellen:

- Maklervertrag
  (abgeschlossen zwischen Kunde und Makler)

- Gesetz
  (§§ 93 ff. HGB)

- Handelsgewohnheitsrecht/Handelsbrauch

- Treu und Glauben
  (§ 242 BGB)

- Rechtsprechung
  (besonders in der Frage der Pflichtintensität/→ Expertenhaftung)

Lenkt man den Blick auf das Kerngebiet der Maklerpflichten, den Maklervertrag, so ist hervorzuheben, daß schon im Vorfeld eines solchen Vertrages Pflichten begründet werden können. Angesprochen sind damit die Verhandlungen, die dem Abschluß des Maklervertrages vorausgehen. In dieser Phase kann sich der Makler im Einzelfall schon in eine Pflichtenstellung hineinbegeben haben, eine solche vorvertragliche Pflicht verletzen (culpa in contrahendo) und demzufolge für einen hierdurch bedingten Schaden auch haften.

Die wichtigsten Pflichten, die sich in Haupt- und Nebenpflichten unterteilen lassen, sind:

– *Betätigungspflicht*
  Allgemeine Pflicht des Maklers zum Tätigwerden für den Kunden in Richtung Versicherungsabschluß.

– *Vermittlungspflicht*
Verpflichtung zur Schaffung der Voraussetzungen für einen Versicherungsabschluß (Prüfung der Angebote des Marktes, der Bonität der in Betracht kommenden Risikoträger, Auswahl des geeigneten Versicherers).

– *Abschlußpflicht*
Unter der Voraussetzung, daß ihm eine entsprechende Vollmacht erteilt worden ist, ist der Makler auch zum Abschluß von Versicherungsverträgen verpflichtet.

– *Interessenwahrnehmungspflicht*
Der Versicherungsmakler ist der Interessenvertreter und Sachwalter des Versicherungskunden; er hat damit nicht die neutrale Stellung des klassischen Maklers.

– *Weisungsfolgepflicht*
Der Makler ist verpflichtet, ihm vom Kunden/VN erteilte Weisungen zu befolgen (Grundlage: entsprechende Festlegungen im Maklervertrag/-auftrag; Ausnahme: sachwidrige Weisungen!).

– *Informationspflicht*
Verpflichtung des Maklers, den Kunden über seine Tätigkeit zu unterrichten (z. B. über die Bemühung zur Eindeckung von Risiken etc.).

– *Betreuungspflicht*
Permanente Wahrnehmung der Interessen des Kunden / laufende Kontrolle und ggf. Anpassung des Versicherungsschutzes / Überwachung der Bonität und Liquidität der Risikoträger etc.

– *Schadenbearbeitungspflicht*
Unterstützung des Kunden bei der Geltendmachung der Ansprüche im Versicherungsfall gegenüber dem Versicherer (je nach Vereinbarung), verboten ist ihm jedoch die Übernahme der Prozeßvertretung für den Kunden (→ Rechtsberatung).

– *Rechenschaftspflicht*
Pflicht zur Erteilung von Auskünften über die Ausführung der ihm erteilten Aufträge, ausgerichtet insbesondere auf den Zahlungsverkehr (Offenlegung der Prämienzahlungen, Entschädigungsleistungen der Versicherer).

– *Herausgabepflicht*
Diese Pflicht erstreckt sich auf das, was der Makler in Erfüllung seiner vertraglichen Verpflichtungen erlangt hat (z. B. Aushändigung der Versicherungspolice an den Kunden, Weiterleitung von Entschädigungszahlungen der Versicherer etc.).

Dieser Katalog ließe sich noch fortsetzen, wobei weitere Pflichten sich nach dem bestimmen, was zwischen Makler und Kunde vertraglich vereinbart worden ist. Die Erfüllung dieser breit gefächerten Maklerpflichten muß hohen Anforderungen genügen. Dieses Postulat geht darauf zurück, daß der Makler Angehöriger eines Expertenberufs (→ Expertenberuf) ist, im allgemeinen ein erhebliches Wissensgefälle zwischen Kunde und Makler besteht und derjenige, der sich mit seinen Versicherungsbelangen in die Obhut eines Maklers begibt, diesem Fachmann sich – für diesen erkennbar – anvertraut und auf dessen Kompetenz und generell richtiges Handeln vertraut.

Positive Vertragsverletzung

Der hier interessierende Maklervertrag gehört in den großen Bereich der Schuldverhältnisse. Bei nicht ordnungsgemäßer, den vertraglichen Vereinbarungen beider Parteien entsprechender Erfüllung eines solchen Schuldverhältnisses, stellt sich die Frage nach den Sanktionen. Der Blick in das Gesetz zeigt, daß nicht für alle Fälle einer solchen Leistungsstörung Vorsorge getroffen ist. Die Schöpfer des Bürgerlichen Gesetzbuches (BGB) haben als Mangeltatbestände geregelt

- die **Unmöglichkeit der Leistung** (§§ 275, 280, 324, 325 BGB),
- den **Verzug** bei dem Erbringen der Leistung (§§ 284 ff., 292 ff. BGB)

sowie ferner

- die **Gewährleistungsansprüche** bei Kauf-, Miete-, Werk- und Reisevertrag.

Dabei blieben wesentliche Lücken offen: diejenigen Leistungsstörungen, die weder Unmöglichkeiten noch Verzug darstellen. Beispiel: Der Makler erteilt dem Kunden einen fehlerhaften Rat bei der Eindeckung eines Risikos. Der Kunde befolgt ihn und erleidet später einen beträchtlichen wirtschaftlichen Schaden. Der Makler hatte eine wichtige Zusatzdeckung vergessen. Ergebnis: Hier liegen weder Unmöglichkeit noch Verzug vor; Gewährleistungsansprüche sind ebensowenig gegeben. Da die Verfasser des BGB diese wichtige Fallgruppe nicht bedacht und geregelt haben, hat die Rechtsprechung eingegriffen und das Institut der positiven Vertragsverletzung entwickelt. In dem vorstehend skizzierten Fall bildet der Tatbestand der positiven Vertragsverletzung die Grundlage für die Ersatzansprüche des geschädigten Kunden.

Das Institut der positiven Vertragsverletzung ist heute allgemein anerkannt und bildet einen gesicherten Teil des Schuldrechts. Vor dem Hintergrund einer ständigen, sich über etliche Jahrzehnte erstreckenden Rechtsprechung ist die positive Vertragsverletzung als Gewohnheitsrecht anzusehen.

Rechtsberatung

Der Versicherungsvermittler, sei es ein angestellter Außendienstmitarbeiter, ein Agent oder ein Versicherungsmakler, übt auch eine rechtsberatende Tätigkeit aus. Er bespricht und verhandelt über Vertragskonditionen, kündigt Verträge, schließt neue Verträge für den Kunden ab, unterstützt ihn in Schadenfällen und vieles andere mehr. Rechtlich gesehen bedeutet diese Tätigkeit die Besorgung fremder Rechtsangelegenheiten. Dies alles geschieht im Rahmen des Kundenmandats, auf der Grundlage des Maklervertrags bzw. -auftrags.

Personen, die keine Angehörigen der rechtsberatenden Berufe sind, ist eine solche Tätigkeit grundsätzlich verboten. Das diese Materie regelnde Rechtsberatungsgesetz (RBerG) will zum einen die berufsständischen Interessen fördern, zum anderen soll aber dem allgemeinen Interesse an einer zuverlässigen und sachkundigen Rechtspflege Rechnung getragen werden: Die Besorgung fremder Rechtsangelegenheiten ist den Angehörigen der rechtsberatenden Berufe vorbehalten oder solchen Personen, denen hierfür eine besondere Erlaubnis erteilt wird.

Für bestimmte Berufe enthält das Rechtsberatungsgesetz Ausnahmeregelungen, die eine Besorgung fremder Rechtsangelegenheiten unter bestimmten Voraussetzungen zulassen. Insofern gelten folgende Kriterien:

- Die (Mit-)Erledigung rechtlicher Angelegenheiten steht mit dem Gewerbebetrieb des Unternehmens in unmittelbarem Zusammenhang.

- Unmittelbarer Zusammenhang: Die Rechtsberatung ist als Hilfs- und Nebentätigkeit für eine vernünftige Berufsausübung unabdingbar.

Besonders der Versicherungsmakler, der ein umfassendes Kundenmandat hat, als treuhänderähnlicher Sachwalter des Kunden auftritt und handelt, gelangt in vielfältiger Weise auf das Gebiet der Rechtsberatung. Hier greift die Ausnahmevorschrift des Art. 1 § 5 Nr. 1

RBerG ein, der diese Tätigkeit als notwendige Annex- oder Hilfstätigkeit erlaubt. Sie reicht über die Beratung und Betreuung des Kunden bis hin zur Wahrnehmung von Rechten aus dem Versicherungsvertrag (Schadenregulierung etc.). Allerdings sind Grenzen zu beachten. Nicht erlaubt ist beispielsweise die Übernahme der Prozeßvertretung für den Kunden, gleichgültig, ob es sich um einen Aktiv- oder einen Passivprozeß (Kunde als Kläger oder als Beklagter) handelt. Es fehlt hier der notwendige unmittelbare Zusammenhang mit der Vermittler- bzw. Maklertätigkeit.

Regreß

Der Regreß – oder auch Rückgriff – spielt namentlich im Dienstleistungsbereich eine beachtliche und zunehmend bedeutsame Rolle. Angesprochen sind damit beispielsweise die Vertragsverhältnisse zwischen

- Steuerberater und Mandant,
- Arzt und Patient,
- Anlageberater und Kunde,
- Architekt und Bauherr,
- Anwalt und Mandant,
- Versicherungsvermittler und Kunde.

In allen diesen Fällen kann ein Regreßtatbestand dadurch entstehen, daß der Kunde einen fehlerhaften Rat des Dienstleisters befolgt und, weil eben dieser Rat falsch war, hierdurch einen wirtschaftlichen Schaden erleidet.

Im Verhältnis Versicherungsmakler – Kunde, das durch den Maklervertrag inhaltlich gestaltet wird (Innenverhältnis), können zum Beispiel derartige Rückgriffstatbestände dadurch entstehen, daß der Makler

- bei der Überprüfung des Versicherungsschutzes eines Kunden relevante Deckungslücken übersieht,

- vom Kunden zur Verfügung gestellte Einlösungsbeiträge nicht oder nicht rechtzeitig an den Versicherer weiterleitet mit der Folge nicht wirksam werdenden Versicherungsschutzes,

- vertragliche Kündigungsfristen versäumt und damit für den Kunden günstigere Eindeckungsmöglichkeiten zunichte macht,

- dem Versicherer wichtige Risikoumstände nicht mitteilt und auf diese Weise Leistungsansprüche des Kunden im Versicherungsfall gefährdet bzw. zunichte macht,

– bei der Bearbeitung eines Schadens für den Kunden bestimmte Ansprüche gegenüber dem Versicherer nicht erhebt und dem Kunden dadurch wirtschaftliche Nachteile zufügt.

In allen diesen beispielhaft genannten Fällen hat der Maklerkunde grundsätzlich die Möglichkeit, den Makler, der schuldhaft gehandelt bzw. Handlungen unterlassen hat, in Anspruch zu nehmen (Regreß auf Basis des Innenverhältnisses). Dieser Rückgriffs-Anspruch bemißt sich in seinem Umfang nach der Höhe des durch das Fehlverhalten des Maklers verursachten Schadens. So kann es vorkommen, daß der Makler im Einzelfall wie ein Versicherer leisten muß.

Unübersehbar ist das Risiko für den Makler, daß im Streitfall vor Gericht die Tendenz besteht, auch in den nicht eindeutig gelagerten Fällen eher einen Regreßanspruch des Maklerkunden zu bejahen. Grund: Der Kunde hat dem Makler als dem Fachmann und Versicherungsexperten vertraut, hat sich in seinen Versicherungsangelegenheiten in dessen Obhut begeben und ihm hierzu Kompetenzen (Bevollmächtigung) eingeräumt.

Risiko

Im Rahmen seiner Aufgabenstellung, die in dem Maklervertrag festgeschrieben ist, hat sich der Makler mit den Risiken seiner Kunden zu befassen. Im Vertrag ist in allgemeiner Form davon die Rede, daß er den Kunden in allen Versicherungsangelegenheiten berät und betreut. Der hier betrachtete Begriff ‚Risiko' zeigt, geht man seinem Inhalt auf den Grund, ein facettenreiches Bild:

Risiko

– als Bezeichnung der versicherten Sachen und Interessen (Gebäude und seine Bestandteile, jedoch ohne das Zubehör als versicherte Sachen, § 2 AFB 87),

– als Umschreibung der versicherten Gefahr (z. B. Gebäudeschaden durch Sturm),

– als örtliche Umschreibung (Versicherungsort, Belegenheit der versicherten Sache),

– als zeitliche Umschreibung des versicherten Risikos (Tierversicherung: § 14 AVR 77 a; Dauer der Versicherung, Beginn und Ende der Haftung),

– als Umschreibung der Art der versicherten Schäden (z. B. Beschädigung oder Zerstörung von versicherten Sachen in der Technischen Versicherung).

Das Risiko ist mithin im Rahmen der Tätigkeit des Maklers eine zentrale Größe. Die Beschäftigung mit dem Risiko, in welcher Ausprägung auch immer (siehe oben), ist das Kernstück seiner Aktivitäten, die sich im Hinblick auf das Prozedere, den zeitlich/logischen Ablauf, wie folgt aufgliedern lassen:

- Risiko-Analyse
- Risiko-Beurteilung
- Risiko-Abdeckung

Es bedarf fast keiner besonderen Hervorhebung, daß dieses Gebiet das Hauptfeld für das Entstehen von Haftungstatbeständen bildet. Entsprechend dem Bedeutungsumfang im Rahmen der Verpflichtungen aus dem Maklervertrag unter Berücksichtigung des begleitenden Umfeldes ist mit anderen Worten die Gefahr von Fehlern und Versehen groß. Übersehen, Nichterkennen und Fehleinschätzung „von Risiken" in der Hektik des Tagesgeschäfts und sonstige Beratungsfehler kommen auch in generell sorgfältig geführten Maklerbetrieben vor und können für den Kunden fatale Folgen haben, beträchtliche wirtschaftliche Nachteile mit sich bringen. Derartiges zu vermeiden – darauf wird der Makler ein Hauptaugenmerk legen müssen.

Risk Management

Der Versicherungsmakler hat grundsätzlich eine ganzheitlich angelegte Aufgabe. Als Verpflichtung im Maklervertrag oder -auftrag umschrieben, ist er generell gehalten, seinen Kunden rundum, in allen Versicherungsangelegenheiten zu beraten und zu betreuen.

Dieser weitreichende Ansatz, der sich allerdings – durch vertragliche Vereinbarung – im Einzelfall einschränken läßt, ist sogar noch auszudehnen, der Bogen der Beratungsverpflichtung noch weiter zu spannen. Nimmt er die Belange des Kunden in umfassender Weise wahr, so bedeutet dies nicht eine Fixierung auf das Thema ‚Versicherung', sondern er hat darüber hinausgehend die Verpflichtung, die finanziellen Rahmenbedingungen des Kunden zu prüfen und die Absicherung durch Versicherung in wirtschaftlich sinnvoller Weise zu ordnen und einzuordnen in ein ganzheitlich konstruiertes Absicherungssystem.

Die Gesamtbetrachtung der wirtschaftlichen Existenz des Kunden rückt automatisch auch andere Formen der Absicherung ins Blickfeld, so daß unter bestimmten Voraussetzungen der Makler sogar gehalten sein kann, von einer Versicherung abzuraten, nämlich dann, wenn hierfür Lösungen zur Verfügung stehen, die – aus Sicht des Kunden – ökonomisch geeigneter und hinsichtlich Wirkungsweise und Effizienz mindestens gleichwertig sind.

Der Begriff des Risk Management fordert die Frage heraus, auf welche alternativen Absicherungsmöglichkeiten zurückgegriffen werden kann. Insofern kommen in Betracht:

– Inkaufnahme von Risiken seitens des Kunden, ohne diese – in welcher Form auch immer – abzusichern („Eigenbehalt");

– Risk Engineering: Risiko-Minimierung durch technische Vorkehrungen am Risikoobjekt etc. (Gewerbe, Industrie);

– Rücklagenbildung: Zurückstellen von Finanzmitteln „für den Fall der Fälle" („auf die hohe Kante legen").

Begibt sich der Makler in dieses Feld – und er muß auch den Nicht-Versicherungsbereich berücksichtigen –, so betritt er in gewissem Umfang zweifellos das Gebiet der Unternehmensberatung, bei Privaten das Gebiet der Finanz- oder Vermögensberatung. Daß sich dadurch auch die Haftungsgefahren entsprechend erweitern, liegt auf der Hand. Diese Dienstleistungen werden daher nur von solchen Maklerbetrieben erfüllt werden können, die über ein entsprechendes, derartigen Anforderungen adäquates Potential verfügen.

Zur Klarstellung: In den „normalen" Maklervertrag, ausgerichtet auf die Versicherungsbelange, wird die Verpflichtung zum Risk Management nicht hineingelesen werden können, jedenfalls nicht im Sinne einer diesbezüglichen „Komplettberatung". Es hat hier also eine Verzahnung stattzufinden zwischen entsprechenden Überlegungen und Maßnahmen des Unternehmens in Eigenregie auf der einen Seite und dem Makler andererseits. Größere und Groß-Unternehmen werden auf Rat und Unterstützung von speziellen Dienstleistern zurückgreifen. Der Makler jedenfalls wird sich auf diesem Feld auch deswegen zurückhalten müssen, als die Unternehmensberatung nicht als bloße – und damit erlaubte – Annex- oder Hilfstätigkeit angesehen werden kann; im Hintergrund droht als Damoklesschwert das Rechtsberatungsgesetz.

Rückwärtsversicherung

Im allgemeinen setzt die Gefahrtragung des Versicherers – oder auch der Versicherungsschutz – zukunftsgerichtet ein („Vorwärtsversicherung"). Betrachtungszeitpunkt ist hierbei der Abschluß des Versicherungsvertrages (= formeller Versicherungsbeginn). Das Versicherungsvertragsgesetz kennt indessen auch den in die Vergangenheit gerichteten Versicherungsschutz, nämlich die Rückwärtsversicherung. Dazu legt § 2 VVG folgendes fest:

> *§ 2 [Vereinbarte Rückwirkung] (1) Die Versicherung kann in der Weise genommen werden, daß sie in einem vor der Schließung des Vertrags liegenden Zeitpunkte beginnt.*
>
> *(2) ¹Weiß in diesem Falle der Versicherer bei der Schließung des Vertrags, daß die Möglichkeit des Eintritts des Versicherungsfalls schon ausgeschlossen ist, so steht ihm ein Anspruch auf die Prämie nicht zu. ²Weiß der Versicherungsnehmer bei der Schließung des Vertrags, daß der Versicherungsfall schon eingetreten ist, so ist der Versicherer von der Verpflichtung zur Leistung frei; dem Versicherer gebührt, sofern er nicht bei der Schließung von dem Eintritt des Versicherungsfalls Kenntnis hatte, die Prämie bis zum Schluß der Versicherungsperiode, in welcher er diese Kenntnis erlangt.*
>
> *(3) Wird der Vertrag durch einen Bevollmächtigten oder einen Vertreter ohne Vertretungsmacht geschlossen, so kommt in den Fällen des Absatzes 2 nicht nur die Kenntnis des Vertreters, sondern auch die des Vertretenen in Betracht.*

Diese Regelung im VVG muß sich natürlich mit der Frage und auch Problematik auseinandersetzen, ob bereits ein Versicherungsfall eingetreten ist. Wird diese Frage bejaht, scheidet zumindest denkgesetzlich der Abschluß einer Versicherung aus. Denn für sie ist essentiell die Ungewißheit der Gefahrenverwirklichung.

Wird dennoch ein Versicherungsvertrag zwischen Versicherer und Versicherungsnehmer mit Gefahrtragungsbeginn vor dem formellen Vertragsabschluß vereinbart, so ist dies rechtstechnisch allerdings möglich. Dem trägt § 2 VVG Rechnung. In ihrem Abs. 2 sieht diese Vorschrift Sanktionen für den Fall vor, daß (es besteht ein Vertrag) entweder dem Versicherungsnehmer oder dem Versicherer der Eintritt des Versicherungsfalls bekannt bzw. sein Eintritt ausgeschlossen ist. Die von § 2 Abs. 2 VVG angeordneten Rechtsfolgen lassen sich wie folgt zusammenfassen:

- Weiß der Versicherer, daß die Möglichkeit des Eintritts des Versicherungsfalls ausgeschlossen ist, steht ihm eine Prämie nicht zu (Vertrag ist aber gültig!);

- Weiß der Versicherungsnehmer, daß der Fall schon eingetreten ist, ist der Versicherer von der Verpflichtung zur Leistung frei (Vertrag ist gültig, Prämienanspruch ist gegeben!).

Hierbei handelt es sich um die gesetzlich fixierte Grundkonstellation; dazu gibt es eine Reihe weiterer Fallgestaltungen (vgl. hierzu Bruck/Möller, VVG, Kommentar, § 2, Anm. 23 ff.).

Von Bedeutung ist, daß die Rückwärtsversicherung im Hinblick auf ihren formellen Abschluß ausdrücklich vereinbart sein muß. Mit anderen Worten liegt diese besondere Versicherungsform nicht schon dann vor, wenn in den Dokumenten als Versicherungsbeginn ein Zeitpunkt bezeichnet wird, der vor dem Vertragsabschluß liegt. Falls von den Parteien eine Rückwärtsversicherung gewollt ist, also der Versicherungsschutz rückwirkend – in die Vergangenheit – bestehen soll, muß dies ausdrücklich klargestellt werden. Nur ausnahmsweise ist es zulässig, aufgrund einer Auslegung der Umstände eine Rückwärtsversicherung anzunehmen.

Ist zwischen den Parteien eines Versicherungsvertrages streitig, ob eine Rückwärtsversicherung vereinbart ist, so trifft die Beweislast denjenigen, der sich auf diese Versicherungsform beruft. Im Zweifel ist davon auszugehen, daß eine Rückwärtsversicherung n i c h t vorliegt. Denn Vorwärts- und Rückwärtsversicherung stehen im Regel-/Ausnahmeverhältnis; daher ist in diesem Fall eine Vorwärtsversicherung anzunehmen (Normalfall).

Eine Rolle spielt die Rückwärtsversicherung unter anderem in der Vermögensschaden-Haftpflichtversicherung (vgl. Kapitel 5 in diesem Buch).

Schadenersatz

Eine schuldhafte Verletzung der ihm obliegenden Pflichten macht den Makler schadenersatzpflichtig. Diese Konsequenz konzentriert sich in erster Linie auf die

> *vertraglichen Schadenersatzansprüche*
> (hauptsächlich: Verletzung des Maklervertrags),

daneben können auch

> *deliktische Schadenersatzansprüche*
> (nur bei Vorliegen besonderer Umstände; diese müssen einen Tatbestand der §§ 823 ff. BGB erfüllen)

bestehen.

Die vertraglichen Schadenersatzansprüche richten sich nach den allgemeinen Regeln des Zivilrechts. Das bedeutet in erster Linie die Anwendung der Normen des Bürgerlichen Gesetzbuches. Folgende Tatbestände können vorliegen:

- **Unmöglichkeit,** § 280 Abs. 1 BGB
  (die Leistung kann vom Schuldner überhaupt nicht mehr erbracht werden)

- **Verzug,** § 286 Abs. 1 BGB
  (der Schuldner erfüllt seine Verpflichtung nicht innerhalb der vereinbarten Leistungszeit)

- **positive Vertragsverletzung**
  (Auffangtatbestand; dieser umfaßt alle Pflichtverletzungen, die weder Unmöglichkeit noch Verzug darstellen)

Den Makler trifft eine Fülle von Pflichten, zum Beispiel die Betätigungspflicht, die Vermittlungspflicht, die Deckungspflicht, die Weisungsfolgepflicht, die Rechenschaftspflicht, die Inkassopflicht, die Schadenbearbeitungspflicht. Versehen und sonstige Versäumnisse können zur Verletzung dieser Pflichten führen. Der Makler sieht sich also einer Vielzahl von möglichen Schadenersatztatbeständen gegenüber.

Verschulden im Sinne des § 276 BGB vorausgesetzt, führen derartige Verletzungen zur Schadenersatzpflicht des Maklers. Dieser hat gem. § 278 BGB auch für Pflichtverletzungen seiner Mitarbeiter einzustehen.

Aber nicht nur aus dem zwischen Kunde und Makler bestehenden Maklervertrag können Pflichtverletzungen resultieren; auch das Doppelrechtsverhältnis zwischen Versicherer und Makler enthält – je nach getroffener Absprache – Verpflichtungen des letzteren gegenüber dem Versicherer und demzufolge auch latente Verletzungstatbestände (z. B. Verpflichtung zur Weiterleitung von Deklarationen, Mitteilungen von Risikoveränderungen, Rechenschaftspflicht etc.). Auch in diesem, wenngleich schwach ausgeprägten Rechtsverhältnis kann mithin eine Schadenersatzverpflichtung des Maklers – in diesem Fall gegenüber dem Versicherer – entstehen.

Ein Mitverschulden ist gem. § 254 BGB zu berücksichtigen. Das heißt, daß dann, wenn „bei der Entstehung des Schadens ein Verschulden des Geschädigten mitgewirkt" (§ 254 Abs. 1 BGB) hat, sich dies im Sinne einer Minderung der Schadenersatzverpflichtung – im Extremfall bis zu deren Aufhebung – führen kann.

Art, Inhalt und Umfang der Schadenersatzverpflichtung richtet sich nach den §§ 249 ff. BGB. Das kann im Einzelfall zu schwerwiegenden wirtschaftlichen Folgen für den Versicherungsmakler führen. Bei einer Verletzung der Betätigungs-, Vermittlungs-, Abschluß- oder Deckungspflicht haftet er wie ein Versicherer. Auch die Wahl des „falschen" Versicherers – mangelnde Bonität/Solvenz – kann zu derartigen weitreichenden Konsequenzen führen.

Unabhängigkeit

Die Verwendung des Begriffs ‚Unabhängigkeit' löst automatisch die Frage aus: unabhängig wovon und von wem? Im hier erörterten Themenfeld der Versicherungsvermittlung bedeutet sie, konkretisiert, die Frage, welchem Vermittler die Eigenschaft der Unabhängigkeit vom Versicherer zugeschrieben werden kann. Zwei Vermittlertypen kommen hierfür in Betracht: der Versicherungsmakler und der Mehrfachagent.

- *Versicherungsmakler*
  Er ist der Prototyp des unabhängigen Vermittlers. Er ist frei von jeglichen vertraglichen Bindungen zum Versicherer. Ungebunden und unbelastet von derartigen vertraglichen Verpflichtungen trifft er, bestimmt vom Kundeninteresse, seine Wahl unter den in Betracht kommenden Risikoträgern.

- *Mehrfachagent*
  Der Mehrfachagent agiert in relativer Unabhängigkeit. Er ist zwar vertraglich an mehrere Versicherer gebunden, doch erlauben ihm im allgemeinen die vertraglichen Vereinbarungen eine relativ weitgehende Wahlfreiheit unter den Versicherern. Allerdings kann er sich im Einzelfall – freiwillig – bestimmten Produktionszielen gegenüber einem oder mehreren Versicherern unterwerfen und auf diese Weise Abhängigkeit begründen.

Die Unabhängigkeit ist ein Positiv-Kriterium für den Kunden. Sie bedeutet, daß der Vermittler nicht im Versichererinteresse handelt, vielmehr frei von derartigen Zwängen sich den Belangen des Kunden widmen und in dessen Interesse handeln kann. Allerdings stellen sich solche Idealzustände nicht von selbst her. Kontrolle und Offenlegung von Bindungen, festzumachen an bestimmten Kriterien, bilden ein wichtiges Korrektiv. So enthält der Art. 3 der Richtlinien-Empfehlung der EG-Kommission unter der Überschrift „Unabhängigkeit der Vermittler" die Forderung, wonach Vermittler solchen Personen, die sich um einen Versicherungs- oder Rückversicherungsschutz bemühen, folgendes offenzulegen haben:

– „ihre etwaigen unmittelbaren rechtlichen oder wirtschaftlichen Bindungen an ein Versicherungsunternehmen oder ihre Beteiligungen an solchen Unternehmen oder umgekehrt, soweit sie eine völlig freie Wahl des Versicherungsunternehmens beeinträchtigen könnten;

– die für das Vorjahr geltende Verteilung der Geschäftsumsätze mit verschiedenen Versicherungsunternehmen."

Die Umsetzung dieser Empfehlung der EG-Kommission ist – europaweit betrachtet – allenfalls in gedanklichen Ansätzen vorhanden. Man mag auch kritisch die Frage beleuchten, ob die Verteilung der Geschäftsumsätze und die Konzentration des Geschäfts auf einige – wenige – Versicherer automatisch Abhängigkeit bedeutet und den Vermittler insofern disqualifiziert. Zu bedenken ist: Der Makler beispielsweise, der den Markt sorgfältig analysiert, die Anbieter mit ihren Produkten kritisch durchleuchtet und auch deren Bonität prüft, kann durchaus zu dem Ergebnis gelangen, daß diese einigen wenigen Anbieter für seine Klientel die idealen Risikoträger sind. Das kann im Einzelfall die Zuführung bedeutender Geschäftsvolumina zu einigen wenigen Versicherern bedeuten. Abhängigkeiten müssen damit nicht zwangsläufig verbunden sein, zumindest rechtlich kann davon keine Rede sein.

Verjährung

Die Verjährung von Ansprüchen bedeutet, daß der bloße Zeitablauf – unabhängig von dem Willen der Vertragsparteien – auf die Rechtslage einwirkt. Konkret bedeutet die Verjährung, daß der Verpflichtete nach dem Ablauf eines bestimmten Zeitraums das Recht erwirbt, die Leistung zu verweigern. Die Verjährung verschafft dem Berechtigten eine Einrede; der Anspruch geht mit anderen Worten nicht unter, vielmehr ist die Einrede in der Hand des Berechtigten ein dauerndes Leistungsverweigerungsrecht.

Das Bürgerliche Gesetzbuch (BGB) enthält die Grundregeln über die Verjährung. Spezialgesetze können Sonderregelungen treffen (so zum Beispiel das Steuerberatergesetz und die Bundesrechtsanwaltsordnung).

Die im BGB enthaltenen Grundregeln über die Verjährung haben folgenden Inhalt:

- **§ 194 Abs. 1 BGB**

    „Das Recht, von einem anderen ein Tun oder ein Unterlassen zu verlangen (Anspruch), unterliegt der Verjährung."

- **§ 195 BGB**

    „Die regelmäßige Verjährungsfrist beträgt 30 Jahre."

Die den Versicherungsmakler berührende Frage lautet: Welche Verjährungsfrist gilt für Ansprüche gegen ihn bzw. auf welches Mindestmaß kann die Verjährung von Ansprüchen des Kunden gegen den Makler verkürzt werden? Die Antwort hierauf hat sich zu orientieren an den beiderseitigen Interessenlagen, wobei diese Interessen insofern in ein ausgewogenes Verhältnis zueinander zu bringen sind. Mangels einer spezialgesetzlichen Regelung muß also dann, wenn der Makler der regelmäßigen Verjährungsfrist von 30 Jahren ausweichen will, die folgende Grundkonstellation bedacht werden:

- *Kunde*
  Der Maklerkunde hat – selbstverständlich – ein Interesse an einer möglichst langen Verjährungsfrist. Ihm ist mit anderen Worten an der regelmäßigen Verjährungsfrist von 30 Jahren gelegen. Als Rechtfertigungsgrund hierfür läßt sich anführen, daß vom Makler zu verantwortende Beratungsfehler häufig erst nach längerer Zeit zutage treten können – und sich beim Kunden in wirtschaftlichen Nachteilen niederschlagen.

- *Makler*
  Es liegt naturgemäß im Interesse des Maklers, binnen kürzestmöglicher Frist (nach Beendigung des Maklervertrages bzw. -auftrags) Klarheit darüber zu haben, ob er mit seiner Inanspruchnahme rechnen muß. Die Belastung seiner beruflichen Existenz mit einer längerwährenden Haftungsgefahr und auch Inanspruchnahme seitens des Kunden ist eine Hypothek, die er schnellstmöglich ablösen möchte.

- *Allgemein*
  Der Maklerkunde, der sich von Makler A gelöst hat, wird seine Versicherungsangelegenheiten im allgemeinen in die Obhut des Nachfolgemaklers B geben. Sachkundige Unterstützung in seinen Versicherungsbelangen ist somit gewährleistet. Der Nachfolgemakler ist verpflichtet, den bestehenden Versicherungsschutz zu überprüfen. Somit ist generell sichergestellt, daß Mangeltatbestände aufgedeckt und Regreßansprüche festgestellt werden.

Nimmt der Kunde nicht die Dienste eines Nachfolgemaklers in Anspruch, ist dennoch eine Verkürzung der regelmäßigen Verjährungsfrist grundsätzlich gerechtfertigt. Außer der Inanspruchnahme der Dienstleistungen eines Maklers gibt es weitere Möglichkeiten, externe Sachkunde nutzbar zu machen (z. B. Versicherungsberater). Das Erkennen eigener Unzulänglichkeiten hinsichtlich versicherungstechnischen Fachwissens wie auch das Erkennen der Notwendigkeit zur Inanspruchnahme fremden Fachwissens muß dem Kunden zugemutet werden.

In Anlehnung an die Regelungen im Steuerberatergesetz (§ 68) und in der Bundesrechtsanwaltsordnung (§ 51 b) erscheint eine Verjährungsfrist von drei Jahren im Hinblick auf das Rechtsverhältnis zwischen Makler und Kunde gerechtfertigt und vertretbar. Eine Vereinbarung über die Dauer der Verjährungsfrist müßte im Maklervertrag bzw. -auftrag festgelegt werden.

Vermögensschadenhaftpflicht

Pflicht – Pflichtverletzung – Schaden – Haftung – Schadenersatz: Der Endpunkt dieser Kette mündet automatisch in die Frage ein, ob die Ersatzleistung, die Beträge in Millionenhöhe erreichen kann, nur auf dem Papier steht, mit anderen Worten, ob der den Schaden verursachende Makler auch tatsächlich in der Lage ist, Schadenersatz zu leisten. Die Berechtigung dieser Fragestellung wird unterstrichen, wenn man sich vor Augen führt, daß der Makler in bestimmten Fällen – er versäumt es beispielsweise, für rechtzeitige Deckung zu sorgen – wie ein Versicherer haftet.

Schadenersatzforderungen in Millionenhöhe werden im allgemeinen die Leistungskraft des Maklers überfordern. Derartige kapazitätssprengende Auswirkungen berühren massiv die existentiellen Positionen der Hauptbeteiligten, nämlich des Maklers und des Kunden. Zwei Schutzbereiche sind relevant (Betrachtung aus Maklersicht):

- *Fremdschutz*
  Der Kunde, der sich – zu Unrecht – durch den Makler ausreichend versichert glaubt, erleidet einen Millionenschaden; der Versicherer leistet nicht. Der Makler, auf Schadenersatz in Anspruch genommen, ist nicht in der Lage, den Schadenersatzanspruch des Kunden zu befriedigen. Der geschädigte Kunde fällt mit dem größten Teil seiner Forderung aus. Ein Unternehmer wird häufig in Fällen dieser Art mit seinem Betrieb in Konkurs geraten.

- *Eigenschutz*
  Schadenersatzforderungen in Millionenhöhe können die Existenz des Maklers vernichten und darüber hinaus ihn mit einer lebenslangen Hypothek in Gestalt der unbefriedigten Forderung belasten. Haftungsbeschränkungen (→ Haftungsbeschränkung) können im Einzelfall derartige Auswirkungen begrenzen, sind jedoch nur bedingt ein wirksamer Schutz.

Schutzmaßnahmen des Maklers in dem hier angesprochenen Extrembereich haben daher die Wirkung eines Existenz-Schutzes in dieser zweifachen Hinsicht. Welche Schutzmaßnahmen kommen nun in Betracht?

Es drängt sich auf, daß der Makler sich dessen bedient, was den Gegenstand seines Berufs ausmacht, der Versicherung. Die Vermögensschaden-Haftpflichtversicherung (→ Abschnitt 5 ‚Vermögensschaden-Haftpflichtversicherung') ist mit der aufgezeigten zweifachen Begründung ein Obligo. Fremd- wie Eigenschutz verlangen den Abschluß einer derartigen Versicherung; im Kundeninteresse ist sie zu einer Art standesrechtlicher Verpflichtung des Maklers geworden. So verlangt der Bundesverband Deutscher Versicherungsmakler – festgeschrieben in seiner Satzung – von seinen Mitgliedern einen Vermögensschaden-Haftpflichtversicherungsschutz in Höhe von 3 Mio. DM.

Auch wenn man sich von standesrechtlichen Überlegungen löst – die Tendenzen zur Inanspruchnahme der beratenden Berufe, auch der Versicherungsmakler, auf Schadenersatz wächst. Den Klageweg zu beschreiben, bildet für viele, die durch Maklerverschulden wirtschaftliche Nachteile erlitten haben, kein Hemmnis mehr. Die Notwendigkeit adäquaten Versicherungsschutzes ist auch aus diesem Blickwinkel unübersehbar.

Versicherer

Betrachtet man das Verhältnis Versicherungsmakler – Versicherer, so ist dieses durch das Kriterium der Unabhängigkeit (→ Unabhängigkeit) gekennzeichnet. Der Makler ist der Interessenvertreter und Sachwalter des Kunden. Mit dem Versicherer verbindet ihn nur das dünne rechtliche, die Unabhängigkeit nicht beeinträchtigende Band der Courtagezusage.

Wenn somit der Versicherungsmakler in Unabhängigkeit und Eigenständigkeit agiert und dem Versicherer auf einer Art Gegenposition gegenübersteht, wird deutlich, daß er Schutz und Zuflucht im Regelfall beim Versicherer nicht finden kann. Wird er wegen Falschberatung von seinem Kunden in Anspruch genommen, kann er, anders als der Agent, nicht unter das schützende Dach des Versicherers flüchten, der für sein Handeln einzustehen hätte. Die Haftung für Fehler und Versäumnisse des Maklers ist Eigenhaftung.

Auf der Ebene des täglichen Geschäftsverkehrs ist der Versicherer der Geschäftspartner des Maklers – unbeschadet seiner Unabhängigkeit, die durch einen Fehl-Tatbestand dokumentiert wird: durch den nicht vorhandenen Vertrag zwischen Versicherer und Makler. Die Courtagezusage gefährdet diese Unabhängigkeit nicht. Sie ist lediglich eine die Höhe der Vergütung festlegende rechtsverbindliche Erklärung des Versicherers.

Auf einem anderen Blatt stehen die wirtschaftlichen Rahmenbedingungen, die die Grundlage für Kooperation zwischen Versicherer und Versicherungsmakler bilden. Daß es hier zu mehr oder weniger starken wirtschaftlichen Abhängigkeiten kommt, die mal die eine, mal die andere Seite treffen können, ist Faktum in der Tagespraxis.

Aber auch im rechtlichen Bereich und in der Funktionenverteilung gibt es zuweilen irritierende, das klare Bild der Trennung störende Erscheinungen in den Geschäftsbeziehungen zwischen Versicherer und Versicherungsmakler. Das ist dann der Fall, wenn der Makler bestimmte Tätigkeiten und Funktionen für den Versicherer übernimmt, beispielsweise Prämieninkasso, Policenausfertigung, Schadenbearbeitung. Maklerpolicen und Maklerbedingungen kommen hinzu. Derartige Abweichungen von der Norm sind indessen – berücksichtigt man die Gesamtzahl der Makler – eher selten und sind auch vornehmlich im Bereich des gewerblichen/industriellen Geschäfts anzutreffen.

Immerhin: Das Gebot der Transparenz verlangt klare Trennung von Versicherer und Makler. Der Verbraucher, der Maklerkunde, muß nicht nur in die Lage versetzt werden, seinen Bundesgenossen klar zu erkennen, er darf auch nicht in seinem Vertrauen auf die Verläßlichkeit des von ihm beauftragten Maklers irgendwie erschüttert werden. Das wäre dann der Fall, wenn der Versicherungsmakler Funktionen ausüben würde, die der Kunde selbst als typische Versichererfunktionen diesem zuordnen müßte.

Dem Ziel der klaren Trennung von Versicherer und Makler dient das Prinzip der Polarisation, wie es etwa in Großbritannien anzutreffen ist. Es bedeutet klares, für jedermann erkennbares Handeln entweder als Agent des Versicherers oder als Makler des Kunden. Hiermit einher geht eine Vermittlertypen-Bereinigung. Unter dem Gesetz der Polarisation gibt es den Mehrfachagenten, der Verträge zu mehreren Versicherern unterhält, nicht mehr.

Die Verwirklichung dieses Modells in Deutschland dürfte indessen ein in fernere Zeiten zu verlegendes Vorstellungsbild sein. So werden es die Versicherer auch weiterhin im Bereich der Vermittler mit einer Typenvielfalt zu tun haben, aus denen sich der Makler als sein „Gegenüber" deutlich heraushebt.

Versicherungsantrag

Der Versicherungsantrag leitet den Abschluß eines Versicherungsvertrages ein. Im Rahmen der technischen Abwicklung dieses rechtlichen Vorgangs wird üblicherweise ein Formular mit der Überschrift „Antrag" oder „Versicherungsantrag" verwendet. Von dieser Form der Antragstellung machen nahezu alle Vermittlertypen Gebrauch. Eine Ausnahme bildet der Versicherungsmakler. In der Praxis der Angehörigen dieser Berufsgruppe wird die sogenannte Deckungsaufgabe benutzt.

Die Deckungsaufgabe – oft formlos, zuweilen verwenden Makler auch Formulare eigener Schöpfung – ist also der vom Makler beim Versicherer einzureichende Versicherungsantrag. Bei dieser Tätigkeit wird der Makler gleichsam als der verlängerte Arm des Versicherungsinteressenten/Kunden tätig. Hinsichtlich Inhalt und materiellem Gehalt ist die Deckungsaufgabe dem sonst üblichen Versicherungsantrag gleichzusetzen.

Damit ist zugleich gesagt, daß der Makler alle risikorelevanten Angaben dem Versicherer anzudienen hat, und zwar in dem Umfang, wie dies – unabhängig von der Form (Antragsvordruck oder Deckungsaufgabe) – üblich und aus Versicherersicht notwendig ist, um das Risiko zutreffend beurteilen und über die Indeckungnahme (Annahme des Antrags) entscheiden zu können.

Sollten die vom Kunden zur Verfügung gestellten Informationen unvollständig sein, hat der Makler durch Nachfrage derartige Informationslücken auszufüllen und die entsprechenden Angaben dem Versicherer zur Verfügung zu stellen. Besondere Umstände, die in dem Standard-Fragenkatalog nicht enthalten, jedoch erkennbar risikorelevant sind, hat der Makler unaufgefordert dem Versicherer mitzuteilen. Hier wirkt noch die rudimentär vorhandene Mittlerstellung des Maklers zwischen den beiden Vertragspartnern (Versicherer – Antragsteller/VN) nach, die insofern von der streng einseitigen Interessenwahrnehmung zugunsten des Kunden abweicht.

Mitunter kommt es vor, daß Makler, zumal dann, wenn die Geschäftsbeziehungen zu bestimmten Versicherern intensiv sind, über

Antragsformulare dieser Versicherer verfügen und diese auch benutzen. Dies ist unter dem Blickwinkel der Vermittlertypen-Zuordnung unbedenklich; mit anderen Worten wird dadurch nicht etwa die Maklerposition in ihrer rechtlichen und wirtschaftlichen Ausrichtung auf den Kunden in Frage gestellt.

Der Vorgang der Antragstellung des Maklers für seinen Kunden ist ebenfalls ein Aktionsfeld, in dem Haftungstatbestände latent vorhanden sind. Fehler und Versäumnisse, die hier auftreten und sich in Nachteilen für den Kunden/VN niederschlagen (Obliegenheitsverletzung, kein Versicherungsschutz etc.), führen zur Haftung des Maklers und zur Schadenersatzverpflichtung.

Versicherungsmakler

Unter den klassischen Vermittlertypen – Einfirmenvertreter, Mehrfachagenten, Versicherungsmakler – ist der Makler derjenige, der als einziger der Interessenssphäre des Versicherungskunden zugeordnet ist. Während also der Einfirmenvertreter und überwiegend auch der Mehrfachagent als „verlängerter Arm" des Versicherers agieren, ist der Versicherungsmakler der Interessenvertreter und Sachwalter des Kunden. Was heißt das im einzelnen?

Der Versicherungsmakler

- ist mit dem Kunden durch einen Maklervertrag (→ Maklervertrag) verbunden, der die beiderseitigen Rechte und Pflichten regelt (Innenverhältnis),

- ist bei seiner Tätigkeit als Angehöriger eines Expertenberufs (→ Expertenberuf) zu besonderer Sorgfalt vor dem Hintergrund weitgehender Pflichten aufgerufen,

- ist der „verlängerte Arm" des Kunden, und, je nach Vereinbarung, auch sein rechtlicher Vertreter (abhängig vom Umfang der ihm erteilten Vollmacht),

- unterliegt im Falle der Verletzung von Pflichten aus dem Maklervertrag einer strengen Haftung,

- muß seine hieraus resultierende mögliche Schadenersatzpflicht im Interesse des Kunden durch eine Vermögensschaden-Haftpflichtversicherung absichern.

Als – historisch gesehen – ältester Vermittlertypus ist das Geschäftsfeld des Versicherungsmaklers im Bereich von Handel, Industrie und Großgewerbe angesiedelt. Erst in neuerer Zeit ist eine Ausweitung seiner beruflichen Aktivitäten in neue Marktsegmente hinein zu beobachten: Hinzugetreten sind mittleres und Kleingewerbe, freie Berufe und auch die große Zielgruppe der Privatkunden. In letzterer Hinsicht ist die Entwicklung allerdings zögerlich, da Kostenprobleme, resultierend aus der arbeitsaufwendigen und damit kostenintensiven Maklertätigkeit, erst befriedigend gelöst werden müssen.

Versicherungsprodukt

In Anlehnung an einen Begriff aus der Industrie wird heute – im Zuge der zunehmenden Durchdringung der Versicherungswirtschaft mit den Mitteln des Marketing – gern die Versicherungsdeckung als Versicherungsprodukt bezeichnet. Damit sollen offenkundig die schöpferische Leistung des Herstellers, also des Versicherers, wie auch die Formbarkeit und Veränderbarkeit der Deckung bildhaft umschrieben werden. Denn in einer Zeit, die den Kunden und dessen Bedürfnisse in den Mittelpunkt stellt, will auch die anbietende Versicherungswirtschaft den individuellen Zuschnitt des Versicherungsschutzes als Möglichkeit und im Interesse eines gesteigerten Kaufanreizes betonen.

Betrachtet man unter diesem Blickwinkel die Angebote der Versicherer, so zeigt sich ein differenziertes Bild:

- *Standard-Deckungen*
  sind besonders anzutreffen beispielsweise in der Kraftfahrtversicherung, der Unfallversicherung, der Lebensversicherung, der Reisegepäckversicherung / sie enthalten im allgemeinen nur wenige individuell zugeschnittene Sonderregelungen,

- *Deckungen mit stärkerer Individualisierung*
  Derartige Deckungen sind zum Beispiel anzutreffen in der Hausratversicherung, Gebäudeversicherung, der Berufs- und Produkt-Haftpflichtversicherung, Vermögensschaden-Haftpflichtversicherung / hier sind die Gestaltungsspielräume größer, schon aufgrund der individuellen Gegebenheiten auf Kundenseite,

- *Spezial-Deckungen*
  Ein derartiger Versicherungsschutz, der von Fall zu Fall individuell erarbeitet wird, findet sich insbesondere in der Transportversicherung, beispielsweise für größere Anlagen-Projekte, oft in Kombination mit Technischen Versicherungen (Montage- und Maschinenversicherung); Feuer-Industrieversicherung.

Die Übergänge sind fließend, auch lassen sich bestimmte Sparten, die hier beispielsweise unter den Standard-Deckungen erscheinen, in die Gruppe einordnen, die eine stärkere Individualisierung vorsieht.

Risikoträger und Produzent des Versicherungsschutzes ist der Versicherer. Es wäre indessen falsch, wollte man ihm die Rolle des alleinigen Gestalters der Versicherungsdeckung bzw. des Versicherungsprodukts zuweisen. Hier kommt der Vermittler, namentlich der Makler ins Spiel.

Während der Agent, der die Kundenwünsche weiterträgt, überwiegend als Ideengeber und als derjenige zu sehen ist, der die Umsetzung der Vorstellungen des Kunden beim Versicherer anregt – mit zumeist mehr oder weniger schwacher Durchsetzungskraft –, gehen Funktion und auch Durchsetzungsvermögen des Maklers darüber hinaus. Er ist für seinen Kunden der Einkäufer von Versicherungsschutz und der Verhandlungspartner des Versicherers. Er ist es, der, um die Kundenwünsche zur Geltung zu bringen, mehr oder weniger stark auf die Gestaltung des Versicherungsprodukts einwirkt. Nur wenn der individuelle Bedarf des Kunden getroffen wird, darf der Einkauf des Produkts erfolgen.

Der Makler kommt damit seiner vertraglichen Verpflichtung nach, für einen solchen Zuschnitt des Versicherungsschutzes zu sorgen, daß dieser den individuellen Bedürfnissen und den Interessen des Kunden entspricht. Diese Aufgabenstellung kann in letzter Konsequenz dazu führen, daß der Makler in einzelnen Fällen sogar eigenständig und ohne Mitwirken des Versicherers das Versicherungsprodukt gestaltet. In den Maklerbedingungen findet dies seinen sichtbaren Ausdruck, auch wenn sich dieses Extrem auf relativ wenige Fälle beschränkt und auch nur in einigen Sparten anzutreffen ist.

Versicherungsschein

Der Versicherungsschein verbrieft den Inhalt des zwischen Versicherer und Versicherungsnehmer geschlossenen Versicherungsvertrags. Er ist die Urkunde über einen zustande gekommenen Versicherungsvertrag, den er im einzelnen spezifiziert hinsichtlich

- **Art der Deckung**

- **Versicherungsdauer** (-beginn und -ende)

- **Beitrag** (mit Angabe der Versicherungssteuer sowie eventuellen Gebühren)

- **Vertragskonditionen**
  - AVB
  - Besondere Bedingungen
  - Geschriebene Bedingungen
  - Besondere Vereinbarungen
  - Klauseln

Der Versicherungsschein ist Beweisurkunde für den Inhalt des Versicherungsvertrags, wobei eine Vermutung für seine Vollständigkeit spricht. Diese kann widerlegt werden, es sei denn, die sogenannte Billigungsklausel des § 5 VVG greift ein. Danach kann der Versicherungsnehmer innerhalb Monatsfrist eventuellen Abweichungen des Versicherungsscheins vom Antrag widersprechen. Widerspricht er nicht, gilt die Abweichung als genehmigt („gebilligt").

Der für den VN/Kunden tätige Makler hat die Aufgabe,

- im Rahmen der Antragstellung/der Deckungsaufgabe dafür zu sorgen, daß dem Versicherer alle vertragsrelevanten Angaben zur Verfügung gestellt werden, die in den Versicherungsschein aufzunehmen sind,

- den Versicherungsschein darauf hin zu kontrollieren, ob er dem gestellten Antrag hinsichtlich sämtlicher Konditionen inklusive Beitrag entspricht; bei Abweichungen und Fehlern hat er für Korrektur zu sorgen.

Diese Prüftätigkeit hat mit der gebotenen Sorgfalt zu geschehen; andernfalls erwächst auch insofern dem Makler ein Haftungstatbestand.

Versicherungsvermittler

Unter dem Dach dieses Oberbegriffs versammelt sich eine ganze Reihe von Vermittlertypen, wie

– angestellter Außendienstmitarbeiter (des Versicherers),

– nebenberuflicher Vermittler,

– Einfirmenvertreter,

– Mehrfachagent,

– Versicherungsmakler.

Ihr Tätigkeitskatalog umfaßt mehr, als es der technisch/mechanistische Begriff des Vermittelns umschreibt; in – wenn auch in Stärke und Umfang – unterschiedlicher Ausprägung werden folgende Grundfunktionen erfüllt:

- *Beratung*
  (Risikoprüfung, Ermittlung des individuellen Versicherungsbedarfs, Auswahl des passenden Produkts)

- *Vermittlung*
  (Zusammenführen von Angebot und Nachfrage; Vorbereitung des Abschlusses bzw. Abschluß des Versicherungsvertrags zwischen Versicherer und VN)

- *Betreuung*
  (laufende Überwachung des Versicherungsschutzes; Kontrolle, ob das individuelle Risiko stets ausreichend geschützt ist; eventuelle Anpassung oder auch Umgestaltung des Versicherungsschutzes).

Läßt man vor diesen Grundtätigkeiten die einzelnen Vermittlertypen Revue passieren, so werden Unterschiede deutlich, die sich dadurch auszeichnen, daß sie mit der Frage zu tun haben, welchem Lager der einzelne Typus zuzuordnen ist: dem des Versicherers oder demjenigen des VN. Tendenziell läßt sich sagen, daß der angestellte Außendienstmitarbeiter und auch der Einfirmenvertreter (beide vertraglich mit dem Versicherer verbunden) als Verkäufer von Versicherungsprodukten für „ihren" Versicherer auftreten, während – auf dem anderen Ende der Typenskala – der Versicherungsmakler steht (vertraglich mit dem Kunden verbunden) mit einem gänzlich anderen Ansatz: Er ist als der „Bundesgenosse" des Versicherungsinteressenten der Einkäufer von Versicherungsschutz (→ Versicherungsmakler).

Welcher Typus auch immer in das Blickfeld der Betrachtung gerückt wird: ob angestellter Außendienstmitarbeiter, Einfirmenvertreter, Mehrfachagent oder Makler – sie alle handeln als wichtiges Bindeglied zwischen Versicherer und Kunde, führen Angebot und Nachfrage zusammen, sind gegenüber dem Verbraucher die fachkundigen Mittler von Knowhow in der dem Laien nur schwer verständlichen Versicherungsmaterie und fungieren auch als Aktionsträger für den Absatz von Versicherungsschutz.

Ihre Haftung (→ Haftung) hängt von ihrer Positionierung ab: Für Fehler, die er bei der Beratung, Vermittlung und Betreuung schuldhaft verursacht, hat der Makler seinem Kunden einzustehen; unterläuft dem Einfirmenvertreter eine Falschberatung, trifft den Versicherer die Verantwortlichkeit – mit der Möglichkeit des letzteren zum Regreß gegenüber dem Vertreter. Der Mehrfachagent, der generell wie der Einfirmenvertreter haftungsrechtlich zu behandeln ist, kann indessen im Einzelfall auch vom Kunden in die Haftung genommen werden.

Verstoßprinzip

Der Versicherungsfall und seine Voraussetzungen sind in den einzelnen Sparten unterschiedlich geregelt. Das wohl bekannteste Beispiel ist die Definition des ‚Unfalls', ein Tatbestand, der immer wieder zu Diskussionen zwischen Versicherer und Anspruchsteller führt.

Begibt man sich in das Gebiet der Haftpflichtversicherung, so spielen in diesem Zusammenhang die Begriffe des ‚Verstoßes' und des ‚Schadenereignisses' eine bedeutsame Rolle. Sie geben eine Antwort auf die Frage, welcher Vorgang als Versicherungsfall anzusehen ist. An dieser Stelle ist eine Zuordnung erforderlich: In der Allgemeinen Haftpflichtversicherung gilt das Schadenereignisprinzip, in der Vermögensschaden-Haftpflichtversicherung dagegen das Verstoßprinzip. Eine Kurzbetrachtung macht die Unterschiede dieser beiden Prinzipien deutlich:

- *Verstoßprinzip*
  Als entscheidend wird hier das Kausalereignis angesehen, das haftungsrelevante Verhalten des VN, das zum Schaden geführt hat. Das „äußere Bild" des Schadens kann sich nach diesem Prinzip erst nach Jahren zeigen. Der Makler versäumt eine Frist, unterläßt es, eine Deckungserweiterung beim Versicherer aufgrund Risikoveränderung anzuzeigen bzw. zu erwirken. Erst nach Jahren – der Versicherungsfall tritt ein – zeigt sich der Schaden, wenn nämlich der Versicherer den Schaden ablehnt.

- *Schadenereignisprinzip*
  Hier kommt es auf den realen Verletzungstatbestand an, so wie er sich in der Außenwelt darstellt. Das Schadenereignis ist also mit anderen Worten der äußere Vorgang, der die Schädigung des Dritten unmittelbar herbeiführt und damit die Haftpflicht des VN unmittelbar auslöst. Der X stößt bei dem Bekannten Y die teure Ming-Vase um, die in Stücke zerbricht. Der Handwerker des Unternehmens U beschädigt bei Malerarbeiten die große Schaufensterscheibe des Kaufmanns K.

Nach den AHB gilt das Schadenereignisprinzip. Dazu bestimmt § 5 Nr. 1 AHB:

„Versicherungsfall im Sinne dieses Vertrages ist das Schadenereignis, das Haftpflichtansprüche gegen den Versicherungsnehmer zur Folge haben könnte."

Dagegen kommt es nach den AVB Vermögensschäden auf den „Verstoß" an; § 5 AVB Vermögensschäden („1. Versicherungsfall") lautet:

„Versicherungsfall im Sinne dieses Vertrages ist der Verstoß, der Haftpflichtansprüche gegen den Versicherungsnehmer zur Folge haben könnte."

Verstoßprinzip und Schadenereignisprinzip sind von erheblicher Bedeutung, wenn zu entscheiden ist, ob ein Handeln oder ein Unterlassen des Versicherten in den Zeitraum fällt, für den Versicherungsschutz besteht. Fällt der „Verstoß" in den versicherten Zeitraum und endet der Versicherungsschutz aus irgendwelchen Gründen, bevor sich der auf dem Verstoß beruhende Schaden verwirklicht, so hat gleichwohl der Vermögensschaden-Haftpflichtversicherer Deckung zu gewähren, die Schadenersatzleistung zu erbringen, allerdings nur innerhalb einer Nachhaftungsfrist, die von Fall zu Fall unterschiedlich sein kann.

Vgl. zu dieser Thematik Kapitel 5 – Vermögensschaden-Haftpflichtversicherung – in diesem Buch.

Vertragsbeendigung

Es gibt mancherlei Anlässe im Leben eines Versicherungsvertrages, die auf seiten der Partner dieses Vertrages den Beendigungswunsch auslösen können. Die Gründe sind mehr als vielfältig: der nicht bezahlte Schaden, die Verärgerung des Kunden, der mehrere Monate auf seine Police gewartet hat, der günstigere Beitrag eines anderen Anbieters, aber auch – andererseits, aus Versicherersicht – die Nichtzahlung des Beitrags, die Nichtangabe von Risiko-Umständen, eine für den Versicherer nicht mehr tragbare Erhöhung des Risikos – diese und weitere Gründe haben mehr oder minder großes Gewicht. Sie sind zum Teil auch im weiteren Umfeld des Leistungsaustauschverhältnisses ‚Versicherungsvertrag' angesiedelt. Sie alle haben jedoch den Wunsch nach Beendigung des Vertragsverhältnisses ausgelöst.

Bei einer Grobeinteilung ist zu unterscheiden, ob zwischen den Parteien Einigkeit über die Vertragsbeendigung herrscht oder sich nur einer der Partner aus der vertraglichen Bindung lösen möchte. Das ergibt folgendes Bild:

einvernehmliche Vertragsbeendigung

- Aufhebung

einseitige Vertragsbeendigung

- Anfechtung
- Rücktritt
- Kündigung

Die zuletzt genannte Gruppe, die das einseitige Vorgehen der einen Vertragspartei ermöglicht, ist zu überschreiben mit dem Titel ‚Gestaltungsrechte'. Sie greifen „gestaltend" in ein bestehendes Rechtsverhältnis ein und unterliegen grundsätzlich nicht der Verjährung. Im Einzelfall kann jedoch eine Ausschlußfrist gelten oder es kann beispielsweise gegen den einseitigen Akt der Kündigung Verwirkung eingewandt werden.

Im einzelnen ist folgendes zu bemerken:

a) *Aufhebung*
Die Vertragsaufhebung ist unproblematisch. Beide Parteien stimmen darin überein, daß der Vertrag beendet werden soll. Sie bestimmen, zu welchem Zeitpunkt und zu welchen Bedingungen. Zu beachten ist indessen eine mögliche Drittbeteiligung, so zum Beispiel wenn vom Versicherer ein Sicherungsschein ausgegeben wurde. Hier ergeben sich Beschränkungen, die zumeist nur in Absprache mit dem Drittbeteiligten bewältigt werden können.

b) *Anfechtung*
Die allgemeinen Anfechtungsregeln sind im Bürgerlichen Gesetzbuch (BGB) enthalten. Zu unterscheiden sind

– die Irrtumsanfechtung – § 119 BGB

und

– die Täuschungsanfechtung – § 123 BGB

Zur Ausübung dieses Gestaltungsrechts gibt es Fristen. So ist die Irrtumsanfechtung gem. § 121 BGB „unverzüglich" zu erklären, die Anfechtung wegen arglistiger Täuschung kann gem. § 124 Abs. 1 BGB „nur binnen Jahresfrist" erfolgen.

Das Versicherungsvertragsgesetz erwähnt die Irrtumsanfechtung in § 5 Abs. 4 VVG (ein vereinbarter Anfechtungsverzicht ist unwirksam) und die Täuschungsanfechtung in § 22 VVG (bei der Nichtanzeige von Gefahrumständen kann der Versicherer, sofern die tatsächlichen Voraussetzungen vorliegen, auch die Anfechtung wegen arglistiger Täuschung erklären).

Das rechtliche Ergebnis einer wirksam erklärten Anfechtung ist die Vernichtung des Vertrages ab Beginn.

c) *Rücktritt*
Das Bürgerliche Gesetzbuch behandelt den – vertraglichen – Rücktritt in den §§ 346 ff. BGB. Auch dieses einseitige Gestaltungsrecht hat zur Folge, daß das – wirksam zustande gekom-

mene – Vertragsverhältnis ab Beginn aufgehoben wird; die Parteien des Vertrages sind in diesem Fall verpflichtet, „einander die empfangenen Leistungen zurückzugewähren", § 346 Satz 1 BGB.

Das Versicherungsvertragsgesetz erwähnt den Rücktritt beispielsweise in § 8 Abs. 5 VVG (Rücktritt von einem Lebensversicherungsvertrag innerhalb einer Frist von 14 Tagen), in § 30 Abs. 1, 2 VVG (Modalitäten von Rücktritt und Kündigung), ferner auch in § 38 Abs. 1 VVG (Rücktrittsrecht des Versicherers bei Nichtzahlung der Erstprämie einschließlich Rücktritts-Fiktion).

d) *Kündigung*

Der zahlenmäßig häufigste Fall der Vertragsbeendigung dürfte die Kündigung darstellen. Bei der Kündigung handelt es sich – wie auch bei der Anfechtung und dem Rücktritt – um eine einseitige, empfangsbedürftige Willenserklärung. Im schuldrechtlichen Bereich behandelt das BGB die Kündigung bei den einzelnen Vertragstypen. Das Versicherungsvertragsgesetz enthält Kündigungsregelungen zum Beispiel in § 24 VVG (fristlose Kündigung wegen Gefahrerhöhung), in § 39 Abs. 3 VVG (Kündigung bei Prämienzahlungsverzug) und in § 70 VVG (Kündigungsrecht für den Versicherer und für den Erwerber bei Veräußerung der versicherten Sache).

In den allgemeinen Vorschriften des VVG (Erster Abschnitt, Erster Titel) enthält das Gesetz in § 8 eine allgemeine Kündigungsregelung, die dieses Gestaltungsrecht im Zusammenhang mit Widerruf und Rücktritt behandelt.

Bei der Ausübung des Kündigungsrechtes sind Fristen zu wahren; sie sind im allgemeinen in den AVB festgelegt, die im übrigen auch zumeist die Voraussetzung der Kündigung besonders behandeln. Hiernach beträgt die regelmäßige Kündigungsfrist in den meisten Sparten drei Monate, die jedoch in der Kraftfahrtversicherung auf einen Monat zum Ablauf der Versicherungsperiode verkürzt worden ist.

Neben diesem klassischen Instrumentarium, dessen Einsatz die Beendigung des Vertrages zur Folge hat, gibt es weitere Möglichkeiten, die zu demselben Ergebnis führen. So kann etwa der Versicherungsnehmer fristlos kündigen, wenn der Versicherer „unsicher" wird, also die Bonität des Risikoträgers nicht mehr gegeben bzw. die „dauernde Erfüllbarkeit der Verpflichtungen aus den Versicherungsverträgen" im Sinne des Versicherungsaufsichtsgesetzes in Gefahr geraten ist. Auch kann das Fehlen oder der Wegfall der Geschäftsgrundlage zur Beendigung des Versicherungsvertragsverhältnisses führen.

Richterrecht definiert Maklerrecht, Richterrecht wird Gewohnheitsrecht

SACHWALTERURTEIL 4

Einführung

Das Sachwalterurteil des Bundesgerichtshofs, das seit seiner Verkündung im Jahre 1985 einige Berühmtheit erlangt hat, würde sich auch in einer ganz anderen Umgebung gut ausmachen. Als „leading case" (in Sachen Versicherungsnehmer vs. Versicherungsmakler) würde es, gemessen an dem Rechtsfortschritt, den es erzeugt, auch im anglo-amerikanischen Rechtskreis Maßstäbe setzen. Vor dem Hintergrund der deutschen Rechtsordnung hat das Sachwalterurteil durchaus Merkmale, die für das case law charakteristisch sind und die im deutschen Recht unter dem Begriff des Richterrechts abgehandelt werden.

Betrachtet man also den deutschen Rechtskreis und das hier in respektablem Umfang entwickelte Richterrecht, so ist – wendet man sich zunächst einer definitorischen Festlegung zu – unter einer solchen Rechtschöpfung die Summe derjenigen Rechtssätze zu verstehen, die von den Gerichten in Auslegung und Fortbildung des Ge-

setzes entwickelt und zur Grundlage von Entscheidungen (Urteilen) gemacht worden sind. Es läßt sich mit Fug und Recht die Frage stellen, ob sich der Bundesgerichtshof bei seiner Sachwalter-Entscheidung in dem dergestalt gesteckten Rahmen gehalten hat oder darüber hinausgegangen ist. Was ist damit gemeint?

Der Bundesgerichtshof hat den Versicherungsmakler als den treuhänderähnlichen Sachwalter des Versicherungsnehmers bezeichnet und ihn dessen Lager zugeordnet. Er ist der Interessenvertreter des Kunden/VN, mit dem ihn ein Vertragsverhältnis verbindet, und steht dem Versicherer gegenüber. Anders liest man es im Handelsgesetzbuch in den Vorschriften über den Handelsmakler, die anerkanntermaßen auch für den Versicherungsmakler gelten. Geht man von dem Grundverständnis des historischen Gesetzgebers aus, so ist den §§ 94, 96, 98, 99 und 101 HGB zu entnehmen, daß der Makler – offenkundig neutral – zwischen den Parteien steht, also gerade nicht einer Partei zugeordnet ist.

Der Bundesgerichtshof hat sich von diesen Vorschriften gelöst und ist dem gefolgt, was zuvor schon in der Literatur, namentlich von Möller, der bahnbrechende Arbeit auf dem Gebiet der Versicherungsvermittlung geleistet hat, entwickelt wurde. Dies ist nicht lediglich ein Tribut an den Zeitgeist, sondern vielmehr eine Anpassung an die Entwicklungen in der Versicherungspraxis. Daß auch der zitierte Zeitgeist Pate gestanden hat – in der Öffentlichkeit sichtbar geworden durch Intensivierung der Verbraucherschutzbestrebungen –, dürfte ebenso unbestritten sein.

Auch in anderer Hinsicht sind durch das Urteil Maßstäbe gesetzt worden. So in der Beweislastzuweisung an den Versicherungsmakler, der im Streitfall ordnungsgemäße Pflichtenerfüllung nachzuweisen hat, und auch im Hinblick auf den Umfang der Beratungsverpflichtung, die in eine echte Überzeugungsarbeit gegenüber dem Kunden einzumünden hat. Schon diese Eckpfeiler des Richterspruchs sorgen dafür, daß dieses Urteil, das immer wieder als Leitbild im Versicherungsmaklerrecht herangezogen wird, auch im 21. Jahrhundert für die Maklerschaft von herausragender Bedeutung sein wird.

Kernsätze des Sachwalterurteils

- *Der Makler ist nicht der neutrale Dritte, sondern dem Kunden zugeordnet: Er ist dessen „treuhänderähnlicher Sachwalter."*

- *Umfang der Maklerpflichten: „Die Pflichten des Versicherungsmaklers gehen weit."*

- *Hieraus folgt als Grundsatz: in dubio pro Kunde; im Streitfall über Inhalt und Umfang der Maklerpflichten wird das Gericht zugunsten des Maklerkunden entscheiden.*

- *Der Makler muß den Kunden bestmöglich beraten und hat, falls dieser sich seinen fachlichen Empfehlungen verschließt, echte Überzeugungsarbeit zu leisten.*

- *Beweislast für die Pflichtenerfüllung: Im Streitfall hat der Makler die ordnungsgemäße Erfüllung seiner Pflichten zu beweisen.*

Das Sachwalterurteil des Bundesgerichtshofs

VVG nach § 48; ZPO § 282; BGB § 652

Der Versicherungsmakler ist für den Bereich der Versicherungsverhältnisse des von ihm betreuten VN dessen Sachwalter; deshalb trifft ihn die Beweislast dafür, daß der Schaden auch bei vertragsgerechter Erfüllung seiner Aufklärungs- und Beratungspflichten eingetreten wäre.

Urteil des BGH vom 22. 5. 1985 (IVa ZR 190/83, Düsseldorf)

Die Parteien stritten darüber, ob der Bekl. verpflichtet sei, der Kl. den Schaden zu ersetzen, den diese bei einem Einbruch in ihr Lager in der Nacht zum 30. 4. 1980 in Höhe von 149 763 DM erlitten haben will.

Der Bekl. ist Versicherungsmakler. Ende 1979 hatte er es übernommen, für das Lager der Kl. eine auch das Einbruchrisiko umfassende Versicherung zu beschaffen. Im Lager befand sich vornehmlich Alcantara-Bekleidung. Der Bekl. vermittelte der Kl. zum 1. 1. 1980 eine vorläufige Deckungszusage der X.-Versicherung. Die Zusage wurde mehrmals verlängert, weil die Kl. ihr Lager an einen anderen Ort verlegen wollte. Diese Absicht verwirklichte sie Ende Februar/Anfang März 1980.

Mit Schreiben vom 7. 3. 1980 erinnerte der Bekl. die Kl. an die versprochene Sicherungsbeschreibung für das neue Lager. Weiter schrieb er, daß die Deckungszusage zunächst bis zum 15. des Monats verlängert sei und bis zum Monatsende verlängert werden könne, wenn bis dahin die Sicherungsbeschreibung nicht geschickt werden könne. Die am 14. 3. 1980 übersandte Sicherungsbeschreibung nebst Fotos leitete der Bekl. an die X. weiter. Schon vorher hatte der Geschäftsführer der Kl., B., in einem Telefongespräch vom

4

Beteiligt an diesem Schadenfall (Einbruch in ein Warenlager (Alcantara-Bekleidung) und Entwendung eingelagerter Ware im Wert von ca. 150 000,– DM) sind:

– Inhaberin des Lagers/VN (Klägerin)
– für die VN tätiger Versicherungsmakler (Beklagter)
– Versicherer X (Risikoträger für VN)

12. 3. 1980 die Sicherung des neuen Lagers erklärt. Dabei hatte ihm der für den Bekl. handelnde Zeuge P. die Verlängerung der vorläufigen Deckung bis 22. 3. mitgeteilt.

Am Freitag, den 21. 3. 1980, ließ die X. das neue Lager auf ausreichende Sicherung überprüfen. Davon unterrichtete B. bald darauf wiederum telefonisch P. Letzterer brachte seine Hoffnung zum Ausdruck, daß die endgültige Versicherungszusage nun bald komme. Die erneut zwischen dem Bekl. und der Versicherung bis zum 31. 3. 1980 vereinbarte Deckungsverlängerung wurde der Kl. nicht mitgeteilt. P. unterließ es auch, die Kl. davon zu unterrichten, daß die X. mit ihrem am 8. 4. (Osterdienstag) beim Bekl. eingegangenen Schreiben vom 1. 4. 1980 den Versicherungsschutz endgültig abgelehnt hatte. Die polizeilichen Ermittlungen wegen des am 30. 4. 1980 angezeigten Einbruchs verliefen im wesentlichen ergebnislos.

Die auf Zahlung des Schadenbetrags nebst Zinsen gerichtete Klage haben beide Vorinstanzen abgewiesen.

Die Revision der Kl. führte zur **_Aufhebung und Zurückverweisung._**

Aus den Gründen: I. Das Berufungsgericht hat den Einbruchschaden der Kl. unterstellt und ist von einer dem Bekl. zuzurechnenden schuldhaften Pflichtverletzung des damals für ihn handelnden P. ausgegangen. Es meint jedoch, trotz einer Reihe weiterer Unterstellungen zugunsten der Kl. die Ursächlichkeit der Unterlassung des P. für den Schaden nicht feststellen zu können.

Auch bei pflichtgemäßem Verhalten des P. habe die Kl. bis zum Einbruch Versicherungsschutz nicht erreichen können. Wenn unterstellt werde, daß die Kl. schon am 8. 4. 1980 von der Ablehnung der X. unterrichtet worden wäre und sich sofort um Versicherungsschutz bei einem anderen Versicherer bemüht hätte, könne nicht einmal als wahrscheinlich, geschweige denn als erwiesen angesehen werden, daß dieser andere Versicherer das bei der Kl. bestehende Einbruchrisiko vor dem 30. 4. 1980 versichert haben würde. Die Kl. habe nicht hinreichend substantiiert dargelegt und unter Beweis gestellt, daß irgendein Versicherer hinsichtlich der notwendigen Sicherungsvorkehrungen geringere Anforderungen gestellt haben würde als der von der Kl. selbst benannte Versicherungssachbearbei-

4

Der Bundesgerichtshof als Revisionsgericht entscheidet nur über reine Rechtsfragen, § 549 Abs. 1 ZPO. Ergibt sich im Rahmen des Revisionsverfahrens die Notwendigkeit zur weiteren Aufklärung der Sache (Vortrag der Parteien, Beweiserhebung), so hebt der BGH das Urteil der Vorinstanz auf und verweist zu diesem Zweck die Sache an das Berufungsgericht zurück, § 565 Abs. 1 ZPO, zumeist verbunden mit richtunggebenden Hinweisen, die der Vorderrichter zu beachten hat, § 565 Abs. 2 ZPO.

In Abschnitt I der Entscheidungsgründe wird, üblicher Verfahrensweise entsprechend, das Urteil des Berufungsgerichts mit den tragenden Gründen zitiert. Die Auseinandersetzung mit der Entscheidung des Vorderrichters und der hierzu gegebenen Begründung erfolgt anschließend in den Abschnitten II und III.

ter M. Dessen Zeugenaussage folgend hat das Berufungsgericht die für das Lager erforderlichen Sicherungsmaßnahmen im einzelnen festgestellt und die Kosten dafür mit ca. 20 000 DM angenommen. Auch wenn unterstellt werde, daß die nach der Ablehnung der X. notwendige Besichtigung durch den Sicherungsbeauftragten eines anderen Versicherers von der Kl. sofort erbeten und binnen Wochenfrist durchgeführt worden wäre, daß weiter die Kl. sofort die dabei für erforderlich erklärten Vorkehrungen akzeptiert, die Kostenangebote dafür in nur einer Woche erhalten und sich sogleich entschieden haben würde, sei eine Auftragserteilung frühestens nach dem 22. 4. 1980 möglich gewesen. Selbst wenn schließlich als möglich angesehen werde, daß die Alarmanlage in acht Tagen fertiggestellt worden wäre, könne nach aller Lebenserfahrung nicht angenommen werden, daß die in Betracht kommenden Firmen ihre Arbeiten sofort hätten beginnen und diese bis zum 29. 4. 1980 fertigstellen können. Auch könne nicht angenommen werden, daß die Kl. bis zur endgültigen Sicherung anderweitig erneut vorläufigen Deckungsschutz erhalten haben würde. Bei wahrheitsgemäßer Beantwortung der Frage nach bisherigem Versicherungsschutz hätte die Kl. nämlich auf die Ablehnung der X. hinweisen müssen.

In einer Hilfsbegründung führt das Berufungsgericht weiter aus, das der Kl. zuzurechnende Verschulden ihres Geschäftsführers B. wiege i. S. des § 254 BGB so schwer, daß demgegenüber das Verschulden des P. nicht entscheidend ins Gewicht falle. B. sei sich der denkbar geringen Sicherung des Lagers insbesondere wegen der Fenster als Schwachstellen bewußt gewesen. Er habe nicht davon ausgehen können, daß es angesichts des Werts der Waren ohne umfassende Sicherungsmaßnahmen versicherbar sein werde. Deshalb habe er schon im eigenen Interesse Sicherungsmaßnahmen veranlassen müssen. Er habe aber nicht einmal die Gelegenheit genutzt, sich am 21. 3. 1980 vom Sicherungsbeauftragten der X. beraten zu lassen. Wegen der Auseinandersetzung mit diesem und dessen kritischer Äußerungen über das Versicherungsrisiko habe er nicht mit endgültigem Versicherungsschutz rechnen können. Nach dem Bestehen solchen Schutzes habe er sich im übrigen wegen der nur für jeweils kurze Zeitspannen gewährten vorläufigen Deckung erkundigen müssen.

4

Fortsetzung des Textes zu Abschnitt I / Wiedergabe der vom Berufungsgericht gegebenen Begründung.

II. Diese Begründung verkennt die Pflichten des Versicherungsmaklers. Weil deshalb das Berufungsgericht rechtsfehlerhaft die Kausalität verneint und weit überwiegendes Mitverschulden der Kl. hilfsweise bejaht hat, müssen das angefochtene Urteil aufgehoben und die Sache zurückverwiesen werden.

1. Die Parteien des Versicherungsvertrags, der Versicherer auf der einen und der VN auf der anderen Seite, bedürfen und bedienen sich für das Zustandekommen ihres Vertragsverhältnisses häufig der Hilfe Dritter. Deren Mittlertätigkeit kann verschiedene Intensität aufweisen, sie kann unabhängig sein oder von einer der beiden Seiten gesteuert werden; als Versicherungsvermittler werden deshalb diejenigen bezeichnet, die kraft rechtsgeschäftlicher Geschäftsbesorgungsmacht für einen anderen Versicherungsschutz ganz oder teilweise beschaffen, ausgestalten und abwickeln, ohne selbst VN oder Versicherer zu sein (Trinkhaus, Handbuch der Versicherungsvermittlung I 1955 S. 15 f.; Bruck/Möller, VVG 8. Aufl. vor §§ 43 bis 48 Anm. 10, 11). Die beiden unter diesem Oberbegriff zusammengefaßten Haupttypen sind der von der Versichererseite als Glied ihrer Außenorganisation in der Regel ständig mit Vermittlung betraute Versicherungsvertreter (= Versicherungsagent, zum Außenverhältnis §§ 43 ff. VVG, zum Innenverhältnis § 92 HGB) und der nicht an einen Versicherer gebundene, den wirtschaftlich schwächeren VN herkömmlich unterstützende Versicherungsmakler, der Handelsmakler gem. § 93 HGB oder bei nicht gewerbsmäßiger Tätigkeit Zivilmakler nach § 652 BGB sein kann (Gauer, Der Versicherungsmakler und seine Stellung in der Versicherungswirtschaft 1951 S. 16 ff., 40 ff.; Bruck/Möller aaO Anm. 13).

__Die Pflichten des Versicherungsmaklers gehen weit.__ Er wird regelmäßig vom VN beauftragt und als sein *__Interessen- oder sogar Abschlußvertreter__* angesehen (Prölss/Martin, VVG 23. Aufl. Anh. zu §§ 43 bis 48 Anm. 1 und 2; Bruck/Möller aaO Anm. 40). Er hat als *__Vertrauter und Berater des VN__* individuellen, für das betreffende Objekt passenden Versicherungsschutz oft kurzfristig zu besorgen (Gauer aaO S. 35). Deshalb ist er anders als sonst der Handels- oder Zivilmakler dem ihm durch einen Geschäftsbesorgungsvertrag verbundenen VN gegenüber üblicherweise sogar zur Tätigkeit, meist zum Abschluß des gewünschten Versicherungsvertrags, verpflichtet (Trinkhaus aaO S. 131; Gauer aaO S. 35; Bruck/

Hinweis auf das Ergebnis der Überprüfung im Revisionsverfahren mit kurzem Hinweis auf den entscheidenden Rechtsgrund.

4

In der Ziffer 1. trifft der BGH zunächst die Unterscheidung der Vermittlertypen und ordnet sie – auf der herkömmlichen Lehre aufbauend (zitiert wird Standardliteratur zum Versicherungs- und Versicherungsvermittlerrecht) – den Sphären der Partner des Versicherungsvertrages zu: den Agenten der Sphäre des Versicherers, den Versicherungsmakler der Sphäre des Versicherungskunden (VN).

Diese Aussage des BGH zum Umfang der Maklerpflichten ist gleichsam das Leitmotiv für die Entscheidung und auch die Begründung dafür, daß die Auffassung des Berufungsgerichts unzutreffend ist (siehe dazu den einleitenden Satz zu Ziffer 2).

Die Begriffspaare ‚Interessen- und Abschlußvertreter', ‚Vertrauter und Berater des VN' unterstreichen den Obersatz: „Die Pflichten des Versicherungsmaklers gehen weit."

Möller aaO Anm. 53 und 55). Dem entspricht, daß der *Versicherungsmakler von sich aus das Risiko untersucht, das Objekt prüft und den VN als seinen Auftraggeber ständig, unverzüglich und ungefragt über die für ihn wichtigen Zwischen- und Endergebnisse seiner Bemühungen, das aufgegebene Risiko zu plazieren, unterrichten muß* (Gauer aaO S. 45/46 und 54). Wegen dieser umfassenden Pflichten kann der Versicherungsmakler für den Bereich der Versicherungsverhältnisse des von ihm betreuten VN als dessen <u>*treuhänderähnlicher Sachwalter*</u> (Trinkhaus aaO S. 132 m. w. Nachw. in Fn. 21) bezeichnet und insoweit mit sonstigen Beratern verglichen werden. Das gilt trotz der in vielen Ländern gleichförmig bestehenden Übung des Versicherungsvertragsrechts, wonach die Provision der Versicherungsmakler vom Versicherer getragen wird (Prölss/Martin, VVG 23. Aufl. Anh. zu §§ 43 bis 48 Anm. 1; Bruck/Möller aaO Anm. 73; zur wirtschaftsgeschichtlichen Erklärung dieses Umstands Gauer aaO S. 66 ff.).

2. Das Berufungsgericht hat den weiten Umfang der Pflichten des Bekl. nicht genügend berücksichtigt. Es hat allein darauf abgestellt, daß P. der Kl. am Osterdienstag nicht sofort die endgültige Absage der X. mitteilte. Es hat deshalb nur die Zeitspanne ab 8. 4. 1980 bis zum Einbruch seinen Überlegungen zur Kausalität zugrunde gelegt. Das ist rechtlich nicht zu billigen.

P. mußte sich anders verhalten, falls er – wie er bekundet hat – von B. davon unterrichtet wurde, daß der Sicherungsbeauftragte noch einige Sicherungsmaßnahmen gewünscht hatte, und von der X. erfuhr, daß weitere umfangreiche Sicherungsvorkehrungen zu treffen seien und sich Differenzen zwischen B. und dem Sicherungsbeauftragten ergeben hätten. Diese Telefongespräche haben am 24. und 27., jedenfalls vor Ende des Monats März 1980, stattgefunden. Allerdings mußte der Bekl. nun nicht – wie die Revision meint – der Kl. zur Rücknahme ihres Antrags bei der X. raten, damit nicht gegebenenfalls dessen Ablehnung bei einem anderen Versicherer habe offenbart werden müssen. Der Bekl. war nicht verpflichtet, die Kl. zu einem Treu und Glauben widersprechenden Verhalten zu veranlassen.

Die Telefongespräche gaben aber allen Anlaß, schon am 24. 3. die optimistische Einschätzung des P. dem B. gegenüber überhaupt

Die Pflichtenstellung des Maklers wird hier mit Blick auf den vorgegebenen Sachverhalt konkretisiert.

„Treuhänderähnlicher Sachwalter" – auf diesen Begriff geht die plakative Bezeichnung dieser Entscheidung als Sachwalter-Urteil zurück. Inhaltlich wird damit die umfassende Pflichtenstellung des Maklers, die zugleich in hohem Maße auch Vertrauensstellung ist, gegenüber seinem Kunden umrissen.

Leitsatz, auf dem die Aufhebung des Urteils der Vorinstanz beruht. In der nachfolgenden Urteilspassage wird anhand des konkreten Falles ausgeführt, was der für den verklagten Makler handelnde P. hätte tun müssen.

nicht auszusprechen, sondern im Gegenteil die Kl. auf die Notwendigkeit der Sicherungsmaßnahmen für die Erhaltung des Versicherungsschutzes und dessen sonst drohenden Verlust hinzuweisen, jedenfalls aber die genannte Einschätzung nach dem Gespräch mit der X. ausdrücklich zurückzunehmen. Weiter hätte der Bekl. sich vermittelnd darum bemühen müssen, daß nicht etwa die Differenzen zwischen B. und dem Sicherungsbeauftragten anläßlich der Besichtigung zur Ablehnung führten. Die Kl. konnte nämlich wegen des bisherigen Verhaltens des Bekl. und verstärkt nach dem Telefongespräch vom 24. 3. 1980 mit der Fortdauer des Versicherungsschutzes rechnen, solange ihr nichts Gegenteiliges gesagt wurde, möglicherweise auch mit dem Abschluß des Versicherungsvertrags. War der Bekl. sogar Abschlußvertreter, dann konnte die Kl. der Meinung sein, die X. habe ihm bereits den Versicherungsschein übersandt. Dem steht nicht entgegen, daß das Berufungsgericht in anderem Zusammenhang dargelegt hat, B. als Geschäftsführer der Kl. habe nicht davon ausgehen können, daß das Lager ohne umfassende Sicherungsmaßnahmen versicherbar sein würde. Diese tatrichterliche Annahme ist zwar möglich und nicht rechtsfehlerhaft; die Revision setzt insoweit nur ihre eigene Würdigung an die Stelle der des Tatrichters. Sie berührt aber, da B. danach die fehlende Versicherbarkeit nicht etwa positiv kannte, die Kausalität nicht, sondern kann allenfalls Mitverschulden begründen.

Weil demgemäß der Bekl. seine Vertragspflichten schon am 27. 3. 1980 oder früher verletzt hat, ist den Erwägungen des Berufungsgerichts über die zeitliche Abfolge und damit über die Kausalität der Boden entzogen.

3. Die hilfsweise nach den Grundsätzen des § 254 BGB angenommene alleinige Haftung der Kl. läßt sich danach ebensowenig halten. Schon die dafür erforderliche tatrichterliche Abwägung der beiderseitigen Verschuldens- und Verursachungsbeiträge kann dem Berufungsurteil nicht hinreichend entnommen werden. ***Vor allem aber durfte die Kl. – wie ausgeführt – den Standpunkt vertreten, daß ihre Versicherungsangelegenheit und ihre diesbezüglichen Interessen in erster Linie von dem hierzu vertraglich verpflichteten Bekl. besorgt würden.*** Ist dies Inhalt einer vertraglichen Haupt- oder auch nur Nebenpflicht, so kann sich der pflichtwidrig handelnde Vertragspartner in der Regel nicht darauf berufen, ***der ihm***

4

Vertrauensschutz des Maklerkunden. Vor dem Hintergrund der umfassenden Pflichtenstellung des Maklers verläßt sich der Kunde auf eine entsprechende Wahrnehmung und Wahrung seiner Interessen.

vertrauende Geschädigte habe seine Interessen noch anderweit schützen und insbesondere mit einer Pflichtverletzung rechnen müssen. Im vorliegenden Fall mit seinen Besonderheiten mag freilich eine Mithaftung der Kl. in Betracht kommen. Eine völlige Entlastung des Bekl. aus den im Berufungsurteil aufgeführten Gründen scheidet jedoch aus (vgl. Senatsurteil vom 25. 11. 1981 – IV a ZR 286/80 – LM BGB § 652 Nr. 78 = VersR 82, 194).

III. Das angefochtene Urteil kann auch nicht mit der Erwägung gehalten werden, die Kl. habe nicht vorgetragen, daß sie bei rechtzeitigen Hinweisen des Bekl. zum Einbau der erforderlichen Sicherungen in das Lagergebäude bereit und daß dafür die Zeit ab Ende März ausreichend gewesen sei. Möglicherweise konnte eine etwa erforderliche längere Einbauzeit mit gezielten, vorläufigen Maßnahmen (Verstärkung provisorischer Sicherung, Bewachung, kurzfristige anderweitige Einlagerung der Ware) überbrückt und gegebenenfalls gerade durch solche Maßnahmen eine Verlängerung der vorläufigen Deckung bei der X. oder aber die vorläufige Deckungszusage eines anderen Versicherers erreicht werden. Zwar hat die Kl. in den Tatsacheninstanzen auch dazu nichts vorgetragen. *Weder für diesen noch für den erstgenannten Vortrag hatte aber entgegen der Ansicht des Berufungsgerichts die Kl. ohne weiteres die Darlegungs- und Beweislast.* Das wird bei der erneuten Verhandlung und Entscheidung zu beachten sein.

Das Berufungsurteil ist davon ausgegangen, daß der Bekl. schuldhaft seine Vertragspflichten gegenüber der Kl. verletzt hat. Es hat unterstellt, daß die Kl. den behaupteten Einbruchschaden erlitten hat. Jedenfalls im Hinblick auf die Erörterungen unter II 2 steht deshalb für die Revisionsinstanz fest, daß die Kl. von dem vertragswidrigen Verhalten des Bekl. in irgendeiner Weise schadenverursachend betroffen wurde, daß also die Voraussetzungen des konkreten Haftungsgrunds vorliegen. Dann aber war die Frage nach der haftungsausfüllenden Kausalität, ob die Vertragsverletzung den Schaden verursacht hat, nach **§ 287 Abs. 1 ZPO** zu beurteilen (Senatsurteil vom 28. 4. 1982 – IV a ZR 8/81 – LM ZPO § 286 A Nr. 40 = VersR 82, 756; vgl. auch Senatsurteil vom 31. 3. 1982 – IV a ZR 298/80 – WM 82, 635), selbst soweit die Kl. die Vortragslast hätte. Ob der Tatrichter der schon daraus für die Kl. folgenden Erleichterungen hinsichtlich

> Grundsätzlich kein Mitverschulden, wenn der Maklerkunde es unterläßt, insofern seine Interessen zusätzlich abzusichern.

> Wichtiger Hinweis zur Beweislastverteilung im Hinblick auf mögliche Verhaltensweisen der Klägerin im Zusammenhang mit der Sicherung des Risikos.

> **§ 287. [Schadensermittlung u. dgl.]** *(1) ¹Ist unter den Parteien streitig, ob ein Schaden entstanden sei und wie hoch sich der Schaden oder ein zu ersetzendes Interesse belaufe, so entscheidet hierüber das Gericht unter Wüdigung aller Umstände nach freier Überzeugung. ²Ob und inwieweit eine beantragte Beweisaufnahme oder von Amts wegen die Begutachtung durch Sachverständige anzuordnen sei, bleibt dem Ermessen des Gerichts überlassen. ³Das Gericht kann den Beweisführer über den Schaden oder das Interesse vernehmen; die Vorschriften des § 452 Abs. 1 Satz 1, Abs. 2 bis 4 gelten entsprechend.*
>
> *(2) Die Vorschriften des Absatzes 1 Satz 1, 2 sind bei vermögensrechtlichen Streitigkeiten auch in anderen Fällen entsprechend anzuwenden, soweit unter den Parteien die Höhe einer Forderung streitig ist und die vollständige Aufklärung aller hierfür maßgebenden Umstände mit Schwierigkeiten verbunden ist, die zu der Bedeutung des streitigen Teiles der Forderung in keinem Verhältnis stehen.*

der Vortragslast sich bewußt gewesen ist, kann dem angefochtenen Urteil nicht zweifelsfrei entnommen werden.

Vor allem aber weist die Revision mit Recht darauf hin, daß im vorliegenden Fall **nicht die Kl., sondern vorrangig der Bekl. die Darlegungs- und Beweislast zu tragen hat.** Auch das ist eine **Folge der besonderen Pflichten, die dem Versicherungsmakler obliegen.** Der Geschädigte hat zwar grundsätzlich auch bei einem Unterlassen des Schädigers – gegebenenfalls unter Inanspruchnahme der erwähnten Beweiserleichterungen gem. § 287 ZPO – zu beweisen, daß der Verletzungserfolg durch die unterlassene Handlung vermieden worden wäre. *Bei der Verletzung einer vertraglichen Aufklärungs- und Beratungspflicht trifft aber abweichend von diesem Grundsatz die Beweislast den für die vertragsgerechte Erfüllung verantwortlichen Berater und damit den Schädiger.* Er muß darlegen und – je nach dem Gegenvortrag des Geschädigten – auch beweisen, daß der Schaden **trotz** Pflichtverletzung eingetreten wäre, weil der Geschädigte sich über die aus der Aufklärung und Beratung folgenden Bedenken hinweggesetzt haben würde. Das entspricht der ständigen Rechtsprechung des BGH (BGHZ 61, 118 [121 ff.]; 64, 46 [51] = VersR 75, 538 [540 li. Sp.]; 72, 92 [106]; Senatsurteil vom 28. 11. 1984 – IV a ZR 224/82 – VersR 85, 265).

Der Umstand, daß häufig unaufklärbar ist, wie die Sache bei pflichtgemäßer Beratung verlaufen wäre, kennzeichnet auch die Interessenlage im vorliegenden Fall. Der Bekl. war – wie unter II 1 ausgeführt – treuhänderischer Sachwalter der Kl. in ihrer Versicherungsangelegenheit. Seine Unterrichtung, jedenfalls die Aufklärung über den Wegfall des Deckungsschutzes und auch die Beratung über die unbedingte Notwendigkeit, auf die Sicherheitsvorstellungen des Versicherers einzugehen, müssen darum als wesentliche Leitlinien für die Entscheidung der Kl. über Art und Zeitpunkt ihres Verhaltens angesehen werden. Darum muß der Bekl. darlegen, daß die Kl. trotz Kenntnis vom Wegfall der vorläufigen Deckung und **gehöriger Aufklärung über die Erfordernisse neuen Versicherungsschutzes** bzw. die Unmöglichkeit, solchen zu erlangen, ihr Verhalten nicht so eingerichtet hätte, daß der eingetretene Schaden vermieden worden wäre. Wegen der zwischen ihrem Geschäftsführer B. und dem Sicherungsbeauftragten der X. aufgetretenen Differenzen darf dabei nicht

4

Ein wichtiges Kernstück der Entscheidung: Die gehörige Pflichtenerfüllung hat im Streitfall der Makler zu beweisen!

nicht „trotz", sondern „auch ohne": Im folgenden stellt das Urteil darauf ab, wie die Sache bei *pflichtgemäßer* Beratung verlaufen wäre!

Gedanke, daß der Makler echte Überzeugungsarbeit gegenüber dem Kunden zu leisten hat.

ohne weiteres mit dem Berufungsgericht die Reaktion des B. als Maßstab für das Verhalten der Kl. nach einer Unterrichtung d u r c h d e n B e k l. angesehen werden. Vielmehr liegt nahe, daß es der Kl. im Stadium der Vertragsverhandlungen aus kaufmännischen Erwägungen darum ging, mit möglichst geringem Aufwand umfassenden Versicherungsschutz zu erreichen, und daß weder sie noch der Versicherer Entscheidungen letztlich gegen eigenes Interesse z. B. von persönlicher Verärgerung abhängig machen wollten (BGHZ 89, 95 [103] = VersR 84, 186 [187]).

Ein Sicherheitsnetz für den Makler, Existenzsicherung in Eigenregie

VERMÖGENSSCHADEN-HAFTPFLICHT-VERSICHERUNG 5

Einführung

‚Berufshaftpflicht' – dieser Begriff hatte im zurückliegenden 20. Jahrhundert für die wohl meisten Dienstleister nur eine geringe praktische Bedeutung. Mehrere Ursachen spielen eine Rolle. Mangelnde Aufklärung des Einzelnen, Unwissen, Autoritätsgläubigkeit und falsch verstandene Ehrfurcht – wer wagte beispielsweise, gegen die „Götter in Weiß" vorzugehen?! –, Risikoscheu mit Rücksicht auf die Kosten wie auch allgemein ein ganz anderes Verbraucherverhalten sind die Ursache, mit von Fall zu Fall unterschiedlichen Gewichtungen.

Diese Situation hat sich in den letzten Jahrzehnten grundlegend geändert. Der Verbraucher – aufgeklärter, mit mehr Wissen ausgestattet und bereitwilliger zur Auseinandersetzung – hat seine Zurückhaltung gegenüber den früher Ehrfurcht erheischenden Berufen aufgegeben. Ärzte, Wirtschaftsprüfer, Steuerberater, Notare, Rechtsanwälte, Vermögensberater und auch die Versicherungsmakler *können das bestätigen. Einschlägige Berichte in Presse, Funk und Fernsehen belegen die wachsende Publizität derartiger Vorgänge.*

Die Folgen von Pflichtverletzungen, die einen Berufshaftpflicht-Tatbestand erfüllen, mögen zuweilen geringfügig sein und einvernehmlich geregelt werden können. Auf der anderen Seite kann das Versäumen einer Frist, ein leichtfertig erteiltes Testat zu Millionenschäden führen, die der Geschädigte alsdann als Ersatzanspruch gegenüber dem Dienstleister, dem Steuerberater, dem Anwalt, dem Wirtschaftsprüfer, dem Versicherungsmakler geltend macht. Spektakulär in Erscheinung getreten sind Wirtschaftsprüfer-Haftpflichtfälle in den Vereinigten Staaten. Wegen angeblich leichtfertig erteilter Testate wurden Wirtschaftsprüfungsgesellschaften auf mehrere hundert Millionen US-Dollar in Anspruch genommen. Dergleichen Vorgänge erzeugen Schockwirkungen auch über den Atlantik hinweg. So ist das Thema der Absicherung durch Versicherung im Bereich der Berufshaftpflicht in den letzten Jahrzehnten zunehmend als gewichtiges Problem erkannt und seine Lösung immer drängender geworden, zumal die Zahl der Inanspruchnahmen aufgrund von Berufshaftpflichtfällen stetig zunahm.

Die Absicherung derartiger Risikotatbestände ist nicht neu. So wurde bereits in den Jahren vor Beginn des 20. Jahrhunderts eine Vermögensschaden-Haftpflichtversicherung für Rechtsanwälte entwickelt. Der Wunsch kam aus der Anwaltschaft selbst. Indessen hatte diese Absicherungs-Aktivität keine Signalwirkung; es setzte hiernach keine allgemeine Entwicklung in diese Richtung im Bereich der Dienstleister bzw. der beratenden Berufe ein. So wurde erst Anfang der 70er Jahre eine Vermögensschaden-Haftpflichtversicherung für Versicherungsvertreter in den Markt eingeführt. Auch hier traten nicht die Versicherer mit entsprechenden Angeboten hervor; vielmehr kam der Anstoß aus dem Berufsstand selbst, der auch an der Entwicklung dieser spezifischen Deckung mitwirkte.

Die entwicklungsgeschichtliche Betrachtung muß überraschen. Immerhin gibt es mindestens zwei wirtschaftliche Tatbestände, die als Treibsätze eigentlich für einen beschleunigten Entwicklungsprozeß hätten sorgen müssen:

- *Gefahrpotential 1: im Extremfall Vernichtung der beruflichen Existenz des Kunden*

- *Gefahrpotential 2: im Extremfall Vernichtung der eigenen Existenz des Dienstleisters, hier: des Versicherungsmaklers*

Zumindest das Eigeninteresse hätte in den in Betracht kommenden Berufszweigen für eine schnellere Durchsetzung der Vermögensschaden-Haftpflichtversicherung sorgen müssen. So bleibt es überwiegend nach wie vor berufsständischen Vereinigungen und sonstigen Einrichtungen vorbehalten, einen heilsamen Zwang zum Abschluß einer derartigen Versicherung auszuüben. Jedem Beteiligten sollte klar sein: Die Zeit der Zurückhaltung auf Kunden- bzw. Verbraucherseite ist vorbei, die Suche nach möglichen Anspruchsgegnern – „Wer ersetzt mir meinen Schaden?" – wird zunehmend intensiver.

ÜBERSICHT

5 VERMÖGENSSCHADEN-HAFTPFLICHT-VERSICHERUNG

5.1 Vorbemerkung

5.2 Versicherer

5.3 Gegenstand der Versicherung/Deckungsumfang

5.4 Deckungssummen

5.5 Selbstbehalt

5.6 Jahreshöchstleistung

5.7 Verstoßprinzip und Rückwärtsversicherung

5.8 Spätschadenschutz

5.9 Bedingungen (AVB und BB)

5.10 Prämien

5.11 Regelungen und Tips, die darüber hinaus Aufmerksamkeit verdienen

    a) Mitversicherte Personen (Angestellte, freie Mitarbeiter, Handelsvertreter)

    b) Obliegenheiten, die besonders häufig übersehen werden

        aa) Vorsätzliche Pflichtverletzung

        bb) Anerkenntnis

        cc) Selbstregulierungsversuche

        dd) Vergleiche

Die Vermögensschaden-Haftpflichtversicherung des Versicherungsmaklers

5.1 Vorbemerkung

Der Schuster hat bekanntlich die schlechtesten Schuhe. Die Frage an den Makler, ob er für sich selbst den optimalen Versicherungsschutz unterhält, den er seinem Kunden dringend ans Herz legt, mag jeder Makler für sich selbst beantworten.

Auch für den Makler gilt die Prioritätenliste, geordnet nach unabdingbaren, wichtigen und nützlichen Versicherungen. Zur ersten Kategorie gehört die Berufshaftpflichtversicherung (Vermögensschaden-Haftpflichtversicherung) des Maklers. Er steht als unabhängiger und wichtiger Berater und Geschäftsbesorger in einer Reihe mit den Rechtsanwälten, Steuerberatern und Notaren. Für diese ist die Unterhaltung einer angemessenen Berufshaftpflichtversicherung in der Form der Vermögensschaden-Haftpflichtversicherung eine gesetzlich normierte Pflicht. Dadurch soll der Mandant vor den Folgen möglicher Fehler dieser Berufsgruppe geschützt werden. Für den Versicherungsmakler besteht eine solche gesetzliche Pflicht (noch) nicht. Wollte ihm damit der Gesetzgeber Sorglosigkeit und Gefahrlosigkeit seiner beruflichen Tätigkeit signalisieren?

Spätestens nach der Lektüre dieses Buches wird jedem Makler klar sein, daß er einem äußerst gefährlichen Beruf nachgeht. Selbst der vorsichtigste und gewissenhafteste Makler kann existenzbedrohenden Ansprüchen seiner Kunden ausgesetzt werden. Dies gilt selbst für den Fall, daß der Makler völlig korrekt gearbeitet hat und ihm keinerlei Verschulden vorgeworfen werden kann. Denn gegen Zeugen, die geschickt und ohne daß man ihnen die Lüge nachweisen kann, die Unwahrheit sagen, ist man leider meist machtlos.

Viele Maklerverbände verpflichten ihre Mitglieder zum Abschluß einer ausreichenden Vermögensschaden-Haftpflichtversicherung. Wenn nämlich ein Makler einen gegen ihn gerichteten berechtigten Schadenersatzanspruch seines Kunden nicht befriedigen kann, weil zum Beispiel sein pfändbares Vermögen dafür nicht ausreicht, so trifft die daraus entstehende schlechte Presse die gesamte Maklerschaft.

Von seiten der Gesetzgebung sind im Zuge der Europäisierung Bestrebungen im Gange, eine Vermögensschaden-Haftpflichtversicherung dem Makler zur Pflicht zu machen.

Die Vermögensschaden-Haftpflichtversicherung ist eine wenig bekannte Spezialsparte. Sie wird nur von einigen Versicherern betrieben. Die Anzahl der Verträge und das Prämienaufkommen fallen gegenüber den Massensparten, wie der Allgemeinen Haftpflicht oder Kfz-Versicherung, kaum ins Gewicht. Die Kenntnisse über die Vermögensschaden-Haftpflichtversicherung sind demzufolge nicht besonders ausgeprägt; das gilt auch für die Maklerschaft.

Die Hinweise in diesem Buch sollen dem Makler Gelegenheit geben, das Wissen über seine wichtigste Versicherung zu vervollkommnen. Der Makler wird danach in der Lage sein, die für ihn optimale Auswahl des Versicherers und der Deckungssummen zu treffen sowie im Schadenfall in die Lage versetzt sein, sich optimal zu verhalten.

Resümee:

– Die Vermögensschaden-Haftpflichtversicherung ist eine der wichtigsten Versicherungen des Maklers. Ihrem Inhalt sollte der Makler unbedingte Priorität einräumen.

– Der Abwehrschutz der Vermögensschaden-Haftpflichtversicherung ist für den Makler nicht selten „überlebenswichtig".

– Die Regulierungskunst setzt langjährige Erfahrung der damit befaßten Volljuristen des Versicherers voraus. Dies sollte der Makler bei der Auswahl seines Versicherers bedenken.

5.2 Versicherer

Die nachstehende Aufzählung der Versicherer, die diese Deckung anbieten, ist nicht abschließend. Viele Versicherer verfügen über die Zulassung für die Vermögensschaden-Haftpflichtversicherung, ohne davon jedoch derzeit Gebrauch zu machen. Manche Versicherer bieten die Vermögensschaden-Haftpflichtversicherung als Randprodukt an, ohne damit in die Öffentlichkeit zu treten. Ihr Bestand an Vermögensschaden-Haftpflichtversicherungen wird bewußt klein gehalten. Auch bietet nicht jeder Vermögensschaden-Haftpflichtversicherer die Vermögensschadenhaftpflicht für Versicherungsmakler oder sonstige Versicherungsvermittler an.

Hinweise über die Regulierungspraxis der Vermögensschaden-Haftpflichtversicherer lassen sich nicht geben. Der Makler sollte allerdings auf die beim Risikoträger vorhandene Erfahrung und dem Umfang der verwalteten Verträge achten und Rücksicht nehmen. Es empfiehlt sich eine entsprechende Recherche.

Es liegt auf der Hand, daß ein Versicherungssachbearbeiter, der nur äußerst gelegentlich mit der Bearbeitung von Vermögensschäden befaßt ist, nicht die Routine erreichen kann, die ein gestandener „VSH-Experte" erreicht.

Etwaige Defizite – das ist die nicht zu unterschätzende Gefahr – gehen indessen häufig zu Lasten des Versicherungsnehmers, also des Maklers. Denn bei einer Berufshaftpflichtversicherung, wie der Vermögensschaden-Haftpflichtversicherung, kommt dem Abwehrgedanken erhöhte Bedeutung zu. Während im Privathaftpflichtbereich dem Versicherungsnehmer häufig daran gelegen ist, daß der Schaden schnell und reibungslos bezahlt wird, wenn der Junior z. B. eine Fensterscheibe eingeworfen hat, so geht es bei der Berufshaftpflichtversicherung nicht nur um die allgemeine berufliche Ehre. Ein Makler, für dessen Fehler häufig sein Vermögensschaden-Haftpflichtversicherer geradestehen muß, kommt schnell in einen seine Kompetenz beeinträchtigenden schlechten Ruf. Abgesehen davon, riskiert er auch die Kündigung durch den Versicherer mit der Folge, auf Schwierigkeiten bei der Plazierung einer neuen Vermögensschaden-Haftpflichtversicherung beim anderen Versicherer zu stoßen. Im günstigsten Fall steht dem Makler eine kräftige Prämienerhöhung ins Haus.

Bei der Vermögensschaden-Haftpflichtversicherung kommt also eine ganz besondere Bedeutung dem Abwehrschutz zu.

Die bekanntesten Vermögensschaden-Haftpflichtversicherer:

- Albingia
- Allianz
- Colonia
- General Accident (früher UAP Vermögensschadenhaftpflicht)
- Gerling-Konzern
- Gothaer
- R + V
- Victoria

Das Risiko der Vermögensschaden-Haftpflichtversicherung für Makler wird von den Versicherern als ‚schwer' eingestuft und demzufolge sehr zurückhaltend gezeichnet. So behält sich die Albingia eine Prüfung des subjektiven Risikos vor, die Allianz und die Victoria konzentrieren sich überwiegend auf solche Makler, die auf anderen Gebieten mit ihnen zusammenarbeiten, also für sie Geschäfte vermitteln.

Resümee:

– Die bekanntesten und erfahrensten Vermögensschaden-Haftpflichtversicherer betreiben die Sparte zum Teil schon seit sehr langer Zeit. Die zum großen Teil jahrzehntelange Erfahrungen nützen dem Makler als Versicherungsnehmer.

– In den letzten Jahren haben auch andere Versicherer den Betrieb der Sparte der Vermögensschaden-Haftpflichtversicherung aufgenommen. Bei Neueinsteigern sollte sich der Makler über die Art und Weise des Handlings informieren. Nicht in jedem Fall stellt eine Schadenbearbeitung im Wege des Outsourcings eine optimale Lösung dar.

5.3 Gegenstand der Versicherung/ Deckungsumfang

Der Gegenstand der Versicherung richtet sich nach den Allgemeinen Versicherungsbedingungen zur Haftpflichtversicherung für Vermögensschäden (AVB) in Verbindung mit den Besonderen Bedingungen für Versicherungsmakler.

§ 4 Ziff. 3 AVB besagt:

> *„Der Versicherungsschutz bezieht sich nicht auf Haftpflichtansprüche: aus der Überschreitung von Voranschlägen und Krediten; aus der entgeltlichen oder unentgeltlichen Vermittlung oder Empfehlung von Geld-, Grundstücks- und anderen wirtschaftlichen Geschäften."*

Unter den Begriff der ‚anderen wirtschaftlichen Geschäfte' fallen auch die Versicherungsverträge. Ein Makler, der Versicherungsschutz auf Grund lediglich der AVB nimmt, bekommt also Steine statt Brot. Sein Versicherungsschutz ginge voll an seinem Berufsbild und seinen Schutzbedürfnissen vorbei.

Wichtig ist demzufolge die Modifizierung der AVB durch die Besonderen Bedingungen. Der erfahrene Makler weiß, daß diese Bedingungen dispositiv sind. Auf gut deutsch: Man kann mit dem Versicherer über eine Abänderung verhandeln.

Allerdings sollte man den Spielraum, den der Versicherer gewährt, nicht zu groß einschätzen. In einigen Punkten – und zwar unabhängig von der Höhe der Prämie – bleiben sämtliche Vermögensschaden-Haftpflichtversicherer unnachgiebig. Nach aller Erfahrung wird sich dies auch in naher Zukunft nicht ändern; auch nicht, wenn immer mehr ausländische Versicherer auf den deutschen Markt drängen. Denn diese können sich gleichfalls nur im Rahmen der deutschen Gesetze bewegen und sind den daraus sich ergebenden Anspruchsfolgen ebenso ausgesetzt wie die inländischen Versicherer.

Die nachfolgenden Ausführungen werden auf einige der nachgiebigen wie der unnachgiebigen Bedingungen eingehen, und zwar unter diesem Gliederungspunkt jeweils an der entsprechenden Stelle.

Ausgangspunkt sind die Grundbedingungen, die dann je nach Bedarf und Bereitschaft des Versicherers verändert werden können. Es heißt dort in Ziffer 1:

„Abweichend von § 4 Ziff. 3 der Allgemeinen Versicherungsbedingungen zur Haftpflicht für Vermögensschäden (AVB) besteht Versicherungsschutz für die Ausübung der Tätigkeit als Versicherungsmakler im handelsüblichen Rahmen."

Ausgeklammert ist damit die Tätigkeit, die nicht der Handelsüblichkeit entspricht oder gar nicht in den Rahmen der gesetzlichen Zulässigkeit paßt. Unzulässig und damit außerhalb des Versicherungsschutzes liegend wäre, wie z. B. die gleichzeitige Tätigkeit als Versicherungsberater. Zwar gehört es zu den Rechten und Pflichten eines Versicherungsmaklers, seine Kunden in Versicherungsangelegenheiten, also auch zum Deckungsumfang, zu beraten. Dazu gehört unter anderem die Erläuterung und die Auslegung der Versicherungsbedingungen. Das Rechtsberatungsgesetz deckt diese Aufgabenerfüllung als notwendiges Hilfsgeschäft im Rahmen der Vermittlung von Versicherungen (Haupttätigkeit).

Es ist jedoch einem Makler nicht gestattet, als Versicherungsberater – also unabhängig von der Vermittlung – gegen Honorar die vorgenannten Leistungen anzubieten. Der Makler, der dies tut, stellt sich außerhalb des handelsüblichen und gesetzlichen Rahmens und begibt sich mithin insoweit seines Versicherungsschutzes.

Nicht im handelsüblichen Rahmen ist gleichfalls die Tätigkeit als Regulierer von Schäden aus Verträgen, die der Makler nicht in seiner Verwaltung hat. Der Makler, der eine Spedition im Bestand hat, darf erlaubterweise die Kaskoschäden bearbeiten und auch die Schäden dem Versicherer anzeigen, die die Spedition als Haftpflichtige betreffen. Denn er hat sowohl die Kasko- als auch die Kfz-Haftpflicht-Verträge der Spedition in seiner Verwaltung. Um den Ausschluß besonders deutlich zu machen, ist er in den Besonderen Bedingungen zusätzlich noch einmal hervorgehoben.

Wenn der Makler aber, um seinem Kunden Arbeit abzunehmen oder weil dieser es von ihm fordert, Haftpflichtansprüche gegen den Versicherer des Unfallgegners geltend macht, so ist dies eine unerlaubte Besorgung fremder Rechtsangelegenheiten im Sinne des Rechtsberatungsgesetzes. Daran ändert sich nichts dadurch, daß der Makler im Verborgenen bleibt, also seinem Kunden lediglich die Hand führt. Etwaige Fehler bei einer solchen unerlaubten Tätigkeit fallen nicht unter den Versicherungsschutz der Vermögensschaden-Haftpflichtversicherung des Maklers.

In den handelsüblichen Rahmen fällt gleichfalls nicht die (wenn auch zulässige) Tätigkeit als Finanzierungs-, Immobilienmakler, Hausverwalter oder Vermögensverwalter.

Der hier angesprochene Kreis von möglichen Versicherungsnehmern im Rahmen einer solchen Deckung läßt sich um den Finanzierungsmakler erweitern, wenngleich bei den meisten Versicherern nur in stark eingeschränktem Rahmen. So ist die Finanzierung gegen grundpfandrechtliche Sicherheiten meist unproblematisch in den Versicherungsschutz einzubringen. Bei der Vermittlung von offenen Immobilienfonds und sonstigen Fondanteilen kann man mit vielen Versicherern hinsichtlich einer Deckung erfolgreich verhandeln.

Ein Versicherer aber, der z. B. die Vermittlung von geschlossenen Immobilienfonds abdeckt, müßte wohl noch gefunden werden. Eine ähnlich negative Auskunft gilt hinsichtlich des Risikos für spekulative Finanzgeschäfte und der möglichen Versicherung der allgemeinen Vermögensverwaltung. Auch die Tätigkeit als Handelsvertreter und des Handelsmaklers für Waren- und Warentermingeschäfte ist nicht versicherbar.

Einem Hausverwalter und einem Verwalter von Eigentumswohnungen steht eine eigene Vermögensschaden-Haftpflichtversicherung offen. Der Makler, der Bedarf hat, weil er solche Geschäfte auch betreibt, wende sich an seinen Vermögensschaden-Haftpflichtversicherer. Meist darf er, wenn er derartiges Geschäft nur in geringem Umfang nebenher betreibt, auf einen Prämiennachlaß hoffen.

Die vorstehenden Ausführungen zum Gegenstand des Versicherungsvertrages können nicht abschließend sein. Die Versicherungswirtschaft bewegt sich auch bei der Eindeckung bislang unerwünschter oder neuartiger Risiken durchaus (wenngleich leider oft im Schneckentempo). Man kann daher nur den Rat geben: Der Makler frage also seinen Versicherer und lasse sich die Antwort insbesondere dann, wenn sie positiv im Sinne des Versicherungsschutzes ist, *schriftlich* bestätigen. Bei späteren Meinungsverschiedenheiten kann die schriftliche Bestätigung aus der Hand des Versicherers von unschätzbarem Wert sein.

Resümee:

– Neben den Allgemeinen Versicherungsbedingungen (AVB) ist die Vereinbarung der Besonderen Versicherungsbedingungen Voraussetzung für den Versicherungsschutz des Maklers.

– Gegenstand des Versicherungsschutzes ist die Tätigkeit des Maklers „im handelsüblichen Rahmen". Die geringste Abweichung kann den Makler den Versicherungsschutz kosten.

– Für viele zusätzliche Tätigkeiten, wie zum Beispiel als Immobilienmakler, bietet der Versicherer auf Anfrage Deckungserweiterung.

5.4 Deckungssummen

Die Frage nach der erforderlichen Höhe der Deckungssumme wird oft gestellt. Sie läßt sich nicht allgemein beantworten, vielmehr muß sie jeder Makler aufgrund der bei ihm vorliegenden individuellen Gegebenheiten entscheiden.

Es gibt Maklerorganisationen, die von ihren Mitgliedern den Nachweis einer Deckungssumme von mindestens 3 Millionen DM verlangen, andere, die sogar entsprechende 5 Millionen DM nachgewiesen wissen wollen. Daß es sich dabei um größere Makler handelt, die sich in den vorgenannten Organisationen zusammenschließen, versteht sich von selbst. Derartige Makler haben Versicherungen von Groß- und Mittelbetrieben in der Verwaltung, so daß schon deshalb eine überdurchschnittlich hohe Deckungssumme erforderlich erscheint. Ob sie für jeden Fall ausreichend ist, mag hier dahingestellt bleiben.

Andererseits gibt es keinen Umkehrschluß dahin gehend, daß der mittlere oder kleinere Makler erheblich niedrigere Deckungssummen benötigt. Ein Fehler beim Abschluß einer Betriebshaftpflichtversicherung oder einer Feuerversicherung kann auch beim Kleinbetrieb oder beim Handwerker zu einer beträchtlichen Schadenhöhe führen. Wenn z. B. der Versicherer nur wegen eines einzigen Maklerfehlers in Höhe des Brandschadens von 3 Millionen DM nicht eintrittspflichtig ist, dann haftet der Makler in eben dieser Höhe, muß also wie ein Versicherer leisten.

Verwiesen wird auf die in diesem Buch erläuterten Beispiele, die weitestgehend auf authentische Schäden zurückgehen. Sind die dort genannten Schadenshöhen also schon beängstigend für den Makler, so mag der Leser bedenken, daß die Schadenshöhe oft dem Zufall entsprungen ist und demzufolge noch viel nachhaltiger hätte ausfallen können. Selbst ein Makler, der sich auf das Privatkundengeschäft beschränkt, kann also beachtliche Schäden auch der Höhe nach verursachen.

Nach den Erfahrungen der Praxis ist eine Deckungssumme unterhalb von 500 000,- DM keinesfalls zu empfehlen. Wenn der Makler – z. B. unmittelbar nach der Geschäftseröffnung – mit jeder Mark an Kosten rechnen muß, so sollte er – selbst als „Kleinmakler" – wenigstens die Deckungssumme von 500 000,- DM wählen.

Der Makler als Berufsanfänger, der meint, zunächst erst einmal ohne Vermögensschaden-Haftpflichtversicherung auskommen zu können, handelt leichtfertig gegen sich und seine Familie. Denn gerade einem Anfänger unterlaufen Fehler, die einem erfahrenen Makler so nicht passiert wären. Nicht zuletzt der Kunde ist ebenfalls Opfer einer solchen leichtfertigen Handlungsweise.

Der alte Grundsatz, lieber eine kleine Deckungssumme als keine Versicherung, gilt hier gleichfalls. Die Vermögensschaden-Haftpflichtversicherung kennt bekanntlich keine Unterversicherung wie z. B. die Hausratversicherung. Deckung besteht bedingungsgemäß stets in Höhe der Deckungssumme voll. Bei Schäden darüber hinaus steht der Versicherungsnehmer dann allerdings ohne Schutz hinsichtlich des Betrages, der die Deckungssumme übersteigt. Dann richtet sich der restliche Anspruch wirtschaftlich allein gegen den Makler, und es kommt auf dessen Leistungsfähigkeit an.

Ein Beispiel soll dies erläutern, wobei der Verständlichkeit halber die Selbstbehaltsregelung außer acht gelassen wird:

- Die Deckungssumme beträgt 500 000,- DM, der Schaden 300 000,- DM. Es wird voll reguliert.

- Bei gleicher Deckungssumme beträgt der Schaden 500 000,- DM. 75 000,- DM sind zusätzlich an Rechtsverfolgungskosten angefallen, weil die Sache erst in der 2. Instanz entschieden wurde. Hier hat (wohlgemerkt abgesehen von den Selbstbehalten) der Makler nichts zu zahlen. Denn die Rechtsverfolgungskosten kommen noch zur Deckungssumme hinzu (§ 3 II Ziff. 7 AVB).

- Bei wiederum gleicher Deckungssumme beträgt der Schaden 1 Million DM. Auch hier war erst eine rechtskräftige Entscheidung in 2. Instanz erforderlich. Die Rechtsverfolgungskosten betragen 115 000,- DM. Der Versicherer stellt die Deckungssumme von 500 00,- DM zur Verfügung und übernimmt die Rechtsverfolgungskosten, die bei einem Gegenstandswert von der Höhe der Versicherungssumme, also von 500 000,- DM, angefallen wären, nämlich – wie wir aus dem vorherigen Beispiel wissen – in Höhe von 75 000,- DM. Der Makler bleibt also auf 500 000,- DM plus 40 000,- DM an Rechtsverfolgungskosten „hängen", ebenfalls ohne Berücksichtigung der Selbstbehalte.

Wenn oben der Rat erteilt wurde, lieber eine niedrige Deckungssumme als keine Versicherung zu wählen, weil es die Kosten des Maklerbüros nicht zulassen, sich ausreichend zu versichern, so auch aus einem ganz praktischen Grund. Wenn nämlich dem Makler eine Schadenersatzforderung ins Haus steht, die die Deckungssumme übersteigt, so wird in den meisten Fällen der Versicherer den geforderten Ersatzbetrag bis zur Höhe der Deckungssumme auf den Tisch legen. Wie ein erfahrener Makler weiß, gilt insbesondere für den Haftpflichtversicherer das allererste Interesse der Abwehr und ggf. der Schadensminderung. Schon im Interesse am eigenen Geldbeutel wird der Vermögensschaden-Haftpflichtversicherer alle Abwehrmöglichkeiten gegenüber dem Anspruchsteller, der Ersatzforderungen gegen den Makler richtet, sondieren und ausschöpfen. Zur Erleichterung des Maklers wurde in der Vergangenheit nicht selten der Anspruch sowohl dem Grunde als auch der Höhe nach soweit gestutzt (wenn die generelle Abwehr mißlungen war), daß die Zahlung dann erfreulicherweise doch noch in den Deckungsumfang paßte. Ein Makler, der keine Versicherung abgeschlossen hat, ist dann relativ „arm dran". Ihm steht das Knowhow eines erfahrenen Versicherers leider nicht zur Verfügung.

Wie an verschiedenen Stellen dieses Buches ausgeführt, ist die Vermögensschaden-Haftpflichtversicherung nur eine, wenn auch sicherlich höchst wichtige Möglichkeit des Maklers, sich und seine berufliche Existenz zu schützen. Als geeignetes Bollwerk hilft gegen einen wirtschaftlichen Ruin oft nur noch die GmbH als die verheerende wirtschaftliche Auswirkungen abschirmende Rechtsform für den Maklerbetrieb. Die Alternative wäre der Weg des Maklers zum Konkursrichter. Anders als die Bank, bei der der Makler Kredite unterhält, und die Versicherer, mit denen er arbeitet, verlangen die möglichen Anspruchsteller, meist die Kunden des Maklers, keine vorherige Absicherung durch eine Bürgschaft des GmbH-Gesellschafters. Während die Banken und Versicherungen aus den Bürgschaften sich bei dem Gesellschafter schadlos halten können, wenn dort die abgesicherten Verbindlichkeiten notleidend werden, hilft die auf die GmbH beschränkte Haftung hier dem Makler wirklich.

Resümee:

– Die Höhe der Deckungssumme richtet sich nach dem Risiko, das ein Makler eingeht. Völlig unangemessen wäre eine Deckungssumme unterhalb von DM 500 000,–.

– Der Makler mit starkem Sachgeschäft im gewerblichen Bereich benötigt eine besonders hohe Deckungssumme.

– Selbst die höchste Deckungssumme kann von einem möglichen Schadensersatzanspruch überstiegen werden. In letzter Konsequenz hilft dann nur noch die auf das Gesellschaftsvermögen beschränkte Haftung der GmbH.

– Der Makler, der sich allerdings ausschließlich auf eine solche Haftungsbeschränkung verläßt, sollte bedenken, daß auch der angesammelte Versicherungsbestand zum Vermögen der GmbH rechnet und damit dem Haftungsrisiko ausgesetzt ist.

5.5 Selbstbehalt

An dieser Stelle wird nur auf den Selbstbehalt für Vermögensschäden eingegangen. Die Regelung für den Selbstbehalt hinsichtlich der mitversicherten Sachschäden soll vernachlässigt werden, da dieser äußerst selten praktisch wird.

Der sogenannte allgemeine Selbstbehalt (in Abgrenzung zum Gebührenselbstbehalt, auf den zum Schluß kurz eingegangen wird) ist in § 3 II Ziff. 3 AVB geregelt. Der Kern dieser umfangreichen Bestimmung läßt sich wie folgt zusammenfassen:

a) Bis zu einem Schadenbetrag von 10 000 DM zahlt der Versicherer 80 %.

b) Vom Mehrbetrag werden 90 % gezahlt.

c) Der vom Versicherungsnehmer in jedem Fall selbst zu übernehmende Schaden beträgt 100 DM (Mindestselbstbehalt).

Was das in einem Schadenfall mit hoher Summe bedeutet, wird vielen Maklern erst dann bewußt, wenn dieser Schadenfall eingetreten ist. Es bewahrheitet sich dann die in der Vorbemerkung zitierte Volksweisheit vom Schuster und den schlechten Schuhen.

Ein besonders gravierendes Beispiel:

> Der Makler hat eine Deckungssumme von 5 Mio. Es tritt ein Schaden in eben dieser Höhe auf und muß auch voll reguliert werden:

> Wie unter a) erläutert, zahlt der Versicherer von den ersten 10 000 DM des Schadens 80 %, also   8 000 DM

Es verbleibt ein Schaden von 4 992 000 DM, davon übernimmt der Versicherer 90 %, also	4 492 800 DM
In der Summe also	**4 500 800 DM**

Der Makler bleibt also trotz seiner hohen Deckungssumme auf knapp 500 000 DM „sitzen". Dies ist ein Ergebnis, mit dem der Makler beim Abschluß der Versicherung wohl nicht gerechnet hat!

Diesen Ausführungen liegen die „Grund"-Besonderen Bedingungen für Versicherungsmakler zugrunde, die unter Punkt 7 dieses Kapitels abgedruckt sind.

Es wurde bereits früher darauf hingewiesen, daß die Besonderen Versicherungsbedingungen, die bekanntlich die Allgemeinen Bedingungen abändern, in gewissen engen Grenzen dispositiv sind. Wegen der Vereinbarung eines anderen als in den AVB vorgesehenen Selbstbehaltes kann man also durchaus mit seinem Versicherer verhandeln. Insbesondere Maklerverbände nutzen zugunsten ihrer Mitglieder den Verhandlungsspielraum. So ist es durchaus denkbar, den Selbstbehalt der Höhe nach zu begrenzen. Meist geschieht dies indessen nicht prämienneutral. Das heißt, der Versicherer verlangt dann eine höhere Prämie.

Denkbar und in der Praxis gar nicht so selten ist eine gleichzeitige Anhebung des Mindestselbstbehaltes. Dies erlaubt dem Makler im unteren Bereich der Schadenhöhe frei von rechtlichen Zwängen zu regulieren. Es ermöglicht ihm, z. B. bei einem wichtigen Kunden einen gewissen Betrag selbst zu zahlen, obwohl den Kunden ein Mitverschulden oder gar ein überwiegendes Mitverschulden trifft. Auch kann er aus wirtschaftlichen Gründen (um den Kunden zu halten oder die Verbindung auszubauen) selbst dann regulieren, wenn es an der Kausalität mangelt.

Mit einem Versicherer kann man wegen einer Zahlung aus einem wirtschaftlichen Interesse des Maklers bekanntlich kaum verhandeln. Der Versicherer hält sich an das rechtlich Durchsetzbare bzw. Notwendige. Gerade bei Bagatellschäden ist der Makler also gut beraten, einen erhöhten Mindestselbstbehalt zu vereinbaren. Wenn er in dem davon betroffenen Bereich ohnehin frei von den Regulierungszwängen des Versicherers agieren will (oder muß), so soll er dafür wenigstens den Prämienvorteil in Anspruch nehmen können.

Üblich ist die Vereinbarung eines erhöhten Mindestselbstbehalts (oder einer Abzugsfranchise) bei gleichzeitiger Beschränkung des Selbstbehalts in der Höhe, und zwar bei gleicher Prämie, die bei der AVB-Regelung des Selbstbehalts (siehe obige Beispielsfälle) beansprucht werden würde. Aber selbstverständlich gibt es auch andere Vereinbarungen mit dem Versicherer. Der Makler mag ihn im Einzelfall befragen!

§ 3 II Ziff. 4 AVB regelt den sog. *Gebührenselbstbehalt*. Hintergrund der Regelung ist der Gedanke, daß der Schädiger nicht auch noch verdienen soll, wenn er einen Schaden verursacht. Das heißt, daß der Versicherungsmakler *zusätzlich* zum vorgenannten allgemeinen Selbstbehalt auch noch die vereinnahmte Courtage, wenn er sie denn bekommen hat, im Rahmen der zu erbringenden Schadenersatzleistung einschießen muß. Der Versicherer zieht den Betrag zusätzlich von der Leistung ab. Manchmal kann man jedoch auch insoweit über eine vertragliche Verbesserung mit seinem Versicherer verhandeln.

Resümee:

– Den AVB zufolge muß der Makler sich mit 20 % der ersten DM 10 000,– eines jeden Schadens und mit 10 % des diese Summe übersteigenden Betrages beteiligen (Allgemeiner Selbstbehalt).

– Insbesondere bei höheren Schadensummen ist der vorgenannte Selbstbehalt höchst beträchtlich. Der Makler sollte daher mit seinem Versicherer über eine Begrenzung nach oben verhandeln.

– Neben dem Allgemeinen Selbstbehalt hat der Makler die im Schadensfall vereinnahmte Courtage einzubringen (sog. Gebührenselbstbehalt).

5.6 Jahreshöchstleistung

Unter Jahreshöchstleistung ist die Leistung zu verstehen, die der Versicherer innerhalb eines Versicherungsjahres maximal erbringen will. Für den Einzelfall ist die Obergrenze die Deckungssumme.

Beispiel: Die Deckungssumme beträgt 500 000,- DM. Als Jahreshöchstleistung ist das Zweifache der Deckungssumme vereinbart. In dem Fall kann sich der Versicherungsnehmer zwei Schäden à 500 000,- DM oder vier Schäden à 250 000,- DM im Versicherungsjahr erlauben. Für weitere Schäden tritt der Versicherer nicht ein.

Wenn man in die Allgemeinen Versicherungsbedingungen schaut, findet man keine Begrenzung auf die Jahreshöchstleistung. Würden also keine zusätzlichen Vereinbarungen getroffen, müßte der Versicherer insoweit unbegrenzt leisten.

In den meisten Sonderbedingungen, also auch in den Besonderen Bedingungen, die zwischen Versicherer und Maklern vereinbart werden, gilt eine Begrenzung auf das Zweifache der Jahreshöchstleistung. Bei Zugrundelegung von besonders hohen Deckungssummen wird oftmals ab einer gewissen Höhe eine Begrenzung auf das Einfache der Deckungssumme festgeschrieben.

Nicht selten fragen Versicherungsnehmer den Versicherer, ob nicht eine Erhöhung der Jahreshöchstleistung z. B. auf das Vier- oder Sechsfache vereinbart werden könne. Gegen entsprechende Prämienzuschläge (z. B. bei Zugrundelegung der vierfachen Jahreshöchstleistung gilt ein Zuschlag von 10 %), ist dies durchaus möglich. Nur bei der Absicht, eine unbegrenzte Jahreshöchstleistung vereinbaren zu wollen, stößt der Versicherungsnehmer beim Versicherer auf taube Ohren. Eine ganz andere Frage ist, ob eine solche Vereinbarung sinnvoll ist.

Soweit bekannt, gibt es keinen Fall, in dem die zweifache Jahreshöchstleistung beim Versicherungsmakler nicht ausgereicht hätte. Hier handelt es sich also um eine theoretische Gefahr, deren Verwirklichung sehr unwahrscheinlich, wenn auch nicht völlig auszuschließen ist.

Häufig ist indessen – vgl. Punkt 5.4 –, daß die Deckungssumme nicht ausreicht. Der Makler, der eine hohe Deckungssumme wählt, hat dann automatisch auch einen höheren Schutz im Bereich der Jahreshöchstleistung. Wenn der Makler seinen Schutz verbessern will, ist ihm anzuraten, auf die Höhe der Deckungssumme zu schauen.

Folgender Punkt ist in diesem Zusammenhang von Bedeutung:

Die Summe der Versicherungsleistungen bestimmt nicht allein, wann die Leistungsverpflichtung des Versicherers aufhört. Verwiesen wird auf § 3 II Ziff. AVB. In dieser Vorschrift heißt es, daß unter den dort genannten Voraussetzungen die Leistung auf die Höhe der Deckungssumme begrenzt werden kann. Das ist unter anderem dann der Fall, wenn bei mehreren Schäden das Tun oder Unterlassen des Versicherungsnehmers auf ein und dieselbe Quelle zurückgeht.

Beispiel: Der Makler hat eine VSH-Deckungssumme von 1 Mio. DM. Er hat einen Verband von selbständigen Gewerbetreibenden an der Hand. Die Mitglieder des Verbandes versichert er mit Billigung des Verbandes „rundum". Er bietet alle erdenklichen Versicherungen an – mit Ausnahme der Berufsunfähigkeits-Zusatzversicherung (BUZ). Hier meint der Makler irrig, es bestehe Versicherungsschutz aus einem Gruppenvertrag, den der Verband zugunsten seiner Mitglieder abgeschlossen hat und dessen Prämie aus den Mitgliedsbeiträgen gespeist wird.

Bedauerlicherweise tritt eine epidemieartig verlaufende, als Berufskrankheit anerkannte Krankheit bei einer Vielzahl von Mitgliedern des Verbandes auf. Bei drei Mitgliedern ist die Berufsunfähigkeit die Folge. Wegen des Maklerfehlers nehmen die Betroffenen Regreß, und zwar durchschnittlich pro Person in Höhe von 400 000,- DM.

Wenn der Makler meint, sein Versicherungsschutz sei ausreichend, um die geltend gemachten Ansprüche zu befriedigen, so irrt er ein zweites Mal. Zwar erreicht die Schadensumme mit 1,2 Mio. DM (3 × 400 000,- DM) nicht das Zweifache seiner Versicherungssumme, also 2 Mio. DM (2 × 1 Mio. DM), so daß insoweit „noch Luft" besteht. Aber es greift § 3 II Ziff. 2 c AVB. Alle drei Schäden stammen aus einer Wurzel, nämlich dem Irrtum des Maklers über das Bestehen des Gruppenversicherungsvertrages und dem daraus abzuleitenden Versicherungsschutz für die Berufsunfähigkeit der Mitglieder. Das heißt, daß alle drei Fälle als einer behandelt werden. Die Folge ist, es gilt – wie bei einem einzigen Versicherungsfall – als Obergrenze die Deckungssumme, die hier 1 Mio. DM beträgt. Der Makler steht also in Höhe von 200 000,- DM außerhalb des Versicherungsschutzes. Hierfür muß er in dem Beispielsfall selbst aufkommen.

Resümee:

– Die Jahreshöchstleistung ist die Leistung, die der Versicherer innerhalb eines Versicherungsjahres maximal erbringt; sie beträgt üblicherweise das Zweifache der Deckungssumme.

– Eine Erhöhung der Jahreshöchstleistung zum Beispiel auf das Vier- oder das Sechsfache ist zwar gegen einen Prämienzuschlag möglich, aber wenig sinnvoll.

– Der Makler, der eine höhere Deckungssumme wählt, stockt damit automatisch die Summe seiner Jahreshöchstleistung auf. Er hat damit gleichzeitig Vorsorge gegen einen einmalig höheren Schadensfall getroffen.

5.7 Verstoßprinzip und Rückwärtsversicherung

Bei der Vermögensschaden-Haftpflichtversicherung kommt es nicht auf den Zeitpunkt des Schadeneintritts, sondern auf den Zeitpunkt des fehlerhaften Tuns oder Unterlassens an, wenn es um die Frage des Versicherungsschutzes geht. Bei den meisten anderen Versicherungen ist der Verstoßzeitpunkt mit dem des Schadeneintritts identisch.

Für die Vermögensschadenhaftpflicht hat das Verstoßprinzip indessen eine zentrale Funktion.

> **Beispiel:** Ein Kraftfahrer verletzt die Vorfahrt. Er begeht damit einen Verstoß gegen die Straßenverkehrsordnung. Einen Bruchteil einer Sekunde später kommt es auf der Kreuzung zum Zusammenstoß mit dem Vorfahrtsberechtigten, also zum Schaden. Für den Versicherer und den Versicherungsnehmer ist dann der Verstoßzeitpunkt völlig irrelevant.
>
> Anders verhält es sich bei der Vermögensschadenhaftpflicht.

Nehmen wir an, es tritt ein Schaden ein (z. B. zu einer Betriebshaftpflichtversicherung), bei dem der Versicherer die Deckung infolge eines ihm beim Abschluß nicht mitgeteilten Vorschadens ablehnt. Der Versicherungsnehmer hatte den Makler indessen ordnungsgemäß von dem Vorschaden informiert. Infolge von Fahrlässigkeit war von seiten des Maklers die Weitergabe an den Versicherer versäumt worden.

Nehmen wir in diesem Fall weiter an, der Antrag ist, vom Makler kraft Vollmacht unterschrieben, am 23. 5. 1990 beim Versicherer eingereicht worden. Im Antrag steht auf die entsprechende Frage des Versicherers der vom Makler fälschlich eingefügte Satz: „Keine

Vorschäden." Dies ist der Verstoß, begangen am 23. 5. 1990. Der Schaden zum Versicherungsvertrag trat am 1. 6. 1993 ein, die Deckungsablehnung folgte auf dem Fuß. Der Versicherungsnehmer meldet beim Makler einen Schaden in Höhe des nicht gedeckten Betrages von z. B. 600 000 DM an.

Der Makler gibt die Sache in die Hände seines Vermögensschaden-Haftpflichtversicherers. Dieser prüft als erstes, ob für den Zeitpunkt des Verstoßes, mithin für den 23. 5. 1990, Versicherungsschutz bestand. Der Makler atmet erleichtert auf, denn bereits als Berufsanfänger hatte er mit Beginn zum 1. 5. 1990 eine Vermögensschaden-Haftpflichtversicherung für sich abgeschlossen, und zwar zu einer Deckungssumme von 500 000 DM. Später, als sich die ersten größeren Vermittlungserfolge einstellten, erhöhte er die Deckungssumme per 1. 5. 1993 auf 1 Mio.

Seine Erleichterung wurde ihm jedoch bald durch ein Schreiben seines Vermögensschaden-Haftpflichtversicherers wieder genommen. Dieser wies zu Recht darauf hin, daß zwar zum Verstoßzeitpunkt Versicherungsschutz bestanden habe, allerdings nur in Höhe der Deckungssumme von 500 000 DM. Daß er die Versicherungssumme später, nämlich zum 1. 5. 1993 erhöht habe, sei zwar löblich, aber für den vorliegenden Versicherungsfall irrelevant.

Der Vermögensschaden-Haftpflichtversicherer zahlt abzüglich des bedingungsgemäßen Selbstbehalts 500 000 DM. Mit der verbleibenden Schadenersatzforderung in Höhe von 100 000 DM muß der Makler sein eigenes Konto belasten.

Manchem jetzt geschockten Leser fällt nun vielleicht das Institut der Rückwärtsversicherung ein. Man kann nämlich bei der Vermögensschaden-Haftpflichtversicherung den möglichen (selbstverständlich noch nicht im Ansatz bekannten oder erahnten) Verstoß mitversichern, indem man ein oder mehrere Jahre den Versicherungsschutz in die Vergangenheit hinein ausdehnt. Diese Möglichkeit eröffnet § 2 II AVB. So kann sich z. B. ein vermögensschadenhaftpflichtversicherter Beamter ohne weiteres rückwärtsversichern, wenn er z. B. erfährt, daß eine Revision ins Haus steht.

Für den an einer solchen Lösung interessierten Leser, den Versicherungsmakler, gibt es allerdings eine bittere Pille: Es ist kein Vermögensschaden-Haftpflichtversicherer bekannt, mit dem man als einzelner Makler erfolgreich über eine etwaige Rückwärtsversicherung verhandeln könnte. Lediglich in allerjüngster Zeit konnten Versicherungsmaklerverbände für ihre Mitglieder hier etwas bewegen.

Der Grund liegt wohl darin, daß man seitens des Versicherers das Insiderwissen des Maklers fürchtet. Da sich das Wissen oder Nichtwissen meist ausschließlich im Kopf des Handelnden befindet, wird er danach gefragt, wie es zum Verstoß kommen konnte. Es liegt auf der Hand, daß ein Versicherungsmakler einem Laien hinsichtlich der erfolgreichen Formulierung der Antwort überlegen ist, besonders dann, wenn es um den eigenen Versicherungsschutz geht.

Man kann bekanntlich ein brennendes Haus nicht versichern. Dies gilt auch für die Vermögensschaden-Haftpflichtversicherung. Bekannte Verstöße sind deshalb selbstverständlich vom Schutz der Rückwärtsversicherung selbst dann ausgeschlossen, wenn eine solche besteht. Aber der Ausschluß geht noch weiter. Es heißt in § 2 I Abs. 2 AVB:

> *„Als bekannter Verstoß gilt ein Vorkommnis, wenn es vom Versicherungsnehmer, mitversicherten Personen oder seinen Sozien, als – wenn auch nur möglicherweise – objektiv fehlsam anerkannt oder ihm, wenn auch nur bedingt, als fehlsam bezeichnet worden ist, auch wenn Schadenersatzansprüche weder erhoben noch angedroht noch befürchtet worden sind."*

Man kann annehmen – und wohl eben auch die Vermögensschaden-Haftpflichtversicherer –, daß ein cleverer Makler mit diesem Schutz aus der Rückwärtsversicherung komfortabel leben könnte, wenn er ihn denn bekäme.

Zur Festlegung des richtigen Zeitpunkts für den Verstoß, der ja – wie ausgeführt – für den Versicherungsschutz maßgebend ist, ist noch etwas nachzutragen:

Bei einem fehlerhaften Handeln ist der Fall klar. In dem vorgenannten Beispiel ist der Verstoßzeitpunkt derjenige, zu dem der Makler den um die Anzeige des Vorschadens unvollständigen Antrag eingereicht hat. Wie ist es aber, wenn der Fehler in einem Unterlassen besteht? Hier haben wir es mit einem Zeitraum zu tun, also einem Zustand von gewisser Dauer, und nicht mit einem fixierbaren Zeitpunkt wie oben. Was gilt dann?

Hierzu regelt § 2 III AVB:

"Wird ein Schaden durch fahrlässige Unterlassung verursacht, gilt im Zweifel der Verstoß als an dem Tag begangen, an welchem die versäumte Handlung spätestens hätte vorgenommen werden müssen, um den Eintritt des Schadens abzuwenden."

Auch diese Regelung hat ihren praktischen Sinn für das Versicherungsverhältnis und beschäftigt sich nicht etwa, wie man auf den ersten Blick meinen könnte, mit purer Theorie.

Beispiel: Der Makler hat für seinen Kunden mit Beginn zum 1.5.1990 eine Berufsunfähigkeits-Versicherung abgeschlossen. Der Kunde ist selbständiger Kfz-Meister. Er beschäftigt in seinem kleinen Betrieb einen Gesellen und einen Azubi. Bereits am 1.7.1993 tritt die Berufsunfähigkeit des Kfz-Meisters ein, die ein eingeschalteter Gutachter auch als solche bestätigt.

Nach einigem Schriftwechsel lehnt der Versicherer die Leistung ab. Er mache von seinem bedingungsgemäßen Verweisungsrecht Gebrauch. Der Kfz-Meister könne zwar nicht mehr mitarbeiten, aber den Betrieb immer noch beaufsichtigen. Der Versicherer belehrt dann noch ordnungsgemäß über die sechsmonatige Ausschlußfrist des § 12 III VVG. Das Schreiben ging am Dienstag, den 15.3.1994, beim Kfz-Meister ein. Die Frist lief mithin am Donnerstag, den 15.9.1994, aus.

Sogleich übergibt er das Schreiben dem Makler, der sich für die Leistung des Versicherers einzusetzen verspricht. Wenn ihm dies allerdings nicht gelänge, so wies der Kfz-Meister den Makler an, solle er einen Rechtsanwalt einschalten. Denn glücklicherweise habe der Makler ihm ja zusammen mit der BUZ eine Vertragsrechtsschutzversicherung verkauft.

Der Makler, der auf eine gütliche Lösung hofft, verhandelt zunächst mit dem Sachbearbeiter, später mit dem Prokuristen und schließlich mit dem zuständigen Vorstandsmitglied des Versicherers, ohne allerdings den gewünschten Erfolg zu erzielen.

Kurz vor Fristablauf schickt er deshalb zusammen mit einem ausführlichen Begleitschreiben und den Vertragsunterlagen den Vorgang weisungsgemäß an ein Rechtsanwaltsbüro mit dem Auftrag, Deckungsklage gegen die Versicherung zu erheben. Sein Azubi frankiert den Brief statt, wie erforderlich, mit 3 DM nur mit 1 DM.

Da der Rechtsanwalt den Makler nicht kennt, nimmt er an, daß das Schreiben von einem rachsüchtigen Gegner stamme und lehnt die Einlösung des Nachportos ab. Folgerichtig kommt das Schreiben an den Makler zurück, und zwar am Freitag, den 16. 9. 1994, also nach Ablauf der Ausschlußfrist des § 12 III VVG.

Da der Kfz-Meister mit seiner Klage Erfolg gehabt hätte (OLG Hamm vom 30. 3. 1990), steht dem Makler ein Schadenersatzanspruch in Höhe der nicht mehr realisierbaren Versicherungsleistung ins Haus.

Der Makler hatte eine Vermögensschaden-Haftpflichtversicherung mit Beginn zum 10. 9. 1994 abgeschlossen. Ist der Versicherer eintrittspflichtig?

Der Makler hatte eine Unterlassung begangen. Am 15. 9. 1994 lief in dem hier erörterten Fall die Klagefrist ab. Hätte er spätestens an dem Tag noch einen Rechtsanwalt beauftragt, so hätte dieser noch am gleichen Tage Klage einreichen und damit die Frist unterbrechen können. Als Verstoßzeitpunkt im Sinne des vorgenannten § 2 III AVB gilt mithin der 15. 9. 1994. Da der Versicherungsschutz des Maklers am 10. 9. 1994 begonnen hatte, fällt sein Verstoß glücklicherweise unter den Versicherungsschutz.

> **Resümee:**
>
> – Der für die Prüfung des Versicherungsschutzes entscheidende Zeitpunkt richtet sich nach dem Verstoß, nicht danach, wann der Schaden eingetreten oder bekannt geworden ist.
>
> – Wichtig ist demzufolge, daß im Zeitpunkt des Verstoßes eine – ausreichende – Deckung bestand.
>
> – Die Versicherer bieten – wenn überhaupt – Maklern nur äußerst ungern Rückwärtsversicherungen an.

5.8 Spätschadenschutz

Auch beim Spätschadenschutz handelt es sich um eine Spezialität der Vermögensschaden-Haftpflichtversicherung. Unter Spätschadenschutz ist der Versicherungsschutz zu verstehen, der über die Beendigung des Vertrages hinausgeht. Damit scheint eine erhebliche Verbesserung des üblichen Versicherungsschutzes gegeben. Man stelle sich vor, nach Beendigung eines Hausratversicherungsvertrages stünde dem Versicherungsnehmer noch für 2 weitere Jahre Versicherungsschutz zur Seite.

Das, was den Versicherungsnehmer einer Hausratversicherung sehr freuen würde, führt beim Versicherungsnehmer der Vermögensschaden-Haftpflichtversicherung indessen bei näherer Betrachtung eher zur Melancholie.

Man denke an das unter Punkt 5.7 abgehandelte Verstoßprinzip und das dort genannte Beispiel. Von daher ist bekannt, daß Verstoß und Schaden – manchmal viele Jahre – auseinander liegen können. Der Leser weiß ferner, daß der Verstoß nur gedeckt ist, wenn er in das Versicherungsverhältnis fällt. Die logische Folge davon ist, daß durchaus ein Verstoß während der Laufzeit des Versicherungsvertrages begangen sein kann, der aber dennoch keinen Versicherungsschutz nach sich zieht, weil der Schaden erst nach Ablauf des sich an die Beendigung des Vertrages anschließenden Spätschadenschutzes eingetreten ist.

Dies alles mag etwas kompliziert klingen; ein Beispiel soll das Problem verdeutlichen:

Beispiel: Der Makler unterhält zunächst beim A-Versicherer seine Vermögensschaden-Haftpflichtversicherung, und zwar seit dem 1.1.1990. Es ist der übliche Zweijahres-Spätschadenschutz vereinbart. Mit Wirkung zum 1.1.1992 wechselt er zum B-Versicherer. Das Versicherungsverhältnis mit dem A-Versicherer hat mithin per 31. 12. 1991 sein Ende gefunden.

Am 15. 3. 1990 (also während der Laufzeit des Vertrages beim A-Versicherer) schließt der Makler für seinen Kunden eine Versicherung ab, wobei ihm ein Fehler unterläuft. Er vertritt seinem Kunden gegenüber im Beratungsgespräch eine irrige Meinung zum Deckungsumfang. Richtigerweise hätte eine bestimmte Deckungserweiterungsklausel zusätzlich im Versicherungsvertrag des Kunden vereinbart werden müssen.

Am 15. 6. 1995 tritt beim Kunden ein Schaden ein, der sich auf Grund des Maklerfehlers als nicht gedeckt erweist. Der Makler meldet den Schaden vorsichtshalber sowohl dem A- als auch dem B-Versicherer. Der A-Versicherer teilt ihm mit, zwar falle der Verstoß zeitlich in das Versicherungsverhältnis, jedoch sei der Schaden später als 2 Jahre nach Beendigung des Versicherungsverhältnisses (Spätschadenklausel) ihr gemeldet worden. Man bedaure.

Der Makler setzt nun seine ganze Hoffnung auf den B-Versicherer. Denn immerhin sei sein neuer Vertrag nahtlos dem alten Vertrag gefolgt. Er sei keinen einzigen Tag ohne Versicherungsschutz gewesen.

Leider irrt der Makler.

Der B-Versicherer beruft sich auf das unter Punkt 5.7 abgehandelte Verstoßprinzip. Der Verstoß sei vorvertraglich begangen worden. Er falle demzufolge nicht in den Versicherungsschutz. Man bedaure gleichfalls.

Beide Versicherer haben Recht. Der Makler steht leider ohne Versicherungsschutz für den vorgenannten Fall da.

In den AVB findet sich keine Regelung zum Spätschadenschutz. Es heißt dort lediglich unter § 2 I AVB:

"Die Vorwärtsversicherung umfaßt die Folgen aller vom Beginn des Versicherungsschutzes ab (§ 3) bis zum Ablauf des Vertrages vorkommenden Verstöße."

Das heißt, daß dann selbst die Verstöße gedeckt wären, die zeitlich in die Laufzeit des Vertrages fallen, aber erst z. B. nach 15 Jahren zum Schaden führen und deshalb erst dann gemeldet werden können.

Um einer sich beim Leser aufdrängenden Frage zuvorzukommen: Der Anspruch gegen einen Versicherungsmakler aus einem Verstoß von vor 15 Jahren ist nach dem geltenden Recht *nicht verjährt*. Die Verjährungsfrist beträgt 30 Jahre, wenngleich im Zuge der Europäisierung und der Schaffung eines Maklergesetzes berechtigte Bestrebungen zur Verkürzung im Gespräch sind. Eine eventuelle Umsetzung dieser sinnvollen Regelung in absehbarer Zeit ist jedoch noch nicht in Sicht. Es werden vorher wohl noch viele Jahre ins Land gehen.

Es liegt auf der Hand, daß die Versicherer mit der Regelung in den Allgemeinen Bedingungen nicht zufrieden waren. Es lag nahe, daß sie einen Weg zur Einschränkung des Versicherungsschutzes bzw. Begrenzung ihrer Haftung suchten und mit der Regelung in den Besonderen Bedingungen auch fanden. So heißt es in den zitierten „Grund"-Besonderen Bedingungen in Ziffer 3:

"Abweichend von § 2 I AVB umfaßt der Versicherungsschutz die Folgen aller während der Versicherungsdauer begangenen Verstöße, die dem Versicherer nicht später als zwei Jahre nach Beendigung des Versicherungsvertrages gemeldet wurden."

Das Nächstliegende für den Makler ist, mit seinem Vermögensschaden-Haftpflichtversicherer über die Abbedingung des wenig günstigen Ausschlusses zu verhandeln. Viel Erfolg wird ihm bei diesem Bemühen nicht beschieden sein.

Der Makler wird nämlich bei allen Versicherern, an die er sich deswegen wendet, auf taube Ohren stoßen. Allenfalls kann vielleicht über eine geringfügige Verlängerung des Spätschadenschutzes, z. B. auf 4 Jahre, gegen einen Prämienzuschlag verhandelt werden. Doch wird die Durchsetzung dieses Ansinnens einem einzelnen Makler schwerfallen. Allenfalls starke Maklerverbände könnten durch Vereinbarung von Besonderen Bedingungen, die nur für ihre Mitglieder gelten, hier in dem vorgenannten Sinne einen kleinen Schritt nach vorn erreichen, keinesfalls aber eine Abschaffung oder drastische Verlängerung des Spätschadenschutzes.

Fazit: Der Makler sollte einen Wechsel seines Vermögensschaden-Haftpflichtversicherers gut bedenken.

Was aber kann der Makler tun, der den Versicherer gar nicht wechseln will? Der Makler hat z. B. die Absicht, den Vertrag aus Altersgründen aufzugeben, oder er will aus anderen Gründen den Maklerberuf nicht mehr ausüben. Er möchte also wegen des künftigen Risikowegfalls aus dem Vertrag entlassen werden.

Dieser Makler hat das gleiche Problem. Zwei Jahre nach Ablauf des Vertrages steht er außerhalb des Versicherungsschutzes.

Der Makler könnte z. B., um den wirtschaftlichen Risiken seiner dann einsetzenden persönlichen Haftung zu entgehen, sein ganzes Vermögen seiner Frau übertragen und Gütertrennung vereinbaren. Er hat dann die Wahl zwischen zwei Übeln. Ein möglicher Maklerfehler aus der Vergangenheit kann seinem Vermögen nichts mehr anhaben, denn er hat ja keines mehr, wenn er es seiner Frau überträgt. Wenn sich allerdings seine Frau von ihm scheiden läßt – das ist die Kehrseite der Medaille –, stürzt dieses schöne Gebäude zusammen.

Und noch etwas ist zu bedenken: An der dreißigjährigen Verjährungsfrist ändert sich selbst durch den Tod des Maklers nichts. Auf die Erben (z. B. Ehefrau und Kinder) gehen bekanntlich nicht nur das Vermögen des Erblassers, sondern auch dessen Verbindlichkeiten über. Das heißt, daß z. B. für die in Höhe von 500 000 DM erst nach dem Tod des Maklers aufgetretenen Folgen eines Maklerfehlers noch die Hinterbliebenen des Maklers in Anspruch genommen werden können. Hier hilft dann nur noch die – vorsorgliche – Erbausschlagung.

Die Berufsaussteiger können allerdings in diesem Fall mit einem Entgegenkommen ihres Vermögensschaden-Haftpflichtversicherers rechnen. Die meisten Versicherer lassen nämlich mit sich (ver-)handeln und verlängern auf Antrag den Spätschadenschutz von 2 auf 5 und manchmal sogar auf 10 Jahre. Üblicherweise wird dafür eine Jahresprämie verlangt.

Voraussetzung dafür ist jedoch ein guter Schadenverlauf in der Vergangenheit. Bei schlechtem Schadenverlauf ist der Versicherer nicht geneigt, sein Risiko über die vereinbarte Zeit von 2 Jahren hinaus zu verlängern.

In einem derartigen Fall kann man dem Makler nur raten, den Vertrag auch in den Ruhestand hinein beizubehalten. Die Zuschläge für Mitarbeiter fallen dann ohnehin weg. Der Makler sollte seine Verhandlung mit dem Versicherer darauf konzentrieren, wenigstens den üblichen Nebentätigkeitsnachlaß zu erzielen, so daß die Prämienfortzahlung ihn nicht so hart trifft.

Zu beachten ist: Die vorgenannte Vereinbarung mit dem Versicherer kann erst getroffen werden, wenn die Entscheidung zur Berufsaufgabe beim Makler ansteht. Makler, die diese Vereinbarung gern beim Abschluß in den Vertrag aufgenommen wissen wollen, werden vom Versicherer ebenso negativ beschieden, wie diejenigen Makler, die mit dem Versicherer während der Laufzeit des Vertrages darüber eine Einigung suchen.

Der Grund ist einsichtig. Der Versicherer will der Erweiterung des Spätschadenschutzes ja erst dann zustimmen, wenn er das Risiko lange genug beobachtet und einen positiven Eindruck (Schadenverlauf!) gewonnen hat. Bei einer aus der Sicht des Versicherers vorzeitigen Verlängerung der Spätschadenklausel könnte es nämlich sein, daß der anfangs günstige Schadenverlauf ins Negative umschlägt und der Versicherer seine Entscheidung bitter bereut.

Eine andere Möglichkeit, dem Makler zu helfen, besteht dann, wenn der Makler sein Geschäft verkauft. Ist dies eine GmbH, treten keinerlei Probleme auf. Denn es wechselt ja nur der Gesellschafter. Versicherungsnehmerin ist die GmbH. Die Vermögensschaden-Haftpflichtversicherung wird wie bisher von der GmbH gehalten.

Der „Einzelkämpfer", der seinen Bestand verkauft, hat die Möglichkeit der Freistellungsvereinbarung mit dem Erwerber. Besser aber ist eine entsprechende Vereinbarung mit seinem Kunden. Hierzu sollte er aber unbedingt fachlichen Rat bei einem Rechtsanwalt suchen, der im Makler- und Versicherungsrecht sattelfest ist. Denn fehlerhafte Vereinbarungen sind bekanntlich nicht das Papier wert, auf dem sie stehen. Der Makler sollte sich also keinesfalls selbst daran versuchen.

> **Resümee:**
>
> – Der Versicherungsschutz erlischt üblicherweise kraft Regelung in den Besonderen Bedingungen nach Ablauf von zwei Jahren seit Beendigung des Versicherungsvertrages.
>
> – Dem Makler sei daher höchste Aufmerksamkeit bei einem Versichererwechsel angeraten. Auch bei nahtlosem Übergang auf einen Folgeversicherer sind solche Schäden nicht gedeckt, die auf einem in die Laufzeit der Vorversicherung fallenden Verstoß beruhen, der erst nach Ablauf des Spätschadenschutzes bekannt wird.

5.9 Vermögensschaden-Haftpflichtversicherung

Allgemeine Versicherungsbedingungen zur Haftpflichtversicherung für Vermögensschäden (AVB)

A. Der Versicherungsschutz (§§ 1 – 4)

§ 1 Gegenstand der Versicherung

1. Der Versicherer gewährt dem Versicherungsnehmer Versicherungsschutz (Deckung) für den Fall, daß er wegen eines bei der Ausübung beruflicher Tätigkeit – von ihm selbst oder einer Person, für die er einzutreten hat – begangenen Verstoßes von einem anderen

auf Grund gesetzlicher Haftpflichtbestimmungen privatrechtlichen Inhalts

für einen Vermögensschaden verantwortlich gemacht wird.

Vermögensschäden sind solche Schäden, die weder Personenschäden (Tötung, Verletzung des Körpers oder Schädigung der Gesundheit von Menschen) noch Sachschäden (Beschädigung, Verderben, Vernichtung oder Abhandenkommen von Sachen) sind, noch sich aus solchen – von dem Versicherungsnehmer oder einer Person, für die er einzutreten hat, verursachten – Schäden herleiten. Als Sachen gelten insbesondere auch Geld und geldwerte Zeichen.

II.

1. Es sind jedoch – zu b) mit der in § 3 II 2 und 3 vorgesehenen beschränkten Beteiligung des Versicherers – in die Versicherung einbezogen Ansprüche wegen unmittelbarer oder mittelbarer Sachschäden,

a) an Akten und anderen für die Sachbehandlung in Betracht kommenden Schriftstücken,

b) an sonstigen beweglichen Sachen, die das Objekt der versicherten Betätigung des Versicherungsnehmers bilden.

2. Ausgeschlossen von der Einbeziehung zu 1 a) und 1 b) sind Ansprüche wegen Sachschäden, die entstehen durch Abhandenkommen von Geld, geldwerten Zeichen, Wertsachen, Inhaberpapieren und in blanco indossierten Orderpapieren; das Abhandenkommen von Wechseln fällt nicht unter diese Ausschlußbestimmung.

Ferner sind von der Einbeziehung zu 1 b) ausgeschlossen Ansprüche wegen Sachschäden, die entstehen aus Anlaß der Ausübung technischer Berufstätigkeit oder der Verwaltung von Grundstücken oder der Führung wirtschaftlicher Betriebe.

III. Falls eine juristische Person für sich selbst Versicherung nimmt, so besteht der Versicherungsschutz hinsichtlich der ihren Organen und Angestellten zur Last fallenden Verstöße, soweit sie diese gesetzlich zu vertreten hat, und zwar mit der Maßgabe, daß in der Person des Verstoßenden gegebene subjektive Umstände, durch welche der Versicherungsschutz beeinflußt wird (vgl. z. B. § 4, 5, 6), als bei der Versicherungsnehmerin selbst vorliegend gelten.

§ 2 Vorwärts- und Rückwärtsversicherung

I. Die Vorwärtsversicherung umfaßt die Folgen aller vom Beginn des Versicherungsschutzes ab (§ 3) bis zum Ablauf des Vertrages vorkommenden Verstöße.

II. Die Rückwärtsversicherung bietet Deckung gegen in der Vergangenheit vorgekomme Verstöße, welche dem Versicherungsnehmer oder versicherten Personen oder seinen Sozien (§ 12 I) bis zum Abschluß der Rückwärtsversicherung nicht bekannt geworden sind. Bei Antragstellung ist die zu versichernde Zeit nach Anfangs- und Endpunkt zu bezeichnen.

Als bekannter Verstoß gilt ein Vorkommnis, wenn es vom Versicherungsnehmer, mitversicherten Personen oder seinen Sozien, als – wenn auch nur möglicherweise – objektiv fehlsam erkannt oder ihm, wenn auch nur bedingt, als fehlsam bezeichnet worden ist, auch wenn Schadenersatzansprüche weder erhoben noch angedroht noch befürchtet worden sind.

III. Wird ein Schaden durch fahrlässige Unterlassung verursacht, gilt im Zweifel der Verstoß als an dem Tag begangen, an welchem die versäumte Handlung spätestens hätte vorgenommen werden müssen, um den Eintritt des Schadens abzuwenden.

§ 3 Beginn und Umfang des Versicherungsschutzes

I. Der Versicherungsschutz beginnt vorbehaltlich einer anderen Vereinbarung mit der Einlösung des Versicherungsscheins durch Zahlung der Prämie, der im Antrag angegebenen Kosten und etwaiger öffentlicher Abgaben.

Wird die erste oder einmalige Prämie nicht rechtzeitig bezahlt, so ist der Versicherer, solange die Zahlung nicht bewirkt ist, berechtigt, vom Vertrag zurückzutreten. Es gilt als Rücktritt, wenn der Anspruch auf die Prämie nicht innerhalb von drei Monaten vom Fälligkeitstage an gerichtlich geltend gemacht wird.

Ist die Prämie zur Zeit des Eintritts des Versicherungsfalles noch nicht bezahlt, so ist der Versicherer von der Verpflichtung zur Leistung frei.

Wird die erste Prämie erst nach dem als Beginn der Versicherung festgesetzten Zeitpunkt eingefordert, alsdann aber ohne Verzug bezahlt, so beginnt der Versicherungsschutz mit dem vereinbarten Zeitpunkt.

II.

1. Der Versicherungsschutz umfaßt sowohl die Abwehr unbegründeter als auch die Befriedigung begründeter Schadenersatzansprüche.

2. Die Versicherungssumme – bei den Sachschäden im Sinne des § 1 II 1 b) jedoch nur ein Viertel – stellt den Höchstbetrag der dem Versicherer – abgesehen vom Kostenpunkte (s. Ziff. 7) – in jedem einzelnen Schadenfalle obliegenden Leistung dar, und zwar mit der Maßgabe, daß nur eine einmalige Leistung der Versicherungssumme in Frage kommt,

a) gegenüber mehreren entschädigungspflichtigen Personen, auf welche sich der Versicherungsschutz erstreckt,

b) bezüglich eines aus mehreren Verstößen fließenden einheitlichen Schadens,

c) bezüglich sämtlicher Folgen eines Verstoßes. Dabei gilt mehrfaches, auf gleicher oder gleichartiger Fehlerquelle beruhendes Tun oder Unterlassen als einheitlicher Verstoß, wenn die betreffenden Angelegenheiten miteinander in rechtlichem oder wirtschaftlichem Zusammenhang stehen.

3. Von der Summe, die vom Versicherungsnehmer auf Grund richterlichen Urteils oder eines vom Versicherer genehmigten Anerkenntnisses oder Vergleichs zu bezahlen ist (Haftpflichtsumme), ersetzt der Versicherer 80 %, höchstens die Höchstversicherungssumme. Beträgt die Haftpflichtsumme mehr als 10 000 DM, so übernimmt der Versicherer im Rahmen der gewählten Höchstversicherungssumme von den ersten 10 000 DM 80 %, vom Mehrbetrag 90 %.

Bei den in § 1 zu II 1 b) erwähnten Sachschäden übernimmt der Versicherer 75 % der Haftpflichtsumme, höchstens die für diese Schäden vorgesehene Höchstversicherungssumme (vgl. § 3 II Ziff. 2).

Der von dem Versicherungsnehmer allein zu deckende Schaden beträgt in jedem Falle mindestens 100 DM (Mindestselbstbehalt).

Dieser Mindestselbstbehalt kann durch besondere Vereinbarung auf einen höheren Betrag festgesetzt werden (erhöhter Mindestselbstbehalt).

4. Der Haftpflichtanspruch ist in Ansehung eines solchen Betrages nicht gedeckt, der gleichkommt der Höhe der eigenen Gebühren des Versicherungsnehmers in derjenigen Sache, bei deren Behandlung der Verstoß erfolgt ist. Es macht dabei keinen Unterschied, ob die Gebühren von dem Haftpflichtanspruch ergriffen werden oder nicht. Auch im letzteren Falle sind sie im Verhältnis zum Versicherer vorweg an der Haftpflichtsumme zu kürzen.

Bei Prozessen gilt jede Instanz als besondere Sache. Bei Vermögensverwaltungen, Vormundschaften oder sonstigen Sachen, die sich als Gesamtheit von Einzelangelegenheiten darstellen, tritt, wenn nicht der Verstoß den Verlust der ganzen Vermögensmasse zur Folge hat, nur eine im Verhältnis vom Verlust zur Vermögensmasse stehende oder sonst den Umständen oder der Billigkeit entsprechende Kürzung ein.

5. Es ist – auch abgesehen von dem Fall der Versicherung des eigenen Risikos (§ 6 III Absatz 2) – ohne Zustimmung des Versicherers nicht zulässig, daß der Versicherungsnehmer Abmachungen trifft oder Maßnahmen geschehen läßt, die darauf hinauslaufen, daß ihm seine Selbstbeteiligung erlassen, gekürzt oder ganz oder teilweise wieder zugeführt wird. Widrigenfalls mindert sich die Haftpflichtsumme um den entsprechenden Betrag.

6. An einer Sicherheitsleistung oder Hinterlegung, die zur Abwendung der zwangsweisen Beitreibung der Haftpflichtsumme zu leisten ist, beteiligt sich der Versicherer in demselben Umfange wie an der Ersatzleistung.

7. Die Kosten eines gegen den Versicherungsnehmer anhängig gewordenen, einen gedeckten Haftpflichtanspruch betreffenden Haftpflichtprozesses sowie einer wegen eines solchen Anspruchs mit Zustimmung des Versicherers vom Versicherungsnehmer betriebenen negativen Feststellungsklage oder Nebenintervention gehen voll zu Lasten des Versicherers. Es gilt dabei aber folgendes:

a) Übersteigt der Haftpflichtanspruch die Versicherungssumme, so trägt der Versicherer die Gebühren und Pauschsätze nur nach der der Versicherungssumme entsprechenden Wertklasse. Bei den nicht durch Pauschsätze abzugeltenden Auslagen tritt eine verhältnismäßige Verteilung auf Versicherer und Versicherungsnehmer ein.

b) Übersteigt der Haftpflichtanspruch nicht den Betrag des Mindestselbstbehaltes, so treffen den Versicherer keine Kosten.

c) Bei erhöhtem Mindestselbstbehalt hat der Versicherungsnehmer vorweg die Kosten nach dem Streitwert des erhöhten Mindestselbstbehaltes allein zu tragen, die Mehrkosten bezüglich des übersteigenden Betrages (bis zum Streitwert vom erhöhten Mindestselbstbehalt zuzüglich Versicherungssumme) trägt der Versicherer. Bezüglich der nicht durch Pauschsätze abzugeltenden Auslagen findet die Bestimmung zu a) Satz 2 Anwendung.

d) Sofern ein Versicherungsnehmer sich selbst vertritt oder durch einen Sozius oder Mitarbeiter vertreten läßt, werden ihnen eigene Gebühren nicht erstattet.

8. Falls die vom Versicherer verlangte Erledigung eines Haftpflichtanspruchs durch Anerkenntnis, Befriedigung oder Vergleich an dem Widerstand des Versicherungsnehmers scheitert, oder falls der Versicherer seinen vertragsgemäßen Anteil zur Befriedigung des Geschädigten zur Verfügung stellt, so hat der Versicherer für den von der Weigerung bzw. der Verfügungstellung an entstehenden Mehraufwand an Hauptsache, Zinsen und Kosten nicht aufzukommen.

§ 4 Ausschlüsse

Der Versicherungsschutz bezieht sich nicht auf Haftpflichtansprüche:

1. welche vor ausländischen Gerichten geltend gemacht werden – dies gilt auch im Falle eines inländischen Vollstreckungsurteils (§ 722 ZPO) –; wegen Verletzung oder Nichtbeachtung ausländischen Rechts; wegen einer im Ausland vorgenommenen Tätigkeit;

2. soweit sie auf Grund Vertrags oder besonderer Zusage über den Umfang der gesetzlichen Haftpflicht hinausgehen;

3. aus der Überschreitung von Voranschlägen und Krediten; aus der entgeltlichen oder unentgeltlichen Vermittlung oder Empfehlung von Geld-, Grundstücks- und anderen wirtschaftlichen Geschäften;

4. wegen Schäden, welche durch Fehlbeträge bei der Kassenführung, durch Verstöße beim Zahlungsakt, durch Veruntreuung des Personals des Versicherten entstehen;

5. wegen Schäden durch wissentliches Abweichen von Gesetz, Vorschrift, Anweisung oder Bedingung des Machtgebers (Berechtigten) oder durch sonstige wissentliche Pflichtverletzung;

6. von Sozien und Angehörigen des Versicherungsnehmers sowie von Personen, welche mit ihm in häuslicher Gemeinschaft leben, es sei denn – was die Ansprüche von Angehörigen und in häuslicher Gemeinschaft Lebenden anlangt –, daß es sich um Ansprüche eines Mündels gegen seinen Vormund oder eines Betreuten gegen seinen Betreuer handelt.

Als Angehörige gelten:

a) der Ehegatte des Versicherungsnehmers,

b) wer mit dem Versicherungsnehmer in gerader Linie oder im zweiten Grade der Seitenlinie verwandt oder verschwägert ist.

Schadenersatzansprüche von juristischen Personen, wenn die Majorität der Anteile, und von sonstigen Gesellschaften, wenn ein Anteil dem Versicherungsnehmer oder Versicherten oder einem Sozius oder Angehörigen des Versicherungsnehmers oder Versicherten gehört, sind von der Versicherung gleichfalls ausgeschlossen;

7. aus der Tätigkeit des Versicherungsnehmers als Leiter, Vorstands- oder Aufsichtsratsmitglied privater Unternehmungen, Vereine, Verbände und als Syndikus;

8. aus § 69 Abgabenordnung;

9. aus bankmäßigem Betrieb und bankmäßiger Tätigkeit (Scheck-, Wechsel-, Giro-, Depositen-, Kontokorrent-, Devisen-Verkehr, Akkreditiv-Geschäfte usw.);

10. wegen Schäden, die in Einbußen bei Darlehen und Krediten bestehen, welche das Rechtssubjekt erleidet, bei dem der Versicherungsnehmer oder Versicherte als Beamter oder sonst angestellt ist oder zu dem er im Verhältnis eines Vorstehers oder eines Mitgliedes eines Vorstands-, Verwaltungs- oder Aufsichtskollegiums steht. Dies gilt nicht, soweit die Einbußen verursacht sind durch Verstöße bei der Rechtsverfolgung.

B. Der Versicherungsfall (§§ 5 und 6)

§ 5

I. Versicherungsfall

Versicherungsfall im Sinne dieses Vertrages ist der Verstoß, der Haftpflichtansprüche gegen den Versicherungsnehmer zur Folge haben könnte.

II. Schadenanzeige

Jeder Versicherungsfall ist dem Versicherer (§ 11) unverzüglich, spätestens innerhalb einer Woche, schriftlich anzuzeigen.

Wird ein Ermittlungsverfahren eingeleitet oder ein Strafbefehl oder ein Mahnbescheid erlassen, so hat der Versicherungsnehmer dem Versicherer unverzüglich Anzeige zu erstatten, auch wenn er den Versicherungsfall selbst bereits angezeigt hat.

Macht der Geschädigte seinen Anspruch gegenüber dem Versicherungsnehmer geltend, so ist dieser zur Anzeige innerhalb einer Woche nach der Erhebung des Anspruchs verpflichtet.

Wird gegen den Versicherungsnehmer ein Anspruch gerichtlich geltend gemacht, Prozeßkostenhilfe beantragt oder wird ihm gerichtlich der Streit verkündet, so hat er außerdem unverzüglich Anzeige zu erstatten. Das gleiche gilt im Falle eines Arrestes, einer einstweiligen Verfügung oder eines selbständigen Beweisverfahrens.

Durch die Absendung der Anzeige werden die Fristen gewahrt. Für die Erben des Versicherungsnehmers tritt an Stelle der Wochenfrist jeweils eine Frist von einem Monat.

III. Weitere Behandlung des Schadenfalles

1. Der Versicherungsnehmer ist verpflichtet, unter Beachtung der Weisungen des Versicherers (insbesondere auch hinsichtlich der Auswahl der Prozeßbevollmächtigten) nach Möglichkeit für die Abwendung und Minderung des Schadens zu sorgen und alles zu tun, was zur Klarstellung des Schadenfalles dient, sofern ihm dabei nichts Unbilliges zugemutet wird. Er hat den Versicherer bei der Abwehr des Schadens sowie bei der Schadenermittlung und -regulierung zu unterstützen, ihm ausführliche und wahrheitsgemäße Schadenberichte zu erstatten, alle Tatumstände, welche auf den Schadenfall Bezug haben, mitzuteilen und alle nach Ansicht des Versicherers für die Beurteilung des Schadenfalles erheblichen Schriftstücke einzusenden.

Der Versicherungsnehmer ist nicht berechtigt, ohne vorherige Zustimmung des Versicherers einen Haftpflichtanspruch ganz oder zum Teil anzuerkennen oder zu vergleichen oder zu befriedigen.

Den aus Anlaß eines Schadenfalles erforderlichen Schriftwechsel hat der Versicherungsnehmer unentgeltlich zu führen.

2. Eine Streitverkündung seitens des Versicherungsnehmers an den Versicherer ist nicht erforderlich; die Kosten einer solchen werden vom Versicherer nicht ersetzt.

3. Der Versicherer gilt als bevollmächtigt, alle zur Beilegung oder Abwehr des Anspruchs ihm zweckmäßig erscheinenden Erklärungen im Namen des Versicherungsnehmers abzugeben.

IV. Zahlung des Versicherers

Steht fest, was der Versicherer zu leisten hat, so sind die fälligen Beträge spätestens innerhalb einer Woche, die Renten an den Fälligkeitsterminen zu bezahlen. Der Versicherer kann jedoch verlangen, daß der Versicherungsnehmer seinen Schadenanteil an eine vom Versicherer bestimmte Stelle abführt und die Quittung darüber dem Versicherer einsendet. Die einwöchige Frist läuft solchenfalls vom Eingang der Quittung an.

Bei außergerichtlicher Erledigung des Versicherungsfalles soll, wenn möglich, die schriftliche Erklärung des Anspruchserhebenden, daß er für seine Ansprüche befriedigt sei, beigebracht werden; der Versicherer kann Beglaubigung der Unterschrift des Anspruchserhebenden verlangen.

§ 6   Rechtsverlust

I. Wird eine Obliegenheit verletzt, die nach § 5 dem Versicherer gegenüber zu erfüllen ist, so ist der Versicherer von der Verpflichtung zur Leistung frei, es sei denn, daß die Verletzung weder auf Vorsatz, noch auf grober Fahrlässigkeit beruht. Bei grob fahrlässiger Verletzung bleibt der Versicherer zur Leistung insoweit verpflichtet, als die Verletzung Einfluß weder auf die Feststellung des Versicherungsfalles, noch auf die Feststellung oder den Umfang der dem Versicherer obliegenden Leistung gehabt hat. Handelt es sich hierbei um die Verletzung von Obliegenheiten zwecks Abwendung oder Minderung des Schadens, so bleibt der Versicherer bei grob fahrlässiger Verletzung zur Leistung insoweit verpflichtet, als der Umfang des Schadens auch bei gehöriger Erfüllung der Obliegenheiten nicht geringer gewesen wäre.

II. Hat der Versicherungsnehmer seine Obliegenheiten nach § 5 III 1 dadurch verletzt, daß er den Versicherer über erhebliche Umstände wissentlich täuschte oder zu täuschen versuchte, so verliert er alle Ansprüche aus dem betreffenden Versicherungsfall. Weitergehende gesetzliche Rechtsfolgen solcher Täuschungen bleiben bestehen.

III. Der Versicherungsnehmer hat, wenn er das versicherte Risiko auch anderweitig versichert, dem Versicherer innerhalb eines Monats Anzeige hiervon zu erstatten; andernfalls verliert er seinen Versicherungsanspruch hinsichtlich aller Verstöße, auf welche die Doppelversicherung sich erstreckt. Deckt die anderweitige Versicherung den Versicherungsnehmer nicht bis zu dem Umfang wie diejenige des Versicherers, so tritt letzterer im Versicherungsfall für die Differenz ein.

Wenn der Versicherungsnehmer das Eigenrisiko (§ 3 II 3) anderweitig versichert, so hat er wegen der von da an vorkommenden Verstöße keinen Versicherungsanspruch.

C. Das Versicherungsverhältnis (§§ 7 – 11)

§ 7 Versicherung für fremde Rechnung, Abtreten des Versicherungsanspruchs, Rückgriffsansprüche

I. Soweit sich die Versicherung auf Haftpflichtansprüche gegen andere Personen als den Versicherungsnehmer selbst erstreckt, finden alle in dem Versicherungsvertrag bezüglich des Versicherungsnehmers getroffenen Bestimmungen auch auf diese Personen sinngemäße Anwendung. Die Ausübung der Rechte aus dem Versicherungsvertrag steht ausschließlich dem Versicherungsnehmer zu; dieser bleibt neben dem Versicherten für die Erfüllung der Obliegenheiten verantwortlich.

II. Ansprüche des Versicherungsnehmers selbst sowie seiner Angehörigen gegen den Versicherten sind, soweit nichts anderes vereinbart ist, von der Versicherung ausgeschlossen.

III. Die Versicherungsansprüche können vor ihrer endgültigen Feststellung ohne ausdrückliche Zustimmung des Versicherers nicht übertragen werden.

IV. Rückgriffsansprüche des Versicherungsnehmers gegen Dritte, ebenso dessen Ansprüche auf Kostenersatz, auf Rückgabe hinterlegter und auf Rückerstattung bezahlter Beträge sowie auf Abtretung gemäß § 255 BGB gehen in Höhe der vom Versicherer geleisteten

Zahlung ohne weiteres auf diesen über. Der Übergang kann nicht zum Nachteil des Versicherungsnehmers geltend gemacht werden. Der Versicherer kann die Ausstellung einer Abtretungsurkunde verlangen.

Rückgriff gegen Angestellte des Versicherungsnehmers wird nur genommen, wenn der Angestellte seine Obliegenheiten vorsätzlich verletzt hat.

Hat der Versicherungsnehmer auf einen Anspruch gemäß Abs. 1 oder ein zu dessen Sicherung dienendes Recht verzichtet, so bleibt der Versicherer nur insoweit verpflichtet, als der Versicherungsnehmer beweist, daß die Verfolgung des Anspruchs ergebnislos geblieben wäre.

§ 8 Prämienzahlung, Prämienregulierung, Prämienrückerstattung

I. Die erste oder einmalige Prämie wird mit Aushändigung des Versicherungsscheins fällig.

1. Die nach Beginn des Versicherungsschutzes (§ 3 I) zahlbaren regelmäßigen Folgeprämien sind – soweit nichts anderes vereinbart wurde – am Monatsersten des jeweiligen Prämienzeitraumes, sonstige Prämien bei Bekanntgabe an den Versicherungsnehmer einschließlich etwaiger öffentlicher Abgaben (z. B. Versicherungssteuer) und einer Hebegebühr zu entrichten. Unterbleibt die Zahlung, so ist der Versicherungsnehmer auf seine Kosten unter Hinweis auf die Folgen fortdauernden Verzugs schriftlich zur Zahlung innerhalb einer Frist von zwei Wochen aufzufordern.

2. Ist der Versicherungsnehmer nach Ablauf dieser Frist mit der Zahlung der Prämie oder der Kosten im Verzug, gilt folgendes:

Bei Versicherungsfällen, die nach Ablauf dieser Frist eintreten , ist der Versicherer von der Verpflichtung zur Leistung frei, wenn der Versicherungsnehmer in der Fristbestimmung auf diese Rechtsfolge hingewiesen wurde.

3. Der Versicherer ist berechtigt, das Vertragsverhältnis ohne Einhaltung einer Kündigungsfrist zu kündigen. Die Kündigung kann bereits bei der Bestimmung der Zahlungsfrist ausgesprochen werden. In diesem Fall wird die Kündigung zum Fristablauf wirksam, wenn in dem Kündigungsschreiben darauf hingewiesen wurde. Die Wirkungen der Kündigung fallen fort, wenn der Versicherungsnehmer innerhalb eines Monats nach der Kündigung oder, falls die Kündigung mit der Fristbestimmung verbunden worden ist, innerhalb eines Monats nach dem Ablauf der Zahlungsfrist die Zahlung nachholt, sofern nicht der Versicherungsfall bereits eingetreten ist.

Kündigt der Versicherer nicht, ist er für die gerichtliche Geltendmachung der rückständigen Prämien nebst Kosten an eine Ausschlußfrist von 6 Monaten seit Ablauf der zweiwöchigen Frist gebunden.

4. Bei Teilzahlung der Jahresprämie werden die noch ausstehenden Raten der Jahresprämie sofort fällig, wenn der Versicherungsnehmer mit der Zahlung einer Rate in Verzug gerät.

5. Ist vereinbart, daß der Versicherer die jeweils fälligen Beiträge von einem Konto einzieht und kann ein Beitrag aus Gründen, die der Versicherungsnehmer zu vertreten hat, nicht fristgerecht eingezogen werden, oder widerspricht der Versicherungsnehmer einer berechtigten Einziehung von seinem Konto, gerät er in Verzug und es können ihm auch die daraus entstehenden Kosten in Rechnung gestellt werden. Der Versicherer ist zu weiteren Abbuchungsversuchen berechtigt, aber nicht verpflichtet. Ist die Einziehung eines Beitrags aus Gründen, die der Versicherungsnehmer nicht zu vertreten hat, nicht möglich, so kommt er erst in Verzug, wenn er nach schriftlicher Zahlungsaufforderung nicht fristgerecht zahlt. Kann aufgrund eines Widerspruchs oder aus anderen Gründen ein Beitrag nicht eingezogen werden, so kann der Versicherer von weiteren Einzugsversuchen absehen und den Versicherungsnehmer schriftlich zur Zahlung durch Überweisung auffordern.

II.

1. Der Versicherungsnehmer ist verpflichtet, nach Erhalt einer Aufforderung des Versicherers, welche auch durch einen der Prämienrechnung aufgedruckten Hinweis erfolgen kann, Mitteilung darüber

zu machen, ob und welche Änderung in dem versicherten Risiko gegenüber den zum Zwecke der Prämienbemessung gemachten Angaben eingetreten ist. Diese Anzeige ist innerhalb eines Monats nach Erhalt der Aufforderung zu machen. Auf Aufforderung des Versicherers sind die Angaben durch die Geschäftsbücher oder sonstige Belege nachzuweisen. Unrichtige Angaben zum Nachteil des Versicherers berechtigen diesen, eine Vertragsstrafe in dreifacher Höhe des festgestellten Prämienunterschieds vom Versicherungsnehmer zu erheben, sofern letzterer nicht beweist, daß die unrichtigen Angaben ohne ein von ihm zu vertretendes Verschulden gemacht worden sind.

2. Auf Grund der Änderungsanzeige oder sonstiger Feststellungen wird die Prämie entsprechend dem Zeitpunkt der Veränderung richtiggestellt. Sie darf jedoch nicht geringer werden als die Mindestprämie, die nach dem Tarif des Versicherers z. Zt. des Versicherungsabschlusses galt. Beim Fortfall eines Risikos wird die etwaige Minderprämie vom Eingang der Anzeige ab berechnet.

3. Unterläßt es der Versicherungsnehmer, die obige Anzeige rechtzeitig zu erstatten, so kann der Versicherer für die Zeit, für welche die Angaben zu machen waren, an Stelle der Prämienregulierung (Ziffer 1) als nachzuzahlende Prämie einen Betrag in Höhe der für diese Zeit bereits gezahlten Prämie verlangen. Werden die Angaben nachträglich, aber noch innerhalb zweier Monate nach Empfang der Aufforderung zur Nachzahlung gemacht, so ist der Versicherer verpflichtet, den etwa zuviel gezahlten Betrag der Prämie zurückzuerstatten.

4. Die vorstehenden Bestimmungen finden auch auf Versicherungen mit Prämienvorauszahlungen für mehrere Jahre Anwendung.

III.

1. Endet das Versicherungsverhältnis vor Ablauf der Vertragszeit oder wird es nach Beginn der Versicherung rückwirkend aufgehoben oder ist es von Anfang an nichtig, so gebührt dem Versicherer Prämie oder Geschäftsgebühr nach Maßgabe der gesetzlichen Bestimmungen (z. B. §§ 40 und 68 VVG).

2. Kündigt nach Eintritt des Versicherungsfalles der Versicherungsnehmer, so gebührt dem Versicherer die Prämie für die laufende Versicherungsperiode. Kündigt der Versicherer, so gebührt ihm nur derjenige Teil der Prämie, welcher der abgelaufenen Versicherungszeit entspricht.

§ 9 Vertragsdauer, Kündigung

I. Der Vertrag ist zunächst für die in dem Versicherungsschein festgesetzte Zeit abgeschlossen. Beträgt diese mindestens ein Jahr, so bewirkt die Unterlassung rechtswirksamer Kündigung eine Verlängerung des Vertrages jeweils um ein Jahr. Die Kündigung ist rechtswirksam, wenn sie spätestens drei Monate vor dem jeweiligen Ablauf des Vertrages schriftlich erklärt wird; sie soll durch eingeschriebenen Brief erfolgen.

II.

1. Das Versicherungsverhältnis kann nach Eintritt eines Versicherungsfalles gekündigt werden, wenn eine Zahlung auf Grund eines Versicherungsfalles geleistet oder der Versicherungsnehmer mit einem von ihm geltend gemachten Versicherungsanspruch rechtskräftig abgewiesen ist. Der Versicherer hat eine Kündigungsfrist von einem Monat einzuhalten. Der Versicherungsnehmer kann mit sofortiger Wirkung oder zum Schluß der laufenden Versicherungsperiode kündigen.

2. Das Recht zur Kündigung erlischt, wenn es nicht spätestens einen Monat, nachdem die Zahlung geleistet, der Rechtsstreit durch Klagerücknahme, Anerkenntnis oder Vergleich beigelegt oder das Urteil rechtskräftig geworden ist, ausgeübt wird.

III.

1. In den Fällen des § 6 II und III kann der Versicherer den Vertrag innerhalb eines Monats nach erlangter Kenntnis mit einmonatiger Frist kündigen.

2. Verlegt der Versicherungsnehmer seinen Wohnsitz ins Ausland, so ist der Versicherer berechtigt, den Vertrag unter Einhaltung einer Frist von einem Monat zu kündigen.

IV. Die Kündigung ist nur dann rechtzeitig erklärt, wenn sie dem Versicherer innerhalb der jeweils vorgeschriebenen Frist zugegangen ist.

V. Wenn versicherte Risiken vollständig und dauernd in Wegfall kommen, so erlischt die Versicherung bezüglich dieser Risiken. Kommt der Hauptberuf in Wegfall, so gilt für die Prämienbemessung von dem Zeitpunkt des Wegfalls an ein bisheriger Nebenberuf als Hauptberuf.

§ 10 Verjährung, Klagefrist, Gerichtsstand, nationales Recht und Sprache

I. Die Ansprüche aus dem Versicherungsvertrag verjähren in zwei Jahren. Die Verjährungsfrist beginnt am Schluß des Jahres, in dem die Versicherungsleistung fällig wird. Ist der Anspruch angemeldet, bleibt der Zeitraum zwischen Anmeldung und abschließender schriftlicher Entscheidung des Versicherers bei der Fristberechnung unberücksichtigt.

II. Der Versicherungsnehmer verliert den Anspruch auf die Versicherungsleistung, wenn er ihn nicht innerhalb einer Frist von sechs Monaten nach Zugang der ablehnenden Entscheidung des Versicherers gerichtlich geltend macht. Diese Frist beginnt erst, wenn der Versicherer in seiner Ablehnung auf die Rechtsfolgen des Fristablaufs hingewiesen hat.

III. Ansprüche aus dem Versicherungsvertrag können gegen den Versicherer bei dem für seinen Geschäftssitz oder für den Geschäftssitz seiner vertragsführenden Niederlassung örtlich zuständigen Gericht geltend gemacht werden. Ist der Vertrag durch Vermittlung eines Vertreters des Versicherers zustande gekommen, kann auch das Gericht des Ortes angerufen werden, an dem der Vertreter z. Zt. der Vermittlung seine gewerbliche Niederlassung oder, wenn er eine solche nicht unterhält, seinen Wohnsitz hat. Der Versicherer kann Ansprüche aus dem Versicherungsvertrag an dem für den Wohnsitz, den Sitz oder die Niederlassung des Versicherungsnehmers örtlich zuständigen Gericht geltend machen.

IV. Auf den Versicherungsvertrag findet das Recht der Bundesrepublik Deutschland Anwendung. Die Vertragssprache ist deutsch.

§ 11 Anzeigen und Willenserklärungen

Alle für den Versicherer bestimmten Anzeigen und Erklärungen sind schriftlich abzugeben und sollen an die Hauptverwaltung des Versicherers oder an die im Versicherungsschein oder in dessen Nachträgen als zuständig bezeichnete Geschäftstelle gerichtet werden. Die Versicherungsagenten sind zu deren Entgegennahme nicht bevollmächtigt.

§ 12 Sozien

I. Als Sozien gelten Personen, die ihren Beruf nach außen hin gemeinschaftlich ausüben, ohne Rücksicht darauf, ob sie durch Gesellschaftsvertrag oder einen anderen Vertrag verbunden sind.

II. Der Versicherungsfall auch nur eines Sozius gilt als Versicherungsfall aller Sozien. Der Versicherer tritt für diese zusammen mit einer einheitlichen Durchschnittsleistung ein. Dieser Durchschnittsversicherungsschutz besteht (nach Maßgabe des § 7 I) auch zugunsten eines Sozius, der Nichtversicherungsnehmer ist. Einen Ausschlußgrund nach § 4 oder ein Rechtsverlust nach § 33 II 8 sowie nach § 6 I und II, der in der Person eines Sozius vorliegt, geht zu Lasten aller Sozien. Soweit sich ein Rechtsverlust nach § 6 I an eine Unterlassung knüpft, wirkt das Tun eines Sozius zugunsten aller Sozien.

III. Für die zu II erwähnten Durchschnittsleistung gilt folgendes:

1. Die Leistung auf die Haftpflichtsumme ist in der Weise zu berechnen, daß zunächst bei jedem einzelnen Sozius festgestellt wird, wieviel er vom Versicherer zu erhalten hätte, wenn er, ohne Sozius zu sein, allein einzutreten hätte (fiktive Leistung), und sodann die Summe dieser fiktiven Leistung durch die Zahl aller, auch der Nichtversicherungsnehmer, geteilt wird;

2. bezüglich der Kosten sind die Bestimmungen in § 3 II 7 in sinngemäßer Verbindung mit den vorstehenden Bestimmungen anzuwenden.

§ 13   Vorvertragliche Anzeigepflichten des Versicherungsnehmers

I.

1. Der Versicherungsnehmer hat bei der Schließung des Vertrages alle ihm bekannten Umstände, die für die Übernahme der Gefahr erheblich sind, dem Versicherer anzuzeigen. Soll eine andere Person versichert werden, so ist auch diese neben dem Versicherungsnehmer für die wahrheitsgemäße und vollständige Anzeige risikoerheblicher Umstände und die Beantwortung der Fragen verantwortlich. Erheblich sind die Gefahrumstände, die geeignet sind, auf den Entschluß des Versicherers, den Vertrag überhaupt oder zu dem vereinbarten Inhalt abzuschließen, einen Einfluß auszuüben. Ein Umstand, nach welchem der Versicherer ausdrücklich und schriftlich gefragt hat, gilt im Zweifel als erheblich.

2. Ist die Anzeige eines erheblichen Umstandes unterblieben, so kann der Versicherer von dem Vertrag zurücktreten. Das gleiche gilt, wenn die Anzeige eines erheblichen Umstandes deshalb unterblieben ist, weil sich der Versicherungsnehmer der Kenntnis des Umstandes arglistig entzogen hat.

3. Der Rücktritt ist ausgeschlossen, wenn der Versicherer den nicht angezeigten Umstand kannte, oder wenn die Anzeige ohne Verschulden des Versicherungsnehmers unterblieben ist.

II.

1. Der Versicherer kann von dem Vertrag auch dann zurücktreten, wenn über einen erheblichen Umstand eine unrichtige Anzeige gemacht worden ist.

2. Der Rücktritt ist ausgeschlossen, wenn die Unrichtigkeit dem Versicherer bekannt war oder die Anzeige ohne Verschulden des Versicherungsnehmers unrichtig gemacht worden ist.

III. Hatte der Versicherungsnehmer die Gefahrumstände anhand schriftlicher, von dem Versicherer gestellter Fragen anzuzeigen, kann der Versicherer wegen unterbliebener Anzeige eines Umstandes, nach welchem nicht ausdrücklich gefragt worden ist, nur im Fall arglistiger Verschweigung zurücktreten.

IV. Wird der Vertrag von einem Bevollmächtigten oder von einem Vertreter ohne Vertretungsmacht geschlossen, so kommt für das Rücktrittsrecht des Versicherers nicht nur die Kenntnis und die Arglist des Vertreters, sondern auch die Kenntnis und die Arglist des Versicherungsnehmers in Betracht. Der Versicherungsnehmer kann sich darauf, daß die Anzeige eines erheblichen Umstandes ohne Verschulden unterblieben oder unrichtig gemacht ist, nur berufen, wenn weder dem Vertreter noch ihm selbst ein Verschulden zur Last fällt.

V.

1. Der Rücktritt kann nur innerhalb eines Monats erfolgen. Die Frist beginnt mit dem Zeitpunkt, in welchem der Versicherer von der Verletzung der Anzeigepflicht Kenntnis erlangt.

2. Der Rücktritt erfolgt durch Erklärung gegenüber dem Versicherungsnehmer. Im Fall des Rücktritts sind, soweit das Versicherungsvertragsgesetz nicht in Ansehung der Prämie ein anderes bestimmt, beide Teile verpflichtet, einander die empfangenen Leistungen zurückzugewähren; eine Geldsumme ist von dem Zeitpunkt des Empfangs an zu verzinsen.

VI. Tritt der Versicherer zurück, nachdem der Versicherungsfall eingetreten ist, so bleibt die Verpflichtung zur Leistung gleichwohl bestehen, wenn der Umstand, in Ansehung dessen die Anzeigepflicht verletzt ist, keinen Einfluß auf den Eintritt des Versicherungsfalls und auf den Umfang der Leistung des Versicherers gehabt hat.

VII. Das Recht des Versicherers, den Vertrag wegen arglistiger Täuschung über Gefahrumstände anzufechten, bleibt unberührt.

§ 14 Anzeigepflichten des Versicherungsnehmers während der Vertragslaufzeit

I. Treten Umstände, die für die Übernahme des Versicherungsschutzes Bedeutung haben, nach Unterzeichnung des Antrags und vor Zugang des Versicherungsscheins beim Versicherungsnehmer ein oder ändern sich die bei Antragstellung angegebenen Umstände, ist der Versicherungsnehmer gleichfalls verpflichtet, dies anzuzeigen. Unrichtige Angaben zu den Gefahrumständen oder das arglistige Verschweigen sonstiger Gefahrumstände können den Versicherer berechtigen, den Versicherungsschutz zu versagen.

Der Versicherungsnehmer ist verpflichtet, dem Versicherer auf Befragen unverzüglich alle nach Vertragsschluß eintretenden, die übernommene Gefahr erhöhenden Umstände mitzuteilen. Dies gilt sowohl für die vom Versicherungsnehmer als auch von Dritten mit Duldung des Versicherungsnehmers verursachten Gefahrerhöhungen.

Zur Vermeidung von Nachteilen ist der Versicherungsnehmer verpflichtet, Änderungen seiner Anschrift unverzüglich mitzuteilen. Ansonsten gelten an die letzte, dem Versicherer bekannte Anschrift per Einschreiben gesandte Mitteilungen als rechtsverbindlich. Entsprechendes gilt für eine Namensänderung.

II. Die Anstellung eines zuschlagspflichtigen Mitarbeiters, der nicht Sozius im Sinne des § 12 I ist, gilt als Erweiterung des versicherten Risikos nach § 8 II.

Wird trotz Aufforderung die Anstellung eines Mitarbeiters nicht angezeigt, so verringert sich dem Versicherungsnehmer gegenüber die Leistung des Versicherers, wie wenn der Mitarbeiter Sozius im Sinne des § 12 I wäre.

In Ansehung solcher Verstöße, die vor Ablauf der Frist des § 8 II 1 oder nach Bezahlung des Mitarbeiterzuschlags erfolgt sind, deckt die Versicherung im Rahmen des Versicherungsvertrages auch Haftpflichtansprüche, die unmittelbar gegen die Mitarbeiter erhoben werden (§ 7 I).

§ 15 Risikowegfall

Wenn eine zur Berufsausübung des Versicherungsnehmers erforderliche amtliche Zulassung aufgehoben wird, gilt das versicherte Risiko im Sinne von § 9 V als weggefallen.

§ 16 Bedingungsanpassung

I. Der Versicherer ist berechtigt,

– bei Änderungen von Gesetzen, auf denen die Bestimmungen des Versicherungsvertrages beruhen,

– bei unmittelbar den Versicherungsvertrag betreffenden Änderungen der höchstrichterlichen Rechtsprechung, der Verwaltungspraxis des Bundesaufsichtsamtes für das Versicherungswesen oder der Kartellbehörden,

– im Fall der Unwirksamkeit von Bedingungen sowie

– zur Abwendung einer kartell- oder aufsichtsbehördlichen Beanstandung

einzelne Bedingungen mit Wirkung für bestehende Verträge zu ergänzen oder zu ersetzen. Die neuen Bedingungen sollen den ersetzten rechtlich und wirtschaftlich weitestgehend entsprechen. Sie dürfen die Versicherten auch unter Berücksichtigung der bisherigen

Auslegung in rechtlicher und wirtschaftlicher Hinsicht nicht unzumutbar benachteiligen.

II. Die geänderten Bedingungen werden dem Versicherungsnehmer schriftlich bekanntgegeben und erläutert. Sie gelten als genehmigt, wenn der Versicherungsnehmer nicht innerhalb eines Monats nach Bekanntgabe schriftlich widerspricht. Hierauf wird er bei der Bekanntgabe besonders hingewiesen. Zur Fristwahrung ist die Absendung ausreichend. Bei fristgerechtem Widerspruch laufen die Verträge mit den ursprünglichen Bedingungen weiter.

III. Zur Beseitigung von Auslegungszweifeln kann der Versicherer den Wortlaut von Bedingungen ändern, wenn diese Anpassung vom bisherigen Bedingungstext gedeckt ist und den objektiven Willen sowie die Interessen beider Parteien berücksichtigt. Das Verfahren nach Absatz II ist zu beachten.

§ 17 Widerrufs- und Widerspruchsrecht des Versicherungsnehmers

I. Der Versicherungsnehmer hat bei einem mehrjährigen Vertrag ein gesetzliches Widerrufsrecht, über das er belehrt werden muß. Das Widerspruchsrecht besteht nicht, wenn und soweit der Versicherer auf Wunsch des Versicherungsnehmers sofortigen Versicherungsschutz gewährt oder wenn die Versicherung nach dem Inhalt des Antrages für die bereits ausgeübte gewerbliche oder selbständige berufliche Tätigkeit des Versicherungsnehmers bestimmt ist.

Unterbleibt die Belehrung, so erlischt das Widerrufsrecht einen Monat nach Zahlung der ersten Prämie.

II. Werden die für den Vertrag geltenden Versicherungsbedingungen oder die weitere für den Vertragsinhalt maßgebliche Verbraucherinformation erst zusammen mit dem Versicherungsschein übersandt, hat der Versicherungsnehmer anstelle des Widerrufsrechts nach Ziffer I ein gesetzliches Widerspruchsrecht, über das er belehrt werden muß.

Unterbleibt die Belehrung oder liegen dem Versicherungsnehmer der Versicherungsschein, die Versicherungsbedingungen oder die Verbraucherinformation nicht vollständig vor, kann dieser noch innerhalb eines Jahres nach Zahlung der ersten Prämie widersprechen.

Besondere Bedingungen

1. Abweichend von § 4 Ziff. 3 der Allgemeinen Versicherungsbedingungen zur Haftpflichtversicherung für Vermögensschäden (AVB) besteht Versicherungsschutz für die Ausübung der Tätigkeit als Versicherungsmakler und Versicherungsvertreter im handelsüblichen Rahmen.

2. Ausgeschlossen sind in Ergänzung von § 4 AVB Haftpflichtansprüche

    a) aus der Bearbeitung von Schadenfällen außerhalb des vom Versicherungsnehmer verwalteten Versicherungsbestandes;

    b) aus der Tätigkeit des Versicherungsnehmers als Havariekommissar;

    c) aus der Verletzung der Schweigepflicht sowie wegen unbefugter Verwertung von Geschäfts- und Betriebsgeheimnissen;

    d) wegen Schäden aus einer Tätigkeit für Auftraggeber, die mit dem Versicherungsnehmer durch Personalunion, Gesellschaftsverhältnis oder Kapitalbeteiligung verbunden sind;

    e) von Versicherungsunternehmen, die mit dem Versicherungsnehmer hinsichtlich der versicherten Tätigkeit in vertraglichen Beziehungen stehen, soweit es sich nicht um Regreßansprüche wegen Schädigungen Dritter handelt.

3. Abweichend von § 2 I AVB umfaßt der Versicherungsschutz die Folgen aller während der Versicherungsdauer begangenen Verstöße, die dem Versicherer nicht später als zwei Jahre nach Beendigung des Versicherungsvertrages gemeldet werden.

4. Die Höchstleistung des Versicherers für alle Versicherungsfälle eines Versicherungsjahres beträgt das Zweifache der Versicherungssumme.

Resümee:

– Es gelten zusammen mit den „fixen" Allgemeinen Bedingungen die „variablen" Besonderen Bedingungen.

– Der Makler sollte sich daher in erster Linie mit den Besonderen Bedingungen befassen.

5.10 Prämien

Ein Prämienvergleich hinsichtlich der auf dem Markt befindlichen Vermögensschaden-Haftpflichtversicherungen für Makler kann an dieser Stelle nicht vorgenommen werden. Bei einer Gegenüberstellung, die jeder Makler nach seinen individuellen Gegebenheiten selbst vornehmen sollte, sei ihm angeraten, unbedingt auf den Versicherungsumfang und die bedingungsgemäßen Ein- und Ausschlüsse zu achten.

Prämienrelevante Merkmale:

- Es liegt auf der Hand, daß die Erweiterung des Versicherungsumfangs zum Beispiel auf das Finanzierungsmakler-/Immobilienmaklerrisiko sich auf die Prämie auswirkt.

- Es ist einsichtig, daß Veränderungen in den Selbstbehaltsregelungen nicht prämienneutral ausfallen können.

- Es macht einen Unterschied, ob ein oder mehrere Inhaber von Einzelfirmen oder ein oder mehrere Geschäftsführer von GmbH's in den Versicherungsschutz eingeschlossen sind. Im letzten Fall erhöht sich selbstverständlich die Fehlerwahrscheinlichkeit und damit für den Versicherer das Risiko, daß ein Versicherungsfall eintritt.

- Die Anzahl der Angestellten und der im Vertrag berücksichtigten Mitarbeiter spielt gleichfalls eine Rolle.

- Prämienbedeutsam ist schließlich auch die Wahl einer Abzugsfranchise.

Übersehen wird bei einem Prämienvergleich darüber hinaus häufig, ob der Makler auf die Prämie Courtage bekommt oder ob der Vertrag courtagefrei läuft. Wenn ein Makler zum Beispiel 20 % Courtage auch auf seine eigene Vermögensschaden-Haftpflichtversicherung erhält, muß er dies beim Vergleich mit der courtagefreien Prämie eines anderen Versicherers berücksichtigen. Es empfiehlt sich dringend, den Versicherer ausdrücklich danach zu fragen. Häufig fällt nämlich ein entsprechender Hinweis im Angebot unter den Tisch.

Resümee:

– Anders als bei Risiken anderer Art, gibt der Markt – derzeit – keine wesentlichen Prämienunterschiede her.

– Die Höhe der Prämie richtet sich nicht nur nach der Höhe der Deckungssumme, sondern auch nach den zusätzlich eingeschlossenen Risiken und nach der Anzahl der Mitarbeiter des Maklers.

– Prämienrelevant sind auch Veränderungen beim Selbstbehalt bzw. bei der Vereinbarung einer Abzugsfranchise.

5.11 Regelungen und Tips, die darüber hinaus Aufmerksamkeit verdienen

a) Mitversicherte Personen (Angestellte, freie Mitarbeiter, Handelsvertreter)

Wenn ein Makler Mitarbeiter beschäftigt, erhöht sich das Risiko. Denn auch diese können Schäden verursachen. Der Umstand ist demzufolge dem Versicherer anzuzeigen. Soweit es dabei um Angestellte geht, entstehen selten Probleme.

Anders ist es bei den sogenannten freien Mitarbeitern. Kaum ein Makler macht sich Gedanken darüber, daß es den sogenannten freien Mitarbeiter eigentlich gar nicht gibt. Der so bezeichnete Mitarbeiter ist entweder Arbeitnehmer des Maklers oder ein für ihn tätiger Handelsvertreter gemäß §§ 84 ff. HGB. Insbesondere wegen der hohen Lohnnebenkosten besteht sowohl beim Makler als auch beim Mitarbeiter oft ein Interesse, das Dienstverhältnis im Sinne der §§ 611 ff. BGB zu vermeiden und ein freies Tätigkeitsverhältnis zu begründen. Die Vertragspartner gehen bei dieser Regelung davon aus, daß der freie Mitarbeiter seine Steuern selbst abführt und es bei ihm liegt, sich selbst zu versichern.

Den meisten Maklern ist dabei nicht klar, in welche Gefahr sie sich begeben. Zahlt der Mitarbeiter seine Steuern nicht, wird das Finanzamt unruhig. Es wird prüfen, ob es sich bei der Etikettierung als freier Mitarbeiter nicht um die Umgehung eines Arbeitsvertrages handelt. Wird dann festgestellt, daß das unternehmerische Risiko (als wichtigstes Kriterium) beim Makler lag oder der Mitarbeiter als arbeitnehmerähnliche Person gemäß § 5 Arbeitsgerichtsgesetz anzusehen ist, ist der Makler verpflichtet, die nicht einbehaltene Lohnsteuer für das gesamte Vertragsverhältnis nachzuentrichten.

Aber auch wenn der freie Mitarbeiter brav seine Steuern zahlt, ist der Makler noch nicht aus dem Schneider. Eine Routineprüfung des

Sozialversicherungsträgers (AOK-Prüfung) ist noch penibler als eine Steuerprüfung. So sind Fälle bekannt, bei denen das Finanzamt die freie Mitarbeiterschaft anerkannt hat, der Sozialversicherungsträger aber nicht.

Der Makler hat bei Feststellung eines Arbeitsverhältnisses für die gesamte zurückliegende Vertragsdauer die Sozialversicherungsbeiträge dann nachzuzahlen, und zwar binnen weniger Tage nach der Prüfung. Denn ein Festsetzungsbescheid hat keine aufschiebende Wirkung.

Der Makler sollte in diesem Zusammenhang nicht auf die scheinbare oder tatsächlich perfekte Formulierung des Vertrages achten. Insbesondere sollte er sich dringend vor Formulierungshilfen des Steuerberaters hüten, ganz abgesehen davon, daß der Steuerberater unerlaubte Rechtsbesorgung betreiben würde. Sie mögen zwar gutgemeint sein, nutzen ihm aber gar nichts. Denn es kommt *allein* auf die tatsächliche Ausgestaltung des Verhältnisses an. Dazu benötigt er unbedingt fachkundigen Rechtsrat.

Der Makler, der meint, in der Anstellung von freien Mitarbeitern den Stein des Weisen gefunden zu haben, bekommt nicht selten Probleme auch mit seiner Vermögensschaden-Haftpflichtversicherung, dann nämlich, wenn er meint, daß der Mitarbeiter – weil frei – nicht anzumelden sei. Er übersieht, daß der Mitarbeiter sein Erfüllungsgehilfe ist. Er, der Makler, haftet für dessen Fehler. Also muß er ihn auch in das versicherte Risiko einbeziehen.

Das gleiche gilt für Handelsvertreter des Maklers. Wenn diese völlig frei auf Provisionsbasis tätig werden, entfällt der Arbeitnehmerstatus. (Zu beachten ist jedoch die Ausnahme des § 5 III HGB.) Allerdings gelten dann alle Rechte und Pflichten aus dem Komplex der §§ 84 ff. HGB einschließlich des Ausgleichsanspruchs!

Daß die Handelsvertreter das vom Versicherer zu tragende Risiko erhöhen, ist offensichtlich. Sie müssen demzufolge dem Versicherer gemeldet werden. Ein gefährlicher Irrtum des Maklers wäre es, wenn er dem Handelsvertreter lediglich auferlegt, eine eigene Vermögensschaden-Haftpflichtversicherung abzuschließen. Im Schadenfall riskiert nämlich der Makler dann einen Zweifronten-Krieg. Einmal hat er sich mit seinem Kunden auseinanderzusetzen. Der Kunde beruft sich auf die Erfüllungsgehilfeneigenschaft und ein etwaiges Verschulden des Handelsvertreters, das dem Makler zuzurechnen sei. (Nach außen wird nämlich der Handelsvertreter für den Makler tätig!) Zum anderen kämpft der Makler gegen die mögliche Anspruchsabwehr durch den Vermögensschaden-Haftpflichtversicherer des Handelsvertreters.

Wenn der Makler jetzt nicht sehr geschickt agiert, setzt er sich zwischen zwei Stühle. Sein Kunde kann mit dem Schadenersatzanspruch durchdringen und gleichzeitig kann dem Handelsvertreter mit Hilfe seiner Versicherung die Abwehr glücken. Das heißt in dem Fall, der Makler hat den Schaden allein zu tragen. Daß der Makler in solchen Fällen dem Handelsvertreter besser den Streit verkünden sollte (§ 72 ff. ZPO), kann an dieser Stelle nicht vertieft werden.

Derartigen Problemen geht der Makler aus dem Weg, wenn er den Handelsvertreter mitversichert. Wenn der Handelsvertreter zum Makler nicht in der Ausschließlichkeit steht, sei ihm angeraten, für solche Tätigkeiten, die er nicht im Namen des Maklers ausübt, eigenen Versicherungsschutz zu nehmen. Aber das ist nicht das Problem des Maklers.

In den Versicherungsschutz der Vermögensschaden-Haftpflichtversicherung ist die Anzahl der Mitarbeiter eingeschlossen, die der Makler benennt. Üblicherweise wird vom Versicherer eine Namensliste nicht gefordert. Gleichwohl sollte der Makler unzutreffende Angaben zu vermeiden suchen, um seinen Versicherungsschutz nicht zu gefährden.

Zu Meinungsverschiedenheiten mit dem Versicherer kann es wegen des Begriffs „Mitarbeiter" kommen. Es gibt Versicherer, die unter dem Begriff nur Arbeitnehmer, nicht aber Handelsvertreter verstanden wissen wollen. Der Makler sollte sich daher tunlichst *vor dem Eintritt* des Versicherungsfalls mit seinem Versicherer über diese Frage verständigen.

Viele Makler beschäftigen eine ganze Reihe von Nebenberuflern und Tipgebern. Sie gehen davon aus, daß diese Personen keinen Schaden anrichten können. Belegt ist der Ausspruch eines geschäftsführenden Gesellschafters einer größeren Maklerorganisation: „Die (Nebenberufler) können nichts selbständig tun. Ich schütze mich durch Nichtschulung." Dem kann man nur entgegnen: Wer noch keine (negativen) Erfahrungen machen mußte, der sollte wenigstens Fantasie besitzen.

Es ist daher dringend anzuraten, auch die Nebenberufler und Tipgeber dem Versicherer anzuzeigen. Es ist Verhandlungssache, wie der Versicherer diesen Personenkreis einstuft. Wird für einen Mitarbeiter (darunter soll hier auch der Handelsvertreter verstanden werden) üblicherweise ein Zuschlag von 10 % der Grundprämie verlangt, so nimmt der Versicherer für einen Nebenberufler 5 %. Sollten viele Personen nur äußerst geringfügig dem Makler zuarbeiten, kann man durchaus über eine Pauschale für alle nebenberuflichen Mitarbeiter mit dem Versicherer verhandeln. Ein offenes Gespräch lohnt sich also allemal.

Die Makler stellen häufig die Frage, ob und wann sie während der Laufzeit hinzugekommene Mitarbeiter dem Versicherer zu melden haben. Insbesondere bei größeren Maklerorganisationen würde sich ein lästiger Verwaltungsaufwand ergeben, wenn die Meldung neu eingetretener und ausgeschiedener Mitarbeiter unverzüglich erfolgen müßte. Auch der Versicherer wäre wegen der häufigen Erstellung neuer Nachträge belastet. Üblicherweise erfolgt deshalb die Meldung erst auf Anfrage des Versicherers durch jährliche Übersendung eines Risikofragebogens. Vorher hinzugekommene Mitarbeiter sind im Versicherungsschutz auch ohne Meldung eingeschlossen. Es empfiehlt sich – wie meist –, die Regelung vom Versicherer bestätigen zu lassen.

Resümee:

- Angestellte sind in den Vertrag einzuschließen, auch Teilzeitbeschäftigte.

- Wer „Freie Mitarbeiter" beschäftigt, sollte die Vertragsverhältnisse einer gründlichen Prüfung unterziehen. Die meisten derartigen Mitarbeiterverhältnisse kollidieren mit den Steuer- und Sozialabgabenormen.

- Auch der für den Makler tätige Agent ist in den Vertrag einzuschließen. Der Makler, der auf dessen eigene Versicherung vertraut, kann deren Abwehrschutz zu spüren bekommen.

b) Obliegenheiten, die besonders häufig übersehen werden

aa) Vorsätzliche Pflichtverletzung

Der Leser wird sich möglicherweise wundern, weshalb einer derartigen Selbstverständlichkeit ein Gliederungspunkt gewidmet wurde. Doch mag man sich erst einmal die Formulierung des diesbezüglichen Ausschlusses genau betrachten. § 4 Ziff. 5 AVB bestimmt:

> *„Der Versicherungsschutz bezieht sich nicht auf Haftpflichtansprüche wegen Schäden durch wissentliches Abweichen von Gesetz, Vorschrift, Anweisung oder Bedingung des Machtgebers (Berechtigten) oder durch sonstige wissentliche Pflichtverletzung."*

Unter Vorsatz versteht man bekanntlich das Wissen und Wollen des (negativen) Erfolgs. Daß jemand, der einem anderen in Kenntnis der Umstände willentlich Schaden zufügt, keinen Versicherungsschutz haben kann, ist ohne weiteres einsehbar. Aber die Regelung des § 4 Ziff. 5 AVB kommt weit früher zum Ausschluß. Verlangt wird dort nur die Kenntnis, einer gesetzlichen oder rechtsgeschäftlich relevanten Weisung zuwiderzuhandeln. Nicht verlangt wird das *Wollen* eines negativen Erfolgs. Vielmehr würde auch diejenige wissentliche Pflichtverletzung zum Ausschluß führen, wenn die Pflicht in guter Absicht verletzt wurde. Ein Beispiel soll dies erklären:

> Die Banken und Sparkassen unterhalten, wie die Makler – wenn auch mit anderen Besonderen Bedingungen – gleichfalls eine Vermögensschaden-Haftpflichtversicherung, der die AVB zugrunde liegen. Es gilt für die Banken also ebenfalls § 4 Ziff. 5 AVB.

> In der Bankpraxis gilt das sogenannte Vieraugenprinzip. Das heißt, daß zwei Unterschriften für jeden einzelnen Geschäftsvorgang (z. B. Überweisung, Kreditzusage) erforderlich sind. An diese generell geltende Weisung haben sich alle Mitarbeiter zu halten.

> Beim Versicherer werden indessen häufig Schäden gemeldet, die auf einer schriftlichen Zusage beruhen, welche nur eine Unterschrift trägt. In der vom Versicherer geforderten eigenverantwortlichen Stellungnahme des verursachenden Bankange-

stellten heißt es dann häufig: „Eigentlich trifft mich überhaupt kein Verschulden. Es war Hochbetrieb in der Bank. Die beiden Kollegen, die neben mir unterschriftsberechtigt sind, waren abwesend. Der Kunde hatte es eilig. Im Interesse der Bank mußte ich ausnahmsweise allein unterzeichnen. Anderenfalls wäre die Kundenverbindung erheblich gestört worden."

Der Versicherer weist in diesem und ähnlichen Fällen prompt darauf hin, daß für wissentliche Pflichtverletzung Schutz nicht geboten werden kann.

Die Formulierung der eigenverantwortlichen Erklärung wird von den Angestellten häufig dazu benutzt, sich zu entschuldigen und aus der Verantwortung herauszureden. Hätte der vorgenannte Bankangestellte der Wahrheit die Ehre gegeben und zugestanden, daß er im Eifer des Gefechts schlampigerweise die Zweitunterschrift nicht eingeholt hatte, weil er der Meinung war, der Kollege hätte schon unterzeichnet, als er das Schreiben herausgab, hätte er zwar nicht eine Rüge vermieden, aber auch nicht den Versicherungsschutz zunichte gemacht. Denn die Fahrlässigkeit eines Mitarbeiters ist selbstverständlich gedeckt.

In diesem Zusammenhang ist ein Irrtum aufzuklären, dem mancher Makler unterliegt: Vom Versicherungsschutz ist nicht nur die leichte und die mittlere Fahrlässigkeit, sondern auch die allergröbste Fahrlässigkeit erfaßt.

Resümee:

– Unter Vorsatz versteht man das Wissen und Wollen des negativen Erfolgs. Der entsprechende Ausschluß in den AVB erfaßt indessen darüberhinaus das wissentliche Abweichen von Gesetz, Vorschrift oder Anweisung sowie die wissentliche Pflichtverletzung.

– Der Makler, der sein Versehen nachträglich zu rechtfertigen sucht, indem er darauf hinweist, daß er die Situation von Anfang an erkannt habe, aber im Interesse seines Kunden so und nicht anders habe handeln müssen, setzt sich dem Vorwurf der wissentlichen Pflichtverletzung aus.

bb) Anerkenntnis

Jeder Makler weiß, daß er seinen Versicherungsschutz aufs Spiel setzt, wenn er die Schadenersatzforderung seines Kunden ohne vorherige Zustimmung seines Versicherers anerkennt. Denn damit verliert der Versicherer die Möglichkeit, den Anspruch überprüfen und ggf. Abwehrschutz (Rechtsschutz) gewähren zu können. Der Fall, daß ein Makler seinen Versicherer bittet, die von ihm bereits anerkannte Schadenersatzforderung zu begleichen, wird daher recht selten vorkommen.

Leider kommen indessen immer wieder Fälle vor, die nicht so eindeutig sind, aber den gleichen Ausgang nehmen.

Bei den Schadenfällen wurde ein Vorgang geschildert, bei dem ein Makler sich für seinen Kunden besonders stark gemacht hatte. Bei der Zusage einer sofortigen Rettungsreparatur nach einem größeren Glasschaden hatte der Makler dem Kunden sinngemäß gesagt, „Das können sie so machen. Entweder bezahlt Ihre Kaskoversicherung oder meine Vermögensschaden-Haftpflichtversicherung." Der Makler war sich seiner Sache sehr sicher. Die Bezugnahme auf seine eigene Vermögensschaden-Haftpflichtversicherung erfolgte daher lediglich zur Bestärkung seiner Aussage über die Deckung in der Glasversicherung.

Als der Versicherer nun doch nicht zahlte, richtete der Kunde seinen Anspruch gegen seinen Makler aus dem o. g. „Anerkenntnis". Das Gericht folgte der Argumentation und verurteilte den Makler. Sein Vermögensschaden-Haftpflichtversicherer verweigerte anschließend die Deckung aus dem gleichen Grund.

§ 4 Ziff. 2 AVB enthält folgende Regelung:

„Der Versicherungsschutz bezieht sich nicht auf Haftpflichtansprüche, soweit sie auf Grund Vertrags oder besonderer Zusage über den Umfang der gesetzlichen Haftpflicht hinausgehen."

Das bedeutet, daß es der Makler tunlichst unterlassen sollte, seinem Kunden Zusagen zu machen, die über das hinausgehen, was der Kunde ohnehin zu beanspruchen hat. Die Beurteilung sollte der

Makler auch nicht selbst vornehmen, sondern dies seinem Versicherer überlassen. Ganz abgesehen davon, daß der Versicherer über die größere Erfahrung verfügt, sollte man in eigener Sache möglichst nicht tätig werden.

Es soll nicht verkannt werden, daß ein Makler seine Dienstleistung werbend herausstellen muß, ebensowenig, daß Akquisition eine besondere Rolle beim Makler spielt. Es wird ferner nicht übersehen, daß die Sachwaltereigenschaft dem Makler auferlegt, sich mit aller ihm zur Verfügung stehenden Energie für die Durchsetzung der Interessen seines Kunden zu verwenden. Die Pflicht geht indessen nicht soweit, daß der Makler auf seine eigenen Kosten und sein eigenes Risiko tätig wird. Der Makler muß hier eine scharfe Grenze ziehen. Er muß sich so verhalten, wie er gehandelt hätte, wenn ihm keine Versicherung zur Seite stünde. Auch ein Rechtsanwalt kann seinem Mandanten gegenüber nicht die Garantie übernehmen, daß der Prozeß gewonnen wird. Wenn der Rechtsanwalt dies täte, würde er mehr versprechen, als es seiner gesetzlichen Pflicht und den hierdurch gezogenen Grenzen entspricht. Es würde versucht werden, ihn an diesem Versprechen festzuhalten. Sein Vermögensschaden-Haftpflichtversicherer allerdings würde ihm bei der Einhaltung dieses Versprechens nicht behilflich sein.

Resümee:

– Der Makler, der ohne Zustimmung des Versicherers ein Anerkenntnis abgibt, setzt, wie jeder andere Versicherungsnehmer auch, seinen Versicherungsschutz aufs Spiel.

– Auch ein übertriebener Einsatz im Interesse des Kunden etwa in dem Sinne: „Es zahlt entweder die Versicherung oder meine eigene Vermögensschaden-Haftpflichtversicherung," kann das Gericht als deklaratorisches Anerkenntnis werten.

cc) Selbstregulierungsversuche

Jeder Makler weiß, daß ein Schadeneintritt dem Versicherer unverzüglich anzuzeigen ist. Unter dem Begriff ‚unverzüglich' versteht die Legaldefinition des § 121 BGB „ohne schuldhaftes Zögern".

So heißt es auch in § 5 II AVB:

> „Jeder Versicherungsfall ist dem Versicherer (§ 11) unverzüglich, spätestens innerhalb einer Woche, schriftlich anzuzeigen."

In § 11 AVB sind als empfangsberechtigte Stelle die Hauptverwaltung und die Geschäftsstelle des Versicherers genannt, die sich aus dem Versicherungsschein bzw. den Nachträgen ergibt.

Die Anzeigepflicht nehmen die Makler manchmal nicht so genau. Sie vertrauen darauf, daß der Versicherer häufig ebenfalls eine lange Bearbeitungszeit für sich in Anspruch nimmt und deshalb die Unverzüglichkeit nicht so wörtlich versteht. Man sollte sich indessen keinesfalls auf die in der Tat üblicherweise vom Versicherer gepflegte Großzügigkeit verlassen, der es meist im Fall der Verspätung bei einer Rüge beläßt. Insbesondere bei zweifelhaften Großschäden kann der Versicherer durchaus anderen Sinnes werden und aus der nicht beachteten Unverzüglichkeit für den VN, den Makler, negative Konsequenzen ableiten.

Manche Makler schätzen die Rechtslage falsch ein und glauben deshalb nicht, daß der Anspruchsteller es mit der Geltendmachung seines Schadenersatzanspruchs ernst meint. Aber auch wenn sie Recht darin behalten, kann es im Fall einer verspäteten Schadenmeldung dazu kommen, daß der Versicherer den Abwehrschutz versagt. Denn dieser besteht nicht nur in der Arbeit des Sachbearbeiters des Versicherers, sondern kostet den Makler im Fall eines Rechtsstreits mit negativem Ausgang zusätzlich erhebliches Geld.

Beispiel:

In einem authentischen Fall wurde die Deckung in einer vom Makler vermittelten Berufsunfähigkeits-Versicherung versagt. Der Versicherungsnehmer wurde auf einen Ersatzberuf verwiesen. Die Entscheidung war zutreffend und nicht anfechtbar. Der Kunde vertrat die Meinung, der Makler hätte ihn falsch beraten und verklagt diesen auf 500 000 DM Schadenersatz. Wenn der Makler nun zunächst versucht hätte, selbst abzuwehren, z. B. weil er seine Schadenstatistik „sauberhalten" wollte, könnte er seinen Versicherungsschutz auf's Spiel gesetzt haben. Denn die Sache war naturgemäß beim Landgericht anhängig, bei dem bekanntlich Anwaltszwang herrscht. Dem einzuschaltenden Rechtsanwalt steht ein Vorschuß von 10 000 DM zu, den der Makler erst einmal selbst aufzubringen hat. Sollte der Kunde zwar den Prozeß nach einem etwaigen Beweisbeschluß verlieren, aber er vermögenslos sein, bleibt der Makler auf etwa 15 000 DM allein an Rechtsanwaltsgebühren „hängen".

Man kann daher nur dringend vor der weit verbreiteten Praxis mancher Makler warnen, die erst bei anderen Stellen Rat suchen, ehe sie sich ihrem Versicherer anvertrauen.

Gefährlich ist es, wenn sich der Makler in Verkennung des Risikos vom Kunden einschüchtern und zu einer Zahlung bewegen läßt. So kam es erst kürzlich zu einem Fall, bei dem der Anspruch weder zum Grunde noch zur Höhe spezifiziert war, der eingeschüchterte Handelsvertreter des Maklers aber aus eigener Tasche bereits 15 000 DM an den Kunden gezahlt hatte. Erst dann wurde der Vermögensschaden-Haftpflichtversicherer eingeschaltet. Der Anspruch konnte abgewehrt werden. Mit der Selbstregulierung hätte sich der Makler fast um den Versicherungsschutz gebracht. Freikaufen konnte er sich ohnehin mit dem Betrag von 15 000 DM nicht.

Resümee:

– Der Makler sollte schon im Vorfeld eines möglichen Schadensersatzanspruchs einen Versicherer konsultieren. Dringendst abzuraten ist von Selbstregulierungsversuchen.

– Der Abwehrschutz dient auch dem guten Ruf des Maklers. Selbst bei kleineren Schäden sollte daher der Makler nicht bedingungslos auf Zahlung an den Kunden bestehen.

dd) Vergleiche

Unter einem Vergleich versteht man nach der Legaldefinition des § 779 BGB einen Vertrag, durch den der Streit oder die Ungewißheit der Parteien über ein Rechtsverhältnis im Wege gegenseitigen Nachgebens beseitigt wird. Ein guter Vergleich hat friedenstiftenden Charakter. Nach seinem Abschluß kann ein Vertragsverhältnis zwischen Makler und Kunden nicht selten fortgesetzt werden, während dann, wenn die Schadenersatzforderung erst gerichtlich festgestellt werden muß, meist auch das Maklerverhältnis sein Ende gefunden hat. Der Makler hat dann nicht nur zu zahlen, er hat auch noch den Kunden verloren.

Verständlicherweise suchen daher die Makler eine Einigung mit dem Kunden zu erzielen. Sie sollten dies jedoch *nicht ohne Wissen und Billigung des Versicherers* tun, es sei denn, der Schaden ist so geringfügig, daß er sich im Rahmen des vereinbarten Selbstbehalts hält. Es wurde bereits früher darauf hingewiesen, daß es sehr sinnvoll sein kann, einen erhöhten Mindestselbstbehalt in seinem Versicherungsvertrag zu vereinbaren. Der Makler kann in dem Rahmen wirtschaftlich sinnvoll agieren, also z. B. auch einmal – ohne daß auf seiner Seite ein Verschulden vorliegt – zahlen, um einen guten Kunden zu halten. Der Versicherer indessen würde sich streng an die Rechtslage halten müssen, also im vorgenannten Falle gegen den Willen des Maklers Abwehrschutz gewähren, also den gegen den Makler erhobenen Anspruch abwehren, ohne jede Rücksicht auf die Kundenverbindung. Auch kann der Makler wesentlich schneller reagieren, als die übliche Kommunikation mit dem Versicherer es zuläßt.

Dem Makler sei aber dringend angeraten, sich bei der Formulierung des Vergleichstextes rechtliche Unterstützung von fachkundiger Seite zu sichern. Denn nur ein gut fundierter und klar formulierter Vergleich schafft Rechtsfrieden. Es darf keine Unsicherheiten darüber geben, daß und welche Ansprüche mit welcher Zahlung beendet sein sollen. Mehr als ärgerlich ist, wenn der Kunde die Zahlung als Anerkenntnis oder als Teilzahlung behandelt und Nachforderungen stellt.

Resümee:

– Auch solche Vergleiche, die aus der Sicht des Maklers besonders günstig erscheinen, bedürfen der vorherigen Zustimmung des Versicherers.

– Bei der Regulierung kann der Versicherer grundsätzlich nur die rechtlichen Gegebenheiten berücksichtigen; er entscheidet so, wie ein Gericht wohl entschieden hätte, dann, wenn die Sache zur gerichtlichen Entscheidung angestanden hätte. Das wirtschaftliche Interesse des Maklers, z. B. an der Kundenverbindung, muß dagegen im Interesse der Versichertengemeinschaft zurückstehen.

– Der Makler, der aus wirtschaftlichem Interesse oder innerhalb des Selbstbehaltes ohne Versichererbeteiligung seinen Schaden selbst vergleicht, sollte unbedingt auf eine abschließende Erklärung des Geschädigten bestehen, daß damit alle gegenwärtigen und zukünftigen Ansprüche erledigt sind.

Aufsätze, Monografien, Kommentierungen – Wege zum Maklerrecht

LITERATUR 6

Einführung

Die Rechtsentwicklung wird durch drei Quellen gespeist: die Gesetzgebung, die Rechtsprechung und die Literatur. Man kann durchaus sagen, daß es sich hierbei um Umsetzungssysteme oder -mechanismen handelt, die das übersetzen, was im täglichen Leben, im Geschäftsverkehr, im Verkehr der Privaten „passiert". Diese Rahmenbedingungen, zu denen – neben Einflüssen aus Kultur und Gesellschaft – gewiß auch der Zeitgeist gehört, geben Denk- und schließlich auch Handlungsanstöße.

Literatur – das ist die schreibende Zunft der Juristen, mag es sich um Hochschullehrer, Anwälte, Ministerialbeamte oder auch Richter handeln. Tag für Tag erscheint eine Fülle von Lehrbüchern, Grundrissen, Aufsätzen und Urteilsanmerkungen. Abgesehen von den Ergebnissen juristisch-schriftstellerischer Tätigkeit, die einen rein aufzeichnenden und wiedergebenden Charakter haben, strebt doch der größere Teil der Autoren in Richtung Weiterentwicklung des Rechts. So läßt sich durchaus sagen, daß die schreibende Zunft der Juristen eine Art Vorreiter- und Wegbereiterrolle übernommen hat.

Thesen und Forderungen, die sich in Büchern und Aufsätzen niederschlagen, stehen meist vor dem Hintergrund aktueller politischer, sozialer, auch technologischer Entwicklungen. Computerrecht, Weltraumrecht, Atomrecht mögen hierfür als Beispiele dienen. Aber auch auf dem Gebiet der Produkthaftpflicht, die schon seit einiger Zeit im Blickpunkt der juristischen Öffentlichkeit steht, gibt es immer wieder neue Entwicklungen zu beobachten.

Alle drei Motoren der Rechtsentwicklung – Gesetzgebung, Rechtsprechung und Schrifttum – beeinflussen sich wechselseitig. So nehmen sicherlich Denkanstöße aus dem Fachschrifttum ihren Weg in Richtung Gesetzgebung und Rechtsprechung; von hier aus gehen Wirkungen auch zurück. Denn zweifellos muß die Literatur die rechtlichen Rahmenbedingungen zur Kenntnis nehmen, kann sie bei ihren Denkmodellen nicht ignorieren, muß sie zumindest argumentativ verarbeiten.

Auch gibt es bei den drei Quellen der Rechtsentwicklung keine klaren Fronten. Beispielhaft sei auf das Minderheitenvotum in der Rechtsprechung des Bundesverfassungsgerichts aufmerksam gemacht. Ein Richter, der die Entscheidung im Einzelfall nicht mitträgt, weil er eine abweichende, vielleicht modernere Auffassung im zur Entscheidung anstehenden Fall vertritt, läßt seine „dissenting opinion" publizieren. Das kann zum Beispiel geschehen, um im Fachschrifttum Gefolgschaft zu finden, als Anstoßgeber zu einer möglicherweise allgemeinen Entwicklung in die gewollte Richtung.

Die nachfolgende Literatur stellt eine Auswahl dar. Überwiegend sind neuere Veröffentlichungen genannt, aber auch ältere Standardwerke, wie die Monographie von Möller, Recht und Wirklichkeit der Versicherungsvermittlung, die das gesamte Vermittlerrecht in einem überaus bedeutenden Umfang beeinflußt hat. Die angegebenen Quellen, die ihrerseits zahlreiche weiterführende Hinweise zu Literatur und Rechtsprechung enthalten, erlauben ein vertiefendes Studium auf dem vom Leser ausgewählten Gebiet.

Ausland / Versicherungsmakler in Großbritannien

Sieger, Jürgen Die Rechtsstellung des englischen Versicherungsmaklers (insurance broker),

Verlag VW, Karlsruhe 1983

Inhalt:

Diese Monografie enthält auf 183 Seiten eine umfassende Behandlung des insurance broker, insbesondere unter anderem eine zu Zwecken der Rechtsvergleichung interessierende Darstellung der Maklerpflichten einschließlich der Folgen ihrer Verletzung (S. 81 ff.). Besondere Aufmerksamkeit verdienen die Kapitel über die Registrierung („Insurance Brokers (Registration) Act 1977", S. 145 ff.) und über die sonstigen Rechtsquellen des Versicherungsmaklerrechts (S. 167 ff.). Das Buch verfügt über ein umfangreiches Literaturverzeichnis.

Beratung

Koch, Peter Der Versicherungsmakler als Berater der mittelständischen Wirtschaft,

VW 95, 112 ff.

Inhalt:

Ausgehend von der geschichtlichen Entwicklung des Versicherungsmaklers wird seine Funktion als Berater und Beschaffer von Versicherungsschutz dargestellt, speziell seine Aufgaben und Pflichten gegenüber der mittelständischen Wirtschaft als Klientel. Differenzierung der unterschiedlichen Maklertypen in ihrer Ausrichtung auf Kundengruppen. Der mittelständische

Versicherungsmakler wird durch das Merkmal einer intensiven persönlichen Betreuung gekennzeichnet.

Best Advice

Werber, Manfred   **„Best Advice" und die Sachwalterhaftung des Versicherungsmaklers,**

VersR 92, 917 ff.

Inhalt:

Ein Blick nach Großbritannien: Welchen Bedeutungsinhalt hat dort „best advice"? Best Advice in seiner Funktion, die Maklerpflichten in ihrem Umfang zu definieren – und dies mit Blick auf die Berufspflichten des Versicherungsmaklers und die daraus resultierende Haftung. Behandlung der Maklerpflichten in den verschiedenen Phasen der Maklertätigkeiten wie auch der Möglichkeiten, in vertretbarer Weise die Haftung zu begrenzen. Eine fundierte Dokumentation sichert den Makler vor ungerechtfertigter Inanspruchnahme.

Betriebswirtschaft / Maklerbetrieb

Lach, Helge   **Profit-Center im Versicherungsmaklerbetrieb,**

ZVersWiss 91, 599 ff.

Inhalt:

Untersucht wird die Frage, ob das Profit-Center-Konzept für Maklerbetriebe anwendbar ist. Die Frage wird mit Rücksicht auf deren Struktur nur mit Einschränkung bejaht. Die diesbezüglichen

Zweifel gehen auf nur bedingt vorhandene Dezentralisierungsmöglichkeiten zurück. Ein Literaturverzeichnis (S. 623 f.) gibt Hinweise auf einschlägige Fachveröffentlichungen.

Expertenhaftung

Damme, Reinhard — **Entwicklungstendenzen der Expertenhaftung,**

JZ 91, 373 ff.

Inhalt:

Untertitel: Vermögensschutz und Drittschutz auf dem Markt für sachkundige Informationen. Definition der Expertenhaftung in rechtsdogmatischer und rechtspolitischer Hinsicht. Expertenhaftung = Haftung für professionelles Fehlverhalten. Rechtsgrundlagen der Haftung, vertraglich, quasi-vertraglich und deliktisch. Behandlung von Haftungsmodellen wie Auskunfts- und Beratungsvertrag, culpa in contrahendo.

Grundzüge der Maklerposition

Werber, Manfred — **Zur Rechtsstellung des Versicherungsmaklers in heutiger Zeit,**

VW 88, 1159 ff.

Inhalt:

Allgemeine Positionierung des Versicherungsmaklers und seine diversen Aufgabenstellungen unter Berücksichtigung der Präzisierung und Aktualisierung des Makler-Berufsbilds durch das Sachwalterurteil des Bundesgerichtshofs (VersR 85, 930 ff.; vgl. Kapitel 4 in diesem Buch).

Hervorgehoben werden die gesteigerten Beratungs- und Betreuungspflichten und die dadurch verschärfte Haftung des Maklers; einbezogen ist u. a. die Stellung des Maklers in der EG.

Haftung des Maklers als ökonomisches Problem

Nell, Martin und Traub, Wolfgang — **Die Haftung von Versicherungsmaklern als ökonomisches Problem,**

ZVersWiss 94, 93 ff.

Inhalt:

Der Beitrag behandelt die ökonomische Analyse der Maklerhaftung und die sog. Anreizwirkungen verschiedener Haftungsregelungen. Ausgangspunkt sind die allgemein anerkannten Maklerpflichten, deren mögliche Verletzung und der hieraus resultierende Fehlberatungsschaden. Anhand von Modellrechnungen werden Haftungsregelungen untersucht, wobei – als Ergebnis – die Überlegenheit einzelvertraglicher Haftungsregelungen zwischen Kunde und Makler herausgestellt wird.

Haftungsbeschränkung

Werber, Manfred — **Möglichkeiten einer Begrenzung der Versicherungsmaklerhaftung,**

VersR 96, 917 ff.

Inhalt:

Verfasser behandelt das Thema einer angemessenen, in vernünftiger Relation zur Strenge der Sachwalterhaftung des Versicherungsmaklers stehenden Haftungsbegrenzung. Begrenzung bei der Auswahl der Risikoträger, Begrenzung der Tätigkeitsfelder, Begrenzung im Zusammenhang mit den Verschuldensgraden. Verkürzung der Verjährungsfrist. Abschluß einer Vermögensschaden-Haftpflichtversicherung.

Maklerrecht, allgemein

Prölss/Martin   **VVG, Kommentar, 25. Aufl., Anhang zu §§ 43 – 48, Der Versicherungsmakler**

Inhalt:

Abriß des Rechts des Versicherungsmaklers: Maklervertrag, Maklertätigkeit und Rechtsberatungsgesetz, Vertretung des Kunden/VN, Courtage-Anspruch und seine Voraussetzungen – mit zahlreichen Hinweisen auf Rechtsprechung und Literatur. Neuauflagen des Kommentars in einem Rhythmus von 4 bis 5 Jahren gewährleisten Aktualität (Bearbeiter: Kollhosser).

Maklerrecht, allgemein

Bruck/Möller   **Kommentar zum VVG, 8. Aufl., 1. Band, vor §§ 43 – 48, Anm. 29 ff., Recht der Versicherungsmakler**

Inhalt:

Abhandlung im Rahmen des Kapitels ‚Recht der Versicherungsvermittlung'. Obwohl 1961 erschienen und seither nicht aktualisiert, ist das Kapitel ‚Recht der Versicherungsmakler' noch immer grundlegend. Umfangreiche Darstellung der Maklerpflichten (Anmerkungen 52 ff.). Ein-

ordnung des Maklers als Bundesgenosse und Sachwalter des VN (Bearbeiter: Möller).

Maklergesetz, Honorarberatung

Bosselmann, Eckard H. — **Möglichkeiten und Grenzen von Maklergesetzen und Honorarberatungen,**

VW 96, 883 ff.

Inhalt:

Erörterung einer gesetzlichen Regelung von Berufszugangs- und Berufsausübungsvoraussetzungen für Versicherungsmakler. Behandlung des Maklerentlohnungssystems: Courtage und Honorar. Beschreibung eines möglichen alternativen Vergütungssystems (Gebührenordnung).

Marktfunktion des Versicherungsmaklers

Traub, Wolfgang — **Marktfunktion und Dienstleistung des Versicherungsmaklers,**

Verlag VW, Karlsruhe 1995

Inhalt:

Die Monografie behandelt die wettbewerbsbeeinflussende Funktion von Versicherungsmaklern, die – europaweit betrachtet – in den Versicherungsmärkten unterschiedlich stark vertreten sind. Besonders herausgearbeitet ist die informationsbezogene Funktion des Maklers – als „Informationsvermittler". Er bietet seine Dienstleistung als Makler als eigenständiges Produkt nach zwei Seiten an: dem Versicherungsnachfrager und dem Versicherer. Für ver-

tiefende Studien bietet das 255 Seiten starke Buch ein umfangreiches Literaturverzeichnis.

Offenlegung des Vermittlerstatus

Keil, Christoph   **Vermittler eindeutig identifizieren,**

Versicherungskaufmann 96, 18 f.

Inhalt:

Interview im Zusammenhang mit der Einrichtung eines zentralen deutschen Vermittlerregisters (ZVD). Makler müssen klar definierte Anforderungen erfüllen, um in das Register, das einen Qualitätsstandard gewährleisten soll, aufgenommen werden zu können.

Pflichten und Haftung

Matusche, Annemarie   **Pflichten und Haftung des Versicherungsmaklers, 4. Aufl.,**

Verlag VW, Karlsruhe 1995

Inhalt:

Umfassende Beschreibung der Maklerpflichten vor, während und nach Abschluß des Versicherungsvertrags. Haftungsvoraussetzungen, Möglichkeiten der Haftungsbegrenzung und -freizeichnung. Zahlreiche Hinweise auch auf ältere Literatur und Rechtsprechung (Kölner Dissertation).

Versicherung des Berufshaftpflichtrisikos

Geck, Die Versicherung von Berufshaftpflichtrisiken,
Hans-Ulrich

VW 92, 118 ff.

Inhalt:

Wirtschaftliche Dimension von professionellen Fehlleistungen bzw. beruflicher Sorgfaltspflichtverletzung. Verhaltensweisen der Geschädigten im Laufe der Zeit: gestiegenes Kritikbewußtsein, wachsende Bereitschaft zur Anspruchsverfolgung und zunehmende wirtschaftliche Potenz der Geschädigten im Hinblick auf das Risiko der Kostentragung. Ausblick auf die Indeckungnahme derartiger Risiken durch einen VSH-Versicherer.

Rechtsberatung und Versicherungsmakler

Spielberger, Versicherungsmakler und Rechtsberatungsge-
Dieter setz,

VersR 84, 1013 ff.

Inhalt:

Darstellung der Komplexität der Tätigkeit eines Versicherungsmaklers und die sich hieraus ergebenden Verbindungslinien zum rechtlichen Bereich. Einordnung der rechtsrelevanten Tätigkeiten in die Regelung des Rechtsberatungsgesetzes. Behandlung des Sonderfalls von Geschäftsbesorgungsverträgen, durch die dem Makler die Verwaltung und Betreuung von Versicherungsverträgen übertragen wird.

Rechtsstellung des Versicherungsmaklers

Zopfs, Jannpeter Die Rechtsstellung des Versicherungsmaklers, VersR 86, 747 f.

Inhalt:

Entwicklung und Stellung der Versicherungsmakler. Darstellung der unterschiedlichen Positionierung von Maklern einerseits und Agenten andererseits. Qualifizierung des Maklervertrages als Dauerschuldverhältnis mit umfassenden Beratungspflichten unter Bezugnahme auf das Sachwalterurteil des BGH vom 22. 5. 1985. Hinweis auf die herausgehobene Stellung des Maklers und auch die besonderen Rechte, die ihn von den sonstigen Maklern unterscheiden.

Vermittlerrecht, allgemein

Möller, Hans Recht und Wirklichkeit der Versicherungsvermittlung, Studie, Hamburg, 1942

Inhalt:

Breit angelegte Darstellung des gesamten Vermittlerrechts unter Einschluß der historischen Entwicklung. Herausgearbeitet ist die unabhängige, von Bindungen an Versicherer freie Stellung des Versicherungsmaklers, der als Bundesgenosse des Versicherungsnehmers bezeichnet wird. Die Darstellung des Vermittlerrechts in diesem Buch ist gleichsam der Vorläufer für die einschlägige Kommentierung im Großkommentar Bruck/Möller, der seit 1961 erscheint.

Vermittlerrecht, allgemein

Sieg, Karl	Vertrieb und Vermittlung von Versicherungen aus rechtlicher Sicht,

ZVersWiss 88, 263 ff.

Inhalt:

Abhandlung der verschiedenen im Markt tätigen Vermittlertypen einschließlich eines kurzen Blicks auf den Direktvertrieb. Der Versicherungsmakler wird im Abschnitt E (S. 280 ff.) dargestellt, besonders sein Verhältnis zu den Parteien des Versicherungsvertrages. Im Einklang mit der weit überwiegenden Rechtsmeinung wird der Makler dem Versicherungskunden zugeordnet; er ist sein Vertrauensmann, steht aber auch zum Versicherer in „vertragsähnlichen" Beziehungen.

Vermittlerrecht, allgemein

Sieg, Karl	Entwicklungslinien des Versicherungsvermittlerrechts,

ZVersWiss 82, 143 ff.

Inhalt:

Die auf den Versicherungsvertreter bezogenen Themen behandeln das Wettbewerbsrecht, das Berufsrecht und das Versicherungsvertragsrecht (hier u. a. Zurechnung der Vertreterkenntnis!). Das Kapitel III (S. 159), ebenso strukturiert, ist dem Versicherungsmakler gewidmet. Als unerwünscht wird jegliche Abhängigkeit von Versicherungsunternehmen bezeichnet; auch das Erteilen einer rechtsgeschäftlichen Vollmacht an den Makler ist als bedenklich beurteilt.